Nicolas Vanier

Zeit der Wölfe

Nicolas Vanier

Zeit der Wölfe

Ein Abenteurerleben

Mit 42 farbigen Fotos
und einer Karte

Aus dem Französischen
von Reiner Pfleiderer

Mehr Bäume.
Weniger CO$_2$.
www.cpibooks.de/klimaneutral

Mehr über unsere Autoren und Bücher:
www.malik.de

Bibliografische Information der Deutschen Nationalbibliothek
Die Deutsche Nationalbibliothek verzeichnet diese Publikation in der
Deutschen Nationalbibliografie; detaillierte bibliografische Daten
sind im Internet über http://dnb.d-nb.de abrufbar.

MALIK NATIONAL GEOGRAPHIC

Aktualisierte und erweiterte Taschenbuchausgabe
September 2012
© XO Éditions 2007
Titel der französischen Originalausgabe: »Mémoires glacées«,
XO Éditions, Paris 2007.
© der deutschsprachigen Ausgabe:
Piper Verlag GmbH, München 2010
Umschlaggestaltung: Dorkenwald Grafik-Design, München
Fotos: Nicolas Vanier, bis auf Tafel 20/21: Eric Travers/GAMMA/laif
Satz: seitenweise, Tübingen
Papier: Naturoffset ECF
Druck und Bindung: CPI – Clausen & Bosse, Leck
Printed in Germany   ISBN 978-3-492-40449-5

Das Papier wurde aus chlorfrei gebleichtem Zellstoff hergestellt.

Inhalt

Vorwort

DER HOHE NORDEN IST MEINE LEIDENSCHAFT. DAS Glitzern von Eis und Schnee, die klirrende Kälte der weißen Weiten, die tiefe Stille und der unendliche Horizont haben für mich einen magischen Zauber. Seit drei Jahrzehnten durchstreife ich diese Landschaften des Nordens in allen Kontinenten: Lappland bis zur Halbinsel Kola, Sibirien vom Baikalsee bis zum Nordpolarmeer, die Tundra und die Eiswildnis von Labrador bis Alaska.

Dieses Buch zieht die Bilanz eines Abenteurerlebens und schildert die großen Momente: die unwiderstehliche Faszination der arktischen Tageszeiten mit ihrer malvenfarbenen Dämmerung; unvergessliche Erlebnisse mit wilden Tieren, mit Wolf, Karibu, Moufflon und Eisbär; Abenteuer auf Leben und Tod, aber auch die Techniken, die mir halfen, sie zu bestehen. Und es ist ein Buch über Freundschaft: über die Liebe, die mich mit meinen Schlittenhunden verbindet, über meine Gefährten in aller Welt und nicht zuletzt über bewegende Begegnungen mit Ewenen und Inuit, mit Nikolaj und Iruktik, die mir die kostbarste Lektion erteilten: wie man ein Leben im Einklang mit der Natur führt und sie erhält – eine Botschaft, die zu verbreiten mir zur wichtigsten Aufgabe geworden ist.

Nicolas Vanier

Meine Hütte in Kanada

DIESE HÜTTE, VON DER ICH MEIN LEBEN LANG geträumt hatte, ist mein ganzer Stolz und das Größte, das ich im hohen Norden vollbracht habe. Schon als Kind habe ich gelernt, alle möglichen und immer komplizertere Hütten zu bauen. Als Jugendlicher kaufte ich mir jedes Buch über die Technik des Blockhüttenbaus. Später, als ich meine ersten Reisen unternahm, sah ich mir jede Hütte, an der ich unterwegs vorbeikam, genau an. Offensichtlich drängte dieser Traum hartnäckig darauf, eines Tages erfüllt zu werden.

Jedes Mal, wenn ich mich bei einer Reise durch die Rocky Mountains und später durch Alaska oder Lappland irgendwo wohl und eins mit der Landschaft fühlte, hielt ich nach einer geeigneten Stelle Ausschau. Fand ich eine, markierte ich sie auf der Landkarte, prägte sie mir ein und verglich sie mit denen, die ich bereits entdeckt hatte.

Einige Plätze waren herrlich, aber sie entsprachen nicht hundertprozentig meiner Vorstellung. Und in solchen Dingen bin ich Perfektionist. Ich wollte wirklich fernab von allem sein, abgeschnitten von der Welt, einmal mehr. Ganz in der Natur aufgehen.

Ich wollte einen See, denn Wasser ist Leben. Eine ganze Welt lebt im und am Wasser. An einem See zu wohnen ist wie Kino. Die Landschaft ist nicht starr, sondern in ständigem Wandel begriffen. Das Wasser glitzert, fängt das Licht des Himmels, der Wälder oder der sich spiegelnden Gletscher ein, wechselt Stimmung · und Farbe wie ein Chamäleon. Ich wollte einen See, der eingebettet zwischen Bergen lag, denn ich liebe gebirgiges Gelände, Hänge und Almen. Einen Berg zu besteigen, von dessen Gipfel aus sich die Landschaft in ihrer ganzen Schönheit dem Auge darbietet, ist ein unvergleichliches Vergnügen. Der See sollte in großer Höhe liegen, an der Baumgrenze, sodass ich den Wald nutzen konnte, ohne seine Nachteile in Kauf nehmen zu müssen, etwa seine etwas bedrückende Enge, die den freien Blick einschränkt. Hinzu kommt der enorme Vorteil, dass man in dieser Zwischenhöhe über zwei Welten verfügen kann: die der Berge mit ihren Dickhornschafen und Schneeziegen und die der Wälder und Täler mit ihren Elchen, Luchsen und Bibern. Nichts liebe ich mehr als eine mannigfaltige Tierwelt. Nichts begeistert mich mehr. Ich könnte mir nicht vorstellen, in Gegenden zu reisen, in denen es keine Tiere gibt oder nur in geringer Zahl.

Ich habe ihn gefunden, diesen zauberhaften, idyllischen Ort. Ich habe mich sofort verliebt. So wie man sich auf den ersten Blick in eine Frau verlieben kann.

Dabei war die Frau mit dem verkehrten Fuß zuerst aufgestanden. Sie hatte einen Kater. Sie war schlecht geschminkt und schlecht gelaunt. Ich hätte eigentlich an ihr vorübergehen müssen, ohne stehen zu bleiben. Alles war grau und trübe … Es war ein scheußlicher Tag.

Es war Winter. Wir durchquerten mit zwei Hundegespannen die Rocky Mountains von Süden nach Norden. Wir lagen weit hinter unserem Zeitplan zurück, da der Winter verspätet Einzug gehalten hatte und wir nicht, wie vorgesehen, Ende Dezember hatten aufbrechen können. Einen Monat lang waren wir die meiste Zeit durch Wald gereist und hatten die unvollständig zugefrorenen Flüsse gemieden. Dieser Tag war einer der unangenehmsten des Winters, zu warm, die Luft feucht und klebrig.

Schon seit Stunden stapfte ich mit Schneeschuhen durch hohen, etwas pappigen Schnee und war schweißgebadet. Wochenlang hatten wir zwischen fünfundzwanzig und vierzig Grad unter null gehabt, also ideale Temperaturen für das Reisen mit Hundeschlitten. Dann plötzlich war das Thermometer gestiegen.

Ich schimpfte auf dieses verfluchte Tief, aber mir blieb keine andere Wahl. Wir hatten kein Futter mehr für die Hunde und mussten, koste es, was es wolle, die Wasserscheide zwischen zwei wichtigen Quellgebieten überqueren. Auf der Suche nach einer Passage war ich von unserem Lager, das wir am Zusammenfluss eines Flusses mit einem Bach aufgeschlagen hatten, zu einem Erkundungsgang aufgebrochen. Ich folgte dem Bach stromaufwärts in der Hoffnung, dass er mich zu einem Pass führen würde.

Das kleine Tal wimmelte von Schneehühnern. In Scharen flogen sie aus dem dichten Weiden- und Erlengestrüpp zu beiden Seiten des Baches auf.

Es gab auch zahlreiche Polarhasen, wie mir die Spuren verrieten, die überall im Schnee kleine Gänge bildeten. Und Luchse, die hier einen reich gedeckten Tisch vorfanden. In der Ferne sah ich einen an den Erlen entlangstreichen. Ich kreuzte auch die Spur eines Elchs, dann die einer Herde Schneeziegen, die auf dem Weg von einem Berg zum anderen das Tal durchquert hatte.

Der Bach wurde immer schmaler. Bald verlor er sich in einem breiten Geröllfeld, das sich mit den Hunden rechts umgehen ließ. Der Pass war in dichten Nebel gehüllt. Ich überquerte ihn, ohne es zu merken, und wurde mir dessen erst bewusst, als es wieder talwärts ging zu dem großen See, den ich aus den Karten kannte. Von dort konnten wir auf dem Fluss weiterreisen, der ihm entsprang und später in den Strom mündete, auf dem wir ins Yukon Territory zu gelangen hofften. Das jedenfalls war unser Plan, mein Erkundungsmarsch sollte bestätigen, dass er durchführbar war.

Plötzlich lichtete sich der Nebel ein wenig, der mir die Sicht auf die Landschaft verstellt hatte. Ich war wie vom Donner gerührt. Da lag er, der See, den ich schon so lange suchte. Ich sah nicht viel, aber was ich sah, genügte. Die Phantasie besorgte den Rest. Alles war in winterliches Grau gehüllt, doch auch ohne die Augen zu schließen sah ich den See in seiner sommerlichen Pracht, eingebettet in seinem Schmuckkästchen zwischen den Bergen. Trotz Nebel und Schnee sah ich die Almen an diesem Wintertag mit leuchtenden Blumen und blühenden Heidelbeersträuchern bedeckt, mit deren Früchten sich die Bären im Herbst den Bauch vollschlugen. Ich sah den silbern schimmernden See, in dem sich die Gletscher spiegelten, übersät mit Ringen, die Forellen aufgeworfen hatten, die an der Oberfläche nach Insekten schnappten. Ich vernahm den Ruf des Eistauchers. Ich sah Enten und Gänse an Himmel dahinziehen.

Ja, das war er.

Ich betrachtete die Landschaft, und ich gab ihr ein Versprechen. »Ich werde wiederkommen, und ich werde am Ufer dieses Sees in einer Hütte leben, die ich mit eigenen Händen gebaut habe.«

Ich kehrte ins Lager zurück – fünf Stunden auf meiner eigenen Spur, die ich verbreiterte, damit es die Hunde leichter hatten – und überbrachte meinen Gefährten die gute Nachricht.

»Wir können zum Pass hinauf, dann rüber auf die andere Seite und runter zum See.«

Tags darauf spannten wir unsere zwanzig Hunde an und folgten meiner Spur. Es schneite, und die Sicht war gleich null. Dass wir uns auf einem See befanden, war allenfalls zu ahnen.

Aber das war mir gleich. Ich würde wiederkommen. Zu meinem See.

Lange Jahre verstrichen. Ich durchquerte Sibirien von Süden nach Norden, Lappland von Westen nach Osten, aber ich vergaß niemals mein Versprechen. Ich vergaß niemals diesen See, »meinen« See.

Unseren See. Denn als ich wiederkam, brachte ich meine Frau und unser achtzehn Monate altes Töchterchen Montaine mit.

Ich weiß noch heute, was ich empfand, als wir nach zweimonatigem Ritt die Passhöhe erreichten. Wir hatten vier Pferde dabei: neben zwei Reittieren noch zwei Packtiere, die Proviant und Ausrüstung schleppten. Montaine saß entweder vorn auf einem Zweiersattel, den wir eigens für sie hatten anfertigen lassen, oder in einem Rucksack auf unserem Rücken. Wenn sie nicht schlief, zwitscherte sie wie ein Vogel. Sie ahmte alle nach, die im Sommer ins Gebirge kamen, um hier zu leben und sich fortzupflanzen.

Seit Wochen zogen wir durch die tiefen wilden Täler der Rocky Mountains, folgten den Flussläufen oder wichen auf die baumlosen Flächen der Hochalmen aus. Seit Wochen benutzten wir keine Pfade mehr. Wir waren in ein wahres Niemandsland vorgedrungen, das selbst die Sekani-Indianer mieden – die ich im Übrigen gut kannte und die mir für die Zeit meines Aufenthalts in den Bergen Indianerstatus zuerkannt hatten. Ein ganz besonderer Status, der mir erlaubte, Fallen zu stellen, zu jagen und zu fischen, um meine Familie und meine im Winter nachkommenden Hunde zu ernähren.

Der Ritt durch die unberührten Täler war herrlich, aber schwierig, vor allem weil die ergiebigen Regenfälle die Durchquerung bestimmter Flüsse zu einer heiklen Angelegenheit machten. Montaine reiste die meiste Zeit in ihrem Rucksack, der sie schön gerade hielt und in den wir ein kleines Kissen eingenäht hatten, damit ihr Kopf beim Schlafen nicht ständig hin und her geworfen wurde.

Sie schlief, gewiegt vom Tritt des Pferdes, in unregelmäßigen Abständen. Wenn sie aufwachte, setzten wir sie für ein oder zwei Stunden auf den Zweiersattel. Sie war mächtig stolz, wenn sie ihre Füße in die Miniatursteigbügel stecken konnte, die genauso aussahen wie unsere. Sobald sie saß, suchten ihre Augen Otchum, unseren berühmten Leithund, und erst wenn sie ihn entdeckt hatte, war sie zu einem richtigen Lächeln bereit. Dann hielt sie nach wilden Tieren Ausschau, wobei sie unendliche Geduld bewies, und wenn sie einen Bären, einen Elch oder ein Schneehuhn entdeckt hatte, zeigte sie mit dem Finger darauf. Sie ahmte den knarrenden Ruf des Huhnes nach, quietschte vor Vergnügen, wenn Otchum einem Hasen oder einem Präriehund nachjagte. Es war einmalig mitzuerleben, wie dieses kleine, eineinhalbjährige Mädchen in einer solchen Umgebung die Welt entdeckte. Es lernte seine ersten Wörter. *Otchum, Vogel, Bär …*

Aber die Reise war lang und anstrengend. Wir konnten es nicht erwarten, »nach Hause« zu kommen.

Es war ein herrlicher Tag, einer dieser schönen, warmen, strahlenden Tage. Die Dickhornschafe und Elche hatten sich in den Schatten der verkrüppelten, aber dichten Tannen geflüchtet, von denen die spiegelglatten kleinen Seen gesäumt waren. Montaine schlief auf dem Rücken ihrer Mutter, Otchum galoppierte, wie es seine Gewohnheit war, vorneweg. Er war es, der den großen See als Erster erblickte.

Ich wusste, dass er schön sein würde. Doch er war mehr als das. Er war grandios. Märchenhaft.

Diane unterdrückte ein bewunderndes »Huuu!«, denn sie ist eher von zurückhaltender Natur. Wir verharrten dort lange. Schweigend. Es gab nichts zu sagen, und wir stellten uns vor, wie wir hier leben, wie wir den ausklingenden Sommer, dann den Herbst und einen Großteil des Winters hier verbringen würden.

Wir waren seit Wochen von der Welt abgeschnitten und bereits vollkommen in unser Abenteuer eingetaucht. Ein Weltkrieg hätte ausbrechen können, und wir hätten es nicht mitbekommen. Wir fühlten uns wohl inmitten dieser großartigen Wildnis. Alle vier. Diane, Montaine, Otchum und ich.

Da sich der Nachmittag dem Ende zuneigte, zogen wir weiter, um uns am See einen Lagerplatz zu suchen und das Zelt aufzuschlagen. Als wir an dem grasbewachsenen Uferstreifen ankamen, den wir uns von oben ausgeguckt hatten, scheuchten wir einen Schwarzbären und eine Elchkuh auf. Eine Biberfamilie beförderte gerade Weidenzweige ans andere Ufer. Ein wahres Paradies. Unser Paradies.

Wir brauchten etwas Zeit, bevor wir entschieden, wo die Hütte stehen sollte. Wir mussten erst herausfinden, woher die vorherrschenden Winde wehten, und uns mit den Lichtverhältnissen vertraut machen. Schließlich fiel unsere Wahl auf einen Platz nahe der Stelle, wo sich der See in den Fluss ergießt, gegenüber den schönsten Bergen dieses majestätischen Tals, am Rand einer kleinen Bucht, die diesem grandiosen Stück Natur etwas Anheimelndes verlieh.

Dann hieß es an die Arbeit gehen, sofern man überhaupt von Arbeit sprechen kann, wenn man sich einen solchen Traum erfüllt. Ich widmete ihr meine gesamte Zeit, vierzehn Stunden täglich. Ich suchte in den Wäldern der Umgebung schöne Kiefern, die dann gefällt, entästet und entrindet und schließlich zum Bauplatz geschleppt werden mussten. Diane half mir, sooft Montaine es zuließ.

Wie mit Gold überglänzt wuchs unsere Hütte aus der Erde. Das harmonische Zusammenspiel der Farben – das Blau des Sees, das Grün des Grases und des Waldes, das Gold der entrindeten Stämme – verzauberte uns. Wir konnten uns an unserem Werk nicht sattsehen. Langsam, aber sicher reckte es sich in die Höhe. Wie stolz wir waren!

Mein Freund Clarence kam zwei Mal mit seinem Wasserflugzeug und brachte uns meinen Schlitten, meine Hunde, einen Holzofen, zwei Fensterscheiben, Werkzeug, Proviant sowie Alain und Jerôme, zwei alte Freunde und treue Gefährten, auf die wir uns verlassen konnten. Sie sollten die Pferde in die Zivilisation zurückbringen.

Dann waren die Wände fertig. Wir nahmen das Dach in Angriff, sägten Tür und Fenster aus, zogen Dielen ein, zimmerten Möbel.

Ein Wettlauf gegen die Uhr, oder vielmehr gegen den Winter, begann. Am selben Tag, als die Hütte fertig war, fiel der erste Schnee. Ein Zeichen.

In der Wärme und Geborgenheit dieses mit unseren eigenen Händen gebauten Hauses waren wir die glücklichsten Menschen. Gegen nichts auf der Welt hätten wir unseren Strohsack in dieser kleinen Hütte eingetauscht, auch nicht gegen die bequemsten Betten in der schönsten Suite des luxuriösesten Hotels.

Pisten spuren mit Schneeschuhen

DAS MARSCHIEREN MIT SCHNEESCHUHEN ENTDECKTE ich zur gleichen Zeit, als ich Bekanntschaft mit Hundeschlitten machte. Das war während meiner ersten Winterexpedition quer durch die Halbinsel Labrador. Ich begriff schnell, warum die beiden kanadischen Waldläufer, die wir begleiteten, im Vorfeld des Abenteuers Wert auf die Formulierung gelegt hatten: »Eine Expedition mit Schneeschuhen *und* Hundeschlitten.« Den größten Teil der Strecke legten wir nämlich mit Schneeschuhen zurück.

Die Hunde mussten zwei Schlitten ziehen, die mit über dreihundertfünfzig Kilo Ausrüstung und Proviant beladen waren, und das konnten sie nicht im Pulverschnee. Keine Straße, keine Piste, kein Weg führte dorthin, wo wir hinwollten. Ein wahres Niemandsland, das im Winter verwaist ist, und selbst im Sommer ist die Wahrscheinlichkeit, dass man dort einem Menschen begegnet, gleich null.

Wir mussten also selbst eine Piste anlegen, mit Schneeschuhen. Wir waren zu viert: Zwei von uns marschierten den Hunden voraus. Der Erste spurte die Piste, und der Zweite folgte ihm und setzte seine Tritte so, dass er die Fußstapfen des Ersten ergänzte. Die Aufgabe des Zweiten ist nicht unbedingt leichter, denn er muss seine

Schritte auf die des Vordermanns abstimmen und ihrer Länge anpassen, was eine gewisse Konzentration erfordert, während der Erste die Landschaft betrachten und je nach Fitness und Laune Tempo oder Gangart verändern kann!

Der Vordermann setzt mechanisch wie ein Schlafwandler einen Fuß vor den anderen. Wenn er den Schneeschuh aus dem Loch herauszieht, muss er zunächst darauf achten, dass er nicht an dessen Rand hängen bleibt, und erst dann sein Körpergewicht auf das andere Bein verlagern, damit der Schnee unter dem Netz aus geflochtenen Lederriemen kräftig zusammengedrückt wird und ein Loch entsteht.

Der Zweite profitiert wenig von seiner Vorarbeit, denn er muss die Spur komplettieren, das heißt, er muss den Schnee rechts vom linken Schneeschuh und links vom rechten Schneeschuh des Vordermanns zusammenpressen.

Das Ziel dabei ist, einen Pfad von durchschnittlich dreißig Zentimeter Tiefe in den Schnee zu stampfen, auf dem die Hundepfoten einigermaßen Halt finden.

Diese Form der Gymnastik hat nichts Natürliches. Damit man nicht über die eigenen Füße stolpert, muss man breitbeinig gehen wie eine Ente. Dabei werden ungeahnte Muskeln beansprucht, die schnell verkrampfen. Bestimmte Sehnen werden einem Härtetest unterzogen, ebenso die empfindliche Haut an den Fußsohlen, denn der Mokassin aus Elchleder reibt unablässig an dem geflochtenen Netz aus leichtem, schmiegsamem Karibuleder.

Bis man sich daran gewöhnt hat, sind die Füße nicht selten wund gelaufen. Muskeln verhärten zu dicken Knoten, Sehnen entzünden sich. Das Marschieren wird zur Tortur, doch man hat keine andere Wahl und muss die Zähne zusammenbeißen – bis zum Abend oder bis man abgelöst wird. Denn die Pistenmacher und die Musher, wie man die Hundeschlittenlenker nennt, wechseln sich nach der Hälfte des Tages ab.

Bei dieser ersten Winterexpedition waren wir also zu viert: die beiden Quebecer Waldläufer Michel Denis und Jacques Duhoux mit ihren neunzehn Hunden sowie Alain Rastoin und ich. Zwei vorn mit Schneeschuhen, zwei hinten auf dem Schlitten. Wer nun glaubt, dass man sich hinten von der Plackerei vorn erholen kann, befindet sich im Irrtum. Und zwar gewaltig. Die Hunde müssen sich auf dieser behelfsmäßigen, von den Schneeschuhläufern unter großem Kraftaufwand angelegten Piste mächtig abstrampeln, und der schwer beladene Schlitten kippt unablässig von einer Seite auf die andere und bleibt immer wieder an einer der beiden Seitenwände des Schneekanals hängen. Die Männer hinten, die je nach Schneehöhe Schneeschuhe tragen oder nicht, stemmen sich mit durchgedrückten Armen gegen den Handbügel und schieben. Manchmal müssen sie den Schlitten hochheben oder es zumindest versuchen, um ihn in der Spur zu halten. Trotz ihrer Bemühungen kommt es vor, dass der Schlitten eine Kurve schlecht nimmt und sich eine Kufe in den tiefen Schnee bohrt. Dann bleiben die Hunde, vom Halsband gewürgt, auf der Stelle stehen, über den unerwarteten Stopp ebenso beunruhigt wie über die wachsende Nervosität des Schlittenlenkers. Also muss dieser nach vorn zum Bug des Schlittens, sich ein Abschleppseil um die Hände wickeln oder die Stoßstange packen und ihn mit einem kräftigen Ruck auf die Piste zurückwuchten. Am Ende des Tages nehmen die Hunde den kleinsten Widerstand des Schlittens zum Vorwand, die Zugleinen durchhängen zu lassen und stehen zu bleiben. Dann muss man sie anbrüllen, man schimpft, man schnauft, man schiebt, und es geht mehr schlecht als recht voran. Der Kopf schwer vor Müdigkeit, die Kleider nass geschwitzt trotz der Kälte, bis zum Abend durch knietiefen Schnee.

Beim Marschieren zählt man nicht die Kilometer, das wäre zu deprimierend, sondern die Stunden. Für diese Art von Expedition eignen sich Grönländerhunde und Malamuten am besten. Sie sind zwar langsam und rauflustig, aber auch Schlepper und in der Lage, schwere Lasten zu ziehen, mit denen die schnellen, aber weniger robusten Huskys überfordert wären und stecken bleiben würden.

Ich mag ganz besonders die Grönländer. Malamuten sagen mir weniger zu. Sie sind oft etwas hinterlistig und fast immer jähzornig und aggressiv. Auch Grönländer sind schwierig, in jeder Beziehung, aber sie bleiben immer aufrichtig, und sie sind anhänglich, auch wenn sie untereinander unter bestimmten Umständen ziemlich gewalttätig werden können. Ohne große Übertreibung kann man sagen, dass Malamuten dem Stock und Grönländer dem Wort gehorchen.

Jacques und Michel griffen zu meiner Bestürzung besonders hart durch. Dieses Verhalten hatte zunächst einmal mit dem Charakter der Malamuten zu tun, die man unablässig zum Gehorsam zwingen und deren Energie man kanalisieren muss. Es war aber auch bedingt durch die rudimentären Kenntnisse im Umgang mit Hunden, die sich die beiden Waldläufer bei den Indianern und Inuit angeeignet hatten, die bekanntlich nicht gerade vor Liebe zu diesen Vierbeinern überfließen. Sie nutzen sie als Lasttiere, und damit basta. Hunde, die nicht ziehen oder zu alt sind, werden, ob sie nun treue Dienste geleistet haben oder nicht, mitleidlos getötet, zerlegt, eingefroren und dann an die anderen verfüttert. Hunde fressen das Fleisch von Artgenossen nämlich nur in gefrorenem Zustand.

Erst später lernte ich bei anderen Mushern andere Methoden kennen, »humanere« und vor allem effektivere.

Doch zur Zeit dieser ersten Fahrten hatte ich keinerlei Erfahrung, und was unsere beiden Freunde sagten, war für mich das Evangelium. Und tatsächlich habe ich von ihnen eine Menge über den Winter und die Kunst des Überlebens im Norden gelernt. Wenn ich heute auch die Brutalität, mit der sie ihre Hunde behandelten, missbillige, so schulde ich ihnen doch Dank für alles, was sie mir beigebracht haben. Es trug maßgeblich dazu bei, dass ich mich für das Reisen mit traditionellen, die Landschaft schonenden Fortbewegungsmitteln entschieden habe.

Bei dieser langen Winterexpedition legten wir also einen Großteil der Strecke mit Schneeschuhen zurück. Erst als wir die Nordgrenze der Taiga erreichten und in die baumlosen Weiten von Tundra und Packeis vordrangen, konnten wir sie auf dem Schlitten verstauen. Dort oben ist es der Wind, der den Schnee zusammenpresst, und der harte Untergrund bietet den Hunden ein gutes Geläuf. Allerdings ermüden Hunde schnell, wenn sie dreihundert Kilo ziehen müssen, wobei das Gewicht zweier dick vermummter und daher schwerer Männer noch nicht mitgerechnet ist. Aus diesem Grund geht zumindest einer der beiden stets voraus oder neben dem Schlitten her. Der andere schiebt oder stößt sich, auf den Kufen stehend, mit einem Fuß am Boden ab.

Als wir die Rocky Mountains bereisten und einen Großteil von British Columbia von Süden nach Norden bis zum Yukon Territory durchquerten, war es dasselbe. Oder in Sibirien, als wir Jakutien passierten, und später in Lappland und Alaska. Kilometer, die wir nicht mit Schneeschuhen zurücklegten, waren die Ausnahme.

Mir gefiel das. Meine Muskeln hatten sich an diese Fortbewegungsart gewöhnt, und meine Technik war mittlerweile ausgefeilt. Nach etlichen Tausend Kilometern wäre alles andere ein Armutszeugnis. Ich marschierte jetzt mit langen, mechanischen Schritten und setzte mit fließenden Bewegungen gleichmäßig einen Schneeschuh vor den anderen, die Füße nicht zu hoch, nicht zu tief, alles perfekt aufeinander abgestimmt und kräfteschonend.

So konnte ich bis zu zehn Stunden marschieren, mit nur einer Stunde Pause nach der Hälfte der Zeit. Mir war das lieber, als den Hundeschlitten zu lenken. Nicht dass mich das nicht gereizt hätte. Ganz im Gegenteil, ich brannte darauf. Aber ich wollte mich nicht damit zufriedengeben, die Gespanne der anderen zu lenken, auf ihre Art und nicht auf meine – denn ich hatte schon eine ziemlich genaue Vorstellung davon, wie ich mit Hunden arbeiten wollte. Mit meinen eigenen Hunden.

Damals konnte ich mir ein eigenes Gespann noch nicht leisten, weshalb ich mit fremden reisen musste. Das hatte seine Vor- und Nachteile. Zu den Vorteilen gehörte, dass ich mit allen erdenklichen Hunderassen und unterschiedlichen Methoden der Hundeführung in Berührung kam, dass ich vergleichen und lernen konnte. So bin ich mit Malamuten, Grönländern, Samojeden, Huskys, Alaskans und Mischlingen aller Art gereist. Ich habe sehr dumme und verhaltensgestörte Hunde erlebt, sehr intelligente, schüchterne und wahre Stimmungskanonen, aufgeweckte, feige und tapfere, genau wie bei den Mushern auch …

Der Nachteil war, dass man zu dem einen oder anderen Hund Zuneigung empfand und sich am Ende der Expedition die Wege wieder trennten …

Bis meine Stunde schlug, marschierte ich daher lieber allein, weit vor dem Gespann.

In besonders guter Erinnerung ist mir die kalte Morgendämmerung, wenn alle anderen im Lager noch schliefen und ich allein loszog. Ich stand in stockfinsterer Nacht auf, zündete den kleinen Holzofen an, erhitzte Wasser und backte dicke Pfannkuchen, die bis zum Abend vorhielten. Dann machte ich mich mit einem Gewehr und einem kleinen Rucksack, der nur das Allernötigste enthielt, auf den Weg. Die Hunde, die sich in ihrem Fell zu einer Kugel zusammengerollt hatten, ließen sich kaum dazu herbei, die Schnauze zu heben, wenn der erste Dämmerschein den sternenübersäten Himmel erhellte und die nächtlichen Polarlichter erloschen.

Das Knirschen meiner Schneeschuhe im pulverigen Schnee war kaum zu hören, und ich überraschte viele Tiere.

Ich erinnere mich an Morgenstunden in den Rocky Mountains, in denen ich das Gefühl hatte, durch einen Zoo zu wandern, so vielen wilden Tieren begegnete ich: Wölfen, Luchsen, Vielfraßen, Hirschen, Dickhornschafen, Elchen und Karibus. Im malvenfarbenen Dunkel des eisigen Morgens waren es oft nur Schatten, flüchtige Erscheinungen in einer Biegung des Flusses, dessen Lauf ich gerade folgte, aber die Spuren, die ich mir genauer ansah, verrieten mir viel über das Tier.

Dann zog der Tag herauf, tauchte die Gipfel der Berge in jenes ganz besondere rosige Licht, das nie länger als zehn Minuten anhält und so eigentümlich ist, dass es beinahe künstlich wirkt.

Das ist die Stunde, in der die Schneehühner, die seit dem ersten Grau des Morgens gerufen haben, verstummen. Sie schließen sich zu großen Schwärmen von fünfzehn bis hundert Exemplaren zusammen und fliegen dann zu den Erlen- oder Weidendickichten, wo sie bis zum Abend bleiben.

Um dieselbe Zeit räumen meine Gefährten, erst vor Kurzem aufgestanden, das Frühstücksgeschirr weg. Anschließend füttern sie die Hunde mit einem wasserreichen Gemisch und gehen dann daran, das Lager abzubrechen, die Schlitten zu beladen und die Hunde anzuspannen. Mit drei Stunden Verspätung, wenn der Tag bereits fortgeschritten ist, machen sie sich auf den Weg. Die Piste ist inzwischen hart gefroren, und die ausgeruhten Hunde laufen darauf schnell, bis zu zehn Kilometer in der Stunde. Sofern alles glatt geht, holen sie mich am frühen Nachmittag ein, wenn ich gerade eine einstündige Pause einlege und bei einem Lagerfeuer auf sie warte.

So sind wir monatelang gereist. Wenn mich jemand ablösen wollte, sei es in Sibirien, Kanada oder anderswo, lehnte ich meist dankend ab. Zu sehr liebte ich diese einsamen Märsche durch die Wildnis der unberührten Täler. Ich erinnere mich, wie ich im Morgengrauen Pässe überquerte und dabei über unermesslich verschneite Weiten blickte, die wir noch zu durchwandern hatten. Endlose Flächen von makellosem Weiß ohne irgendwelche Spuren bis auf die einiger wilder Tiere.

In dem phantastischen Gefühl, ganz allein auf der Welt zu sein, ging ich andächtig weiter. Wenn ich mich umdrehte, sah ich die Spur, die ich in den Schnee gezogen hatte wie einen Bleistiftstrich auf einem schönen weißen Blatt Papier. In den Kurven gab ich mir große Mühe, nicht nur um den Schlitten das Manövrieren zu erleichtern, sondern auch damit sie ein schönes, harmonisches

Bild boten. Im Talgrund angekommen, sah ich zu meiner Zufriedenheit oben auf dem Pass die dunkle Linie meiner Piste, diese vergängliche Spur, die mich mit dem Schlitten verband und beim ersten Windstoß oder Schneefall wieder verschwand.

Es kam vor, dass ich mir – und bisweilen zu Recht – Sorgen machte, wenn die Schlitten nach mehrstündigem Warten noch nicht aufgetaucht waren. Dann ging ich auf meiner Spur zurück. Die Freude war nicht mehr dieselbe, denn die Landschaft war eine andere. Meine Spur hatte sie vollkommen verwandelt. Sie war plötzlich »zivilisiert«, wie eine Landschaft, durch die eine Straße führt, zu einer »bewohnten« wird. Manchmal bedauere ich meine Reisegefährten deswegen. Sie sehen die Landschaft nie ohne diese Spur, die ihre Nacktheit bedeckt wie ein Kleidungsstück, das sich eine schöne Frau um die Schultern legt. Aber es amüsiert mich, dass umgekehrt meine Gefährten mich bedauern, weil ich so früh aufstehen und so eilig in den eisigen Morgen hinaus muss, um dann stundenlang durch tiefen Schnee zu stapfen.

Mit dem Feuer ist es dasselbe. Nicht viele dürften sich daran erinnern können, dass sie in einem Zelt, das sie mit mir teilten, Feuer gemacht haben. Und wie oft bin ich mitten im Winter in einem Zelt aufgewacht? Tausend Mal? Bestimmt viel öfter … Aber jeden Morgen, einerlei wie groß die Müdigkeit, wie schlecht die Stimmung oder wie streng die Kälte war, bin ich vor allen anderen aufgestanden, um in dem kleinen Holzofen, unserem ständigen Begleiter, ein Feuer zu entzünden. Und es gehört einige Überwindung dazu, nach einer stets zu kurzen Nacht aus dem wohlig warmen Schlafsack in die eisige Kälte zu kriechen, die einen trifft wie ein Schlag ins Gesicht und alles im Zelt hat erstarren lassen.

Warum also? Weil das Vergnügen, das ich dabei empfinde, größer ist als das Opfer an Wärme und Schlaf, das ich dafür bringen muss. Das beginnt schon am Abend, wenn ich das Feuer für den nächsten Tag vorbereite. Alle, die mich begleitet haben, wissen, mit welcher Sorgfalt ich meine kleinen Holzscheite zurechtlege. Sie wissen, dass sie diesen Haufen nicht anrühren dürfen. Am Morgen soll die Kälte nicht genug Zeit haben, meine nackten Hände erstarren zu lassen. Das Feuer wird im Nu brennen, und selbst wenn es eine Weile dauert, bis die Temperatur steigt, und in dieser Zeit das Blut aus meinen Fingerspitzen weicht, kümmert mich das nicht. Die Flammen züngeln, und die Wärme kommt und erfüllt das Zelt. Selbst der Schmerz, den man verspürt, wenn das Blut in die tauben Finger zurückströmt, hat etwas Angenehmes. Der Ofen beginnt zu glühen, zu bullern. Das Eis in dem kleinen Topf schmilzt. Sobald genug Wasser beisammen ist, gieße ich es in meinen Becher, den ich schon seit zehn Jahren benutze, und stelle ihn zum Erhitzen in die Nähe des Ofenrohrs, denn dort geht es am schnellsten. In zwei, drei Minuten ist das Wasser heiß, und ich kann den Kaffee aufbrühen. Die Tannenzweige, auf denen wir die Felle und dann die Schlafsäcke ausgebreitet haben, verströmen einen angenehmen Nadelgeruch.

Wenn ich den ersten Schluck heißen Kaffee trinke, seufze ich vor Wonne. Gibt es auf der Welt etwas Herrlicheres, als in einem Zelt neben einem schönen, zugefrorenen Fluss, auf dem man den ganzen nächsten Tag reisen wird, heißen Kaffee zu schlürfen?

Deshalb stehe ich so früh auf, ich will diesen Augenblick allein auskosten. Denn ich liebe die Stille, in der ich dem Knistern des Feuers, dem Knacken des Eises draußen und dem Japsen der erwachenden Hunde lauschen kann. Ich brauche diesen Augenblick, bevor der große Trubel losgeht, bevor die anderen aufstehen, vor sich hinbrummeln, schwatzen. Aus diesem Grund breche ich am liebsten auf, ehe die anderen erwachen, und spure meine Piste, die auch ihre und die der Hunde werden wird. Umso mehr werde ich mich freuen, sie am frühen Nachmittag, wenn ich meine Einsamkeitsphantasien ausgelebt habe, wieder zu sehen.

»Lost!« – Verirrt in der weißen Weite

IST ES SCHON VORGEKOMMEN, DASS ICH MICH IM hohen Norden verirrt habe? Diese Frage wird mir häufig gestellt. Und jedes Mal bin ich versucht, mit einem Scherz darauf zu antworten: Ich könne mich gar nicht verirren, da ich immer versuchen würde, mir unbekannte Wege zu benutzen.

Doch ich habe mich tatsächlich schon verirrt. Zwei Mal.

Das erste Mal war im Sommer, bei einer meiner allerersten Expeditionen im Kanu, die ich mit meinem Jugendfreund Benoît und zwei anderen Gefährten im hohen Norden Kanadas unternahm. Wir waren bereits einen Monat unterwegs, als wir mitten im Gebiet der Montagnais-Indianer den Fluss De Pas erreichten, unweit des Lac de la Hutte sauvage. Wir hatten nicht viel Proviant mitgenommen, da wir vor Ort genug zu essen finden würden. Wenn wir abends am Flussufer unser Lager aufschlugen, wählten wir stets eine Stelle, die uns fisch- und wildreich erschien.

Einer von uns ging angeln, und ein anderer machte sich auf in den Wald oder zu den Almen und versuchte, eine Schar Schneehühner aufzustöbern. Wenn wir Glück hatten, gab es am Abend beides, Fisch und Fleisch. Wenn nicht, mussten wir uns mit dem einen oder dem anderen begnügen, aber es kam selten vor, dass wir überhaupt nichts erbeuteten. Zumindest eine magere Ente oder einen Hecht voller Gräten gab es fast immer zu den spärlichen Portionen Reis und Nudeln, die wir mitgenommen hatten und in wasserdichten Behältern wie einen Schatz hüteten.

An jenem Tag war das Glück auf unserer Seite. Die Sonne schien. Es versprach ein herrlicher Abend zu werden. Es war noch früh, als wir Halt machten, denn wir waren vor Tagesanbruch aufgebrochen. Wir hatten noch mindestens fünf Stunden, bevor es dunkel wurde. Ich fühlte mich fit. Da ich zu lange im Kanu gekniet und gepaddelt hatte, musste ich mir die Beine vertreten und etwas Höhenluft schnuppern. Seit Tagen fuhren wir diesen Fluss hinunter und waren im Talgrund »eingeklemmt«. Also beschloss ich, auf der Suche nach Kragen- oder Tannenhühnern den Wald zu durchqueren und dann an seinem Saum entlang zu den Hochalmen hinaufzusteigen, wo viele Heidelbeeren wuchsen, auf die Waldhühner ganz versessen sind.

Beim Anstieg durch den Wald sah ich nichts außer einem großen Hasen, der so schnell aus einem Gebüsch hervorsprang, dass ich gar nicht dazu kam, auf ihn anzulegen. Jenseits der Baumgrenze auf den Almen angekommen, die ich liebe, weil man dort leicht vorankommt und weit sehen kann, ging ich lange weiter, ohne irgendein Tier zu entdecken. Schließlich gelangte ich in eine tiefer gelegene Zone, in der ein aus Zwergbäumen bestehender, aber recht dichter Wald die mit Flechten und Heidelbeersträuchern bedeckten Flächen ersetzte. Zwischen den Bäumen scheuchte ich eine kleine Hühnerschar auf, doch es gelang mir nicht, auch nur einen Vogel zu erlegen. Sie flogen immer außer Schussweite, ließen sich aber nie allzu weit entfernt von mir wieder nieder, und so verfolgte ich sie in der Hoffnung, dass sich noch eine günstige Schussgelegenheit ergeben würde. Mit einer gewissen Beharrlichkeit gelang es mir, zwei schöne, fleischige Hühner zu erlegen, und ich stellte mir schon vor, wie sie über der Glut am Spieß brieten und das Fett in einer Pfanne bräunte, in der, zusammen mit ein paar Heidelbeeren, die Innereien schmorten! Ein Genuss.

Da es noch nicht allzu spät war, setzte ich die Jagd fort. Vielleicht erwischte ich noch ein oder zwei fürs Mittagessen am nächsten Tag. Wie ich aus der Landkarte wusste, würden wir durch ein größeres Sumpfgebiet kommen, in dem es vermutlich kein Wild gab, abgesehen vielleicht von ein paar Enten und Gänsen, und an die war oft schwer heranzukommen. Ein oder zwei Hühner auf Vorrat wären daher kein übertriebener Luxus gewesen.

Ich streifte noch eine ganze Weile durch den Wald, allerdings waren die Vögel mittlerweile so auf der Hut, dass irgendwann meine Hoffnung schwand, noch das eine oder andere Tier zu erwischen. Und so beschloss ich, ins Lager zurückzukehren. Ich war jetzt genug gelaufen und wurde langsam müde.

Ich war so oft im Kreis marschiert, dass ich überhaupt nicht mehr wusste, wo ich mich befand, aber das war nicht weiter schlimm. Ich brauchte nur über den Wald hinauszuklettern. Von dort oben würde ich den Fluss sehen. Dann brauchte ich nur zum Ufer hinabzusteigen und an dem Wasserlauf entlang bis zum Lager zu gehen.

Das war so einfach, dass ich es ganz automatisch machte, ohne nachzudenken. Ich kletterte rasch den Hang hinauf, den ich heruntergekommen war, und kaum war ich über die Baumgrenze hinaus, sah ich den Fluss, der in den schräg einfallenden Strahlen der Abendsonne silbern glitzerte. Eine Elchkuh durchquerte mit ihrem Kalb eine Furt, während am malvenfarbenen Himmel Adler kreisten.

Ich verließ die Alm und tauchte in den Wald ein. Die Strecke bis zum Fluss kam mir etwas lang vor, aber das schrieb ich meiner Müdigkeit zu. Schließlich gelangte ich ans Wasser und ging in der Hoffnung, bald das Lager zu erreichen, am Ufer entlang. Ich war erschöpft und sehnte mich nach Ruhe. Aber das Lager wollte einfach nicht auftauchen. Nachdem ich gut drei Kilometer zurückgelegt hatte, blieb ich stehen.

»Du hast dich vertan. Du musst direkt oberhalb des Lagers an den Fluss gekommen sein. Du musst stromabwärts und nicht stromaufwärts gehen. Du bist bestimmt schräg durch den Wald gelaufen. Deshalb ist dir der Abstieg so lang vorgekommen.«

Das war es, was ich mir sagte. Ich war überzeugt, dass ich die Lage richtig beurteilt und meinen Fehler erkannt hatte. Eilends und ungeduldig machte ich mich also auf den Rückweg, um die Sache hinter mich zu bringen. Ich fand die Stelle, an der ich auf den Fluss gestoßen war, und ging ein, zwei Kilometer weiter, aber nichts kam mir bekannt vor … Weder der erstaunlich ruhige Fluss noch die sumpfigen Ufer, noch die Berge, die immer niedriger wurden.

Ich verstand überhaupt nichts mehr.

»Ich Idiot«, sagte ich mir (und das war so ziemlich das einzig Vernünftige, was ich in dem Moment dachte!). »Ich muss ein paar hundert Meter vor dem Lager umgekehrt sein. Es muss in der anderen Richtung liegen, nur eben ein Stück weiter.«

Also ging ich zurück.

Die Sonne sank immer tiefer und stand schon dicht über dem Wald. Meine Beine flehten um Gnade. Ich war mit den Kräften am Ende. Trotzdem legte ich einen Zahn zu. Ich erreichte die Stelle, an der ich vorhin kehrtgemacht hatte, und ging weiter. Nichts.

Schließlich blieb ich stehen. Um nachzudenken, denn mir wurde bewusst, dass ich das bislang noch nicht getan hatte.

Ich stand vor einem Rätsel. Das Lager lag doch am Ufer dieses Flusses, unweit der Stelle, wo ich in den Wald eingedrungen war.

Ich musste wieder daran denken, dass mir die Strecke, die ich im Wald zurückgelegt hatte, sehr lang vorgekommen war.

Der Himmel färbte sich rot und kündigte die Nacht an. Ich blickte zu einem Berg über mir. Um da hinaufzukommen, brauchte ich eine Dreiviertelstunde, wenn ich mich beeilte. Eine halbe Stunde durch den Wald. Dann eine gute Viertelstunde über die Alm und den felsigen Grund bis zum Gipfel. Aber von dort oben musste ich das Lagerfeuer sehen können oder zumindest einen Großteil des Flusses. Das würde mir bestimmt auf die Sprünge helfen.

Ich machte mich an den Aufstieg, ohne zu wissen, ob mein ausgelaugter Körper ausführen konnte, was mein Kopf beschlossen hatte. Bei Einbruch der Dunkelheit kam ich todmüde oben an.

Und ich begriff sofort.

Es gab zwei Flüsse, einen auf jeder Seite der kleinen Bergkette. In Gedanken nur bei den Hühnern und dem leckeren Abendessen, zu dem sie mir verhelfen sollten, hatte ich mich in der Richtung geirrt. Ich war den Südhang statt den Nordhang hinabgestiegen.

Ein fahler Mond half mir, mich einigermaßen in dem dunklen Wald zurechtzufinden, den ich bis zum Fluss durchquerte. Meine Gefährten hatten ein riesiges Feuer entzündet, das weithin zu sehen war, und feuerten

Gewehrschüsse in die Luft, die ich hörte, als ich aus dem Wald trat. Sie machten sich also schon Sorgen.

Bevor ich ihnen erzählte, was passiert war, und mein peinliches Versagen gestand, zog ich die beiden Hühner hervor.

Dieser Berg hatte keinen Namen, wie die vielen hundert anderen, die wir bei dieser Kanufahrt in den folgenden Wochen noch zu sehen bekommen sollten. Wir tauften ihn, bevor wir weiterfuhren: Berg der tiefen Ratlosigkeit.

Damit reihten wir uns unter diese »verfluchten Weißen« ein, die sich überall wie zu Hause fühlen und die Stirn besitzen, Orten einen Namen zu geben, die seit Urzeiten zum Land der Indianer gehören, die folglich als Einzige das Recht dazu haben.

Das zweite Mal war im Winter. Ich trainierte in Alaska die Hunde eines Franzosen, der am Yukon Quest, dem berühmtesten Schlittenhunderennen, teilnehmen wollte. Einige Zeit verbrachte ich mit ihm in seinem Camp bei Dawson. In der Umgebung der Stadt gab es ein gutes halbes Dutzend Musher, die sich auf das Yukon Quest vorbereiteten. Mit einem von ihnen hatte ich mich angefreundet. Als ich Zeit hatte, erbot ich mich, mit seinen Hunden eine Trainingsrunde zu drehen. Er überließ mir das Gespann gern.

So kam es, dass ich eines Morgens im Januar bei sehr strenger Kälte – das Thermometer rutschte unter minus fünfzig Grad – sein Blockhauslager verließ und in die Black Hills hinauffuhr. In größerer Höhe würde ich die um einige Grad milderen Temperaturen vorfinden, die notwendig waren, damit die Hunde gut laufen konnten. Dieses Phänomen ist darauf zurückzuführen, dass in der Nacht, wenn die Sonneneinstrahlung fehlt, das Land schneller abkühlt als die Atmosphäre. Die kalten Luftmassen »stagnieren« daher in den Tälern. Der Schnee, der die Sonnenstrahlen reflektiert und die Wärmeaufnahme durch den Boden begrenzt, verstärkt dieses Phänomen noch, das im hohen Norden sehr häufig zu beobachten ist.

Für alle Fälle hatte ich eine Karte mitgenommen. Ich kannte die Gegend nicht, doch ich hatte die Absicht, auf den vorhandenen Pisten grob in Richtung Norden zu fahren und dann, nach einer vierstündigen Pause, wieder auf demselben Weg zurückzukehren. Selbst wenn man nicht in der Lage ist, sich die Strecke oder die Landschaft einzuprägen oder die Spur seines Gespanns und Schlittens zu lesen, kann man sich auf die Hunde verlassen. Sie bringen einen sicher nach Hause.

Kein Grund zur Besorgnis also.

Ich fuhr los, überglücklich, ein exzellentes Gespann durch diese weiße Landschaft von überwältigender Schönheit lenken zu dürfen, über der die extreme Kälte lag wie ein undurchdringlicher Schleier, der das Tageslicht dämpfte.

Es gab eine Vielzahl von Pisten. Einige waren von zwei Trappern, die hier ihrem Gewerbe nachgingen, mit dem Schneemobil gespurt worden. Die Hunde legten über sechzehn Kilometer in der Stunde zurück, obwohl es in den Black Hills unablässig bergauf und bergab geht. Wir erklommen mehrere Pässe, fuhren durch Täler und über Plateaus. Eine der Hochebenen war mit Erlen überwuchert, aus denen scharenweise Schneehühner vor uns flüchteten. Die Hunde waren begeistert und liefen nahezu eine Viertelstunde lang im gestreckten Galopp.

Nach sechs Stunden Fahrt steuerte ich eine Gruppe abgestorbener Fichten an. Ich entzündete ein großes Feuer, um mich zu wärmen und Wasser zu machen und die Hunde zu tränken. Mit einem Mal frischte der bis dahin schwache Wind auf, und die Temperatur stieg rapide. Dieser plötzliche Wetterumschlag irritierte mich.

Ich hatte erwartet, dass die strenge Kälte und die Hochdrucklage, die sie verursachte, noch ein paar Tage anhalten würden. Ich beschloss, die vierstündige Pause zu streichen und unverzüglich zurückzufahren.

Alles ging gut, bis ich wieder auf ein Plateau gelangte, über das ein kräftiger Wind und bald auch Schnee fegten.

Ich hatte eine Sonnenbrille mitgenommen, aber keine Schutzmaske. Ich ärgerte mich, dass ich nicht daran gedacht hatte.

Ich hatte Mühe, überhaupt noch etwas zu erkennen. Die Hunde begannen zu meutern. Sie laufen nicht gern gegen den Wind, schon gar nicht, wenn sie ihre verdiente Pause nicht bekommen haben. Ich kehrte um und fuhr ein paar Kilometer zurück. In einer kleinen Schlucht hatte ich ein Nadelgehölz entdeckt, das Schutz vor dem Wind bot. Der Wind wurde immer stärker. Mittlerweile war er zu einem richtigen Schneesturm angewachsen. Ich fing an, mir Sorgen zu machen, vor allem aber machte ich mir Vorwürfe, weil ich so wenige Vorsichtsmaßnahmen getroffen hatte. Ich hatte kaum Futter für die Hunde dabei, weder Schutzmaske noch Kompass. Zum Glück hatte ich das Wichtigste nicht vergessen: den Schlafsack. Ich beschloss, das Ende des Sturms abzuwarten, und machte es uns so bequem wie möglich.

Er dauerte die ganze Nacht und legte sich erst im Morgengrauen. Die Piste war komplett zugeweht. Es war einer dieser weißen Tage, an denen alle Unebenheiten des Geländes verschwunden zu sein scheinen und man, wenn einem die Sonne nicht die Richtung weist, keinerlei Orientierungspunkt hat. Ich versuchte, auf der Karte zu bestimmen, wo wir waren, aber in einer solchen Landschaft sieht alles gleich aus.

Ich spannte die Hunde an, und wir fuhren in die Richtung, die ich für die richtige hielt. Auf dem Plateau hatte der Wind den Schnee zusammengepresst, und wir kamen zügig voran, auch weil Attali, der Leithund, meine Kommandos tadellos ausführte. Aber sobald wir wieder in das Tal kamen, stellte sich die Sache anders dar. Ich versuchte, die unter dem Schnee verschwundene Piste zu finden, ohne Erfolg. Und was noch schlimmer war, das Tal kam mir überhaupt nicht bekannt vor. Ich zog wieder die Karte zu Rate und gelangte zu dem Schluss, dass ich mich auf dem Plateau zu weit südlich gehalten und das »richtige« Tal links liegen gelassen hatte. Ich kehrte um, fuhr denselben Weg zurück und bog dann nach Osten ab. Ich überquerte einen kleinen Pass. Unter dem unberührten Schnee glaubte ich alte Spuren zu erkennen. Ich folgte dieser vermeintlichen Piste in ein Tal, in dem ich kaum noch etwas unterscheiden konnte. Nichts kam mir bekannt vor.

Ich hatte mich tatsächlich verirrt.

Trotzdem fuhr ich weiter, überzeugt, dass ich früher oder später auf eine Piste oder zumindest die Überreste einer Piste stoßen musste. Was für eine Piste, war egal. Hauptsache, ich konnte ihr folgen. Ich marschierte bis zum Abend, mal vor den Hunden durch tiefen Schnee, mal hinter dem Schlitten, wenn wir eine Zone durchquerten, in der der Wind den Schnee etwas zusammengedrückt hatte. Aber nicht die geringste Spur, nur Abdrücke von Wölfen, Luchsen und Füchsen, die hier besonders zahlreich waren.

So schnell, wie sie gegangen war, kam in der Nacht die Kälte zurück. Der Himmel riss auf, und ein paar Sterne erschienen, an denen ich mich grob orientieren konnte.

Doch meine Sorge wuchs. Die Hunde hatten noch immer nichts gefressen, und bis auf ein paar Riegel Schokolade hatte ich nichts mehr für mich selbst.

Trotzdem beschloss ich, im Morgengrauen wieder aufzubrechen. Kein Lüftchen regte sich mehr, und da ich mich verirrt hatte, lag es ganz in meinem Interesse, eine möglichst lange Spur zu legen, die den Suchkräften half, mich zu finden. Denn im Lauf des Tages würde man mit Sicherheit eine Suchaktion starten. Ich hätte spätestens am Vorabend zurückgekehrt sein müssen, deshalb hatte man bestimmt Alarm geschlagen. Man würde ein Flugzeug oder einen Hubschrauber losschicken. Keine Frage.

Der Tag verging. Ich spitzte die Ohren. Zehn Mal stoppte ich die Hunde, weil ich glaubte, in der Ferne ein Motorengeräusch zu hören. Aber Fehlanzeige. Nur tiefe, beklemmende Stille.

Ich war müde. Ich hatte Hunger. Großen Hunger ... und die Hunde auch.

Es dauerte bis zum Spätnachmittag, ehe mich ein kleines Flugzeug der Mounties endlich entdeckte. Es kreiste ein paar Mal über mir. Ich blieb stehen und schrieb mit riesigen Buchstaben *Lost!* (»Verirrt!«) in den Schnee.

Der Pilot drehte noch eine Runde und wackelte mit den Tragflächen, um mir zu zeigen, dass er verstanden hatte, dann flog er davon.

Ich brauchte nur zu warten. Gegen drei Uhr morgens tauchten urplötzlich zwei Schneemobile aus der Dunkelheit auf. Dank der Hinweise des Piloten hatten sie mich ohne Schwierigkeiten gefunden. Bob, der Besitzer der Hunde, und ein mit ihm befreundeter Trapper waren gekommen.

Sie machten mir keine Vorwürfe, aber ich begriff sehr wohl, dass sie sauer auf mich waren. Und zu Recht. Ich schämte mich.

Die Geschichte sprach sich in Dawson natürlich in Windeseile herum. Wo ich hinkam, lachten die Leute heimlich über mich. »Das ist der Franzose, der sich verirrt hat.« Der Neuling im hohen Norden. Seitdem habe ich mich nie wieder verirrt. Diese Geschichte war mir eine Lehre. Ich breche niemals mehr ohne Kompass oder Proviant auf, und wenn es nur für einen halben Tag ist.

Der Schamane und die Karibus

SCHEFFERVILLE LIEGT IN KANADA, AM TOR ZUM HOHEN Norden. Dahinter kommt nichts mehr, oder fast nichts. Von dieser Ortschaft aus oder von dem, was seit der Stilllegung der Eisenminen von ihr übrig geblieben ist, kann man bis zum Nordpol marschieren, ohne einer Menschenseele zu begegnen oder eine Straße oder auch nur einen Pfad zu kreuzen.

Hinter diesem Dorf erstreckt sich die endlose Weite des Niemandslands von Quebec-Labrador. Ich bin mehrere Male dort gewesen: im Sommer, bevor ich die Halbinsel im Kanu durchquerte, aber auch im Winter, um mich dort auf eine große Rundreise mit dem Hundeschlitten vorzubereiten. Während dieser Trainingsphase schloss ich Freundschaft mit André, einem Trapper der Montagnais-Indianer. Am Ende des Winters 1985 traf ich ihn dort wieder.

Anlass meiner Reise nach Schefferville war eine Fotoreportage für das Magazin *Géo*. Ich wollte die unglaublich hohen Bestände an Schneehühnern dokumentieren, die mir bei unserer Winterexpedition in einem abgeschiedenen Winkel der Halbinsel aufgefallen waren. André hatte eingewilligt, mich zu begleiten. Leider war jedoch so viel Neuschnee gefallen, dass wir nicht mit dem Schneemobil reisen konnten und nach einem beschwerlichen dreitägigen Fußmarsch wieder umkehren mussten.

Ich hatte eigentlich nach Frankreich zurückkehren wollen, doch dann schlug André mir vor, ihn stattdessen auf einen Jagdausflug zu begleiten, den er zum Lac aux Outardes plante.

»Vielleicht wäre *Géo* an einer Reportage über diese Gegend interessiert, als Ersatz für die Schneehühner«, sagte er, um mir die Sache schmackhaft zu machen.

Die Aussicht, für eine Weile am Leben der Montagnais-Indianer teilzuhaben, reizte mich sehr. Nicht weil vielleicht eine Reportage dabei herausspringen, sondern weil ich mit dem Lebensmittelpunkt des Stammes in Berührung kommen würde: mit den Karibus, die den Indianern kulturell und materiell so viel bedeuten wie die Robben den Inuit.

»Wir brauchen mindestens dreißig, um die Versorgung unserer Gemeinschaft zu sichern«, erklärte mir André. Er stellte mir die anderen vor, die mit von der Partie sein sollten: seinen Bruder Gilles und Max und Jack, zwei Montagnais-Indianer aus der Stadt Sept-Îles, die jedes Jahr um dieselbe Zeit nach Schefferville kamen, um an dieser Jagd teilzunehmen. Es brachte ihnen immer fünf oder sechs Karibus zur Versorgung ihrer Familien ein. Wenn ihnen das Glück hold war.

»Gehen wir David besuchen.«

David war ein zweiundachtzigjähriger Indianer und eine Art Schamane, oder zumindest jemand, der anscheinend mit dem Geist der Erde des Nordens in Verbindung stand.

»Er wird uns sagen, wann und wohin wir gehen müssen.« Meine Skepsis war wohl offenkundig. André funkelte mich drohend an. In dem Punkt verstand er keinen Spaß. »Du wirst schon sehen.«

David war klein und hager und lächelte unentwegt. Er strahlte eine ruhige Kraft aus, die mich beeindruckte. Er bedeutete uns, an einem Tisch Platz zu nehmen, und forderte uns auf, eine große Landkarte der Gegend darauf auszubreiten. Eine Kerze erhellte dürftig den Raum, aber der matte Schein genügte, um die Einträge lesen zu können. David war ohnehin blind. Er servierte Tee und setzte sich zu uns. Schweigen kehrte ein. Eine lange Zeit verstrich. Alle starrten auf die Karte, als könnten jeden Augenblick Karibus am Ufer eines See oder Flusses erscheinen. Keiner sprach ein Wort, niemand rührte sich. Dem alten Indianer traten Schweißtropfen auf die Stirn, so angestrengt konzentrierte er sich. Er begann, den Kopf vor und zurück zu wiegen. Seine Lippen zitterten. Ich spähte zu André hinüber. Er beobachtete ihn fasziniert und ehrerbietig. Er wandte sich mir zu und schüttelte den Kopf. Ich verstand nicht. Er sah enttäuscht aus. Aus gutem Grund: Als David aus seinem Trancezustand, der ihn was weiß ich wohin entrückt hatte, erwachte, sagte er, dass er nichts gesehen habe, kein einziges Karibu, nicht einmal eine Eule.

Meine Skepsis wuchs.

Es war ein herrlicher Tag. Das Thermometer zeigte minus dreißig Grad, und eine riesige Sonne brachte den Schnee, der nur auf uns wartete, zum Glitzern. Da der Schamane nichts gesehen hatte, wollten meine Indianer jedoch nicht aufbrechen.

»Aber wann wird er denn etwas sehen?«

»Vielleicht morgen.«

Wir brachten ein paar Fallen aus und sammelten andere ein. Ein Luchs hatte eine ausgelöst, sich aber nicht fangen lassen. Dafür waren zwei Marder in eine Kastenfalle geraten, die André an einem zugefrorenen Bach aufgestellt hatte. Wir schossen ein paar Schneehühner und legten Hasenschlingen aus.

Am nächsten Tag sah David wieder nichts. Nicht einmal den Schwanz eines Karibus. Obwohl die Sitzung über anderthalb Stunden dauerte. Ich zwang mich, auch an der dritten teilzunehmen, obwohl diese ausgedehnten Andachten überhaupt nicht nach meinem Geschmack waren. Sie erinnerten mich allzu sehr an die langweiligen (und das ist noch gelinde ausgedrückt) Messen in der Kirche, die ich als Kind besuchen musste.

Wieder nichts. Und dabei war das Wetter traumhaft. Ideal für einen Jagdausflug.

Einige Marder später, als ich schon verzweifeln wollte, sah der Schamane dann doch noch etwas. Karibus, eine große Herde, etwa hundert Kilometer nördlich von hier am Lac de la Perche!

Meine Indianer waren so aufgeregt, dass sie sich von dem alten Mann, der immer noch lächelte, kaum verabschiedeten. Innerhalb weniger Minuten hatten wir gepackt und rasten zu dem kleinen Flugplatz, wo uns eine große zweimotorige Maschine erwartete. Eile war geboten. Das Wetter kippte. Eine Verschlechterung war angekündigt.

Ich hielt es für idiotisch, ausgerechnet zu diesem Zeitpunkt aufzubrechen. Jetzt war mit Schnee zu rechnen, während wir die letzten fünf Tage bei herrlichem Wetter damit zugebracht hatten, die Zeit totzuschlagen und an Davids Trapperpfad ein paar bedauernswerte Schneehühner ums Leben zu bringen. Aber gut, ich war nur Gast, ein Zuschauer, und es stand mir nicht zu, Kommentare abzugeben oder gar Kritik zu üben.

Der Pilot lud neben unserem Gepäck auch drei kleine Schneemobile vom Typ Scandic ein, die er mit zwei Gurten im hinteren Teil der Kabine festzurrte.

»Die Maschine kann zwei Tonnen laden«, erklärte mir André, »also etwas mehr als fünfunddreißig Karibus.«

Das Flugzeug setzte uns fünf Kilometer von der Stelle entfernt ab, wo der Schamane die Karibus »gesehen« hatte. André hätte die Gegend gern überflogen, um sich zu vergewissern, dass welche da waren, aber die tief hängenden Wolken ließen einen Flug in der erforderlichen Höhe nicht zu. Wir hätten die Tiere nur unnötig aufgeschreckt.

Ich wurde immer skeptischer. Während des dreiviertelstündigen Flugs hatten wir keine Spur von Karibus gesehen. Ich schätzte unsere Chancen, auf welche zu stoßen, etwa so groß ein, wie einem Beduinen oder einer Giraffe zu begegnen.

Meine Indianer waren allerdings ganz anderer Ansicht. Während sie die letzten Vorbereitungen trafen, bemerkte ich, wie sich eine Aufregung ihrer bemächtigte, ein Fieber, das ihre Mimik, ihren Gang, ihre ganze Haltung veränderte. Sie waren keine Indianer mehr, oder besser, sie waren wieder welche geworden, bis in die letzte Faser ihres Herzens. Sie waren Wölfe und hatten Beute gewittert, ohne den Schatten eines Zweifels. Die Karibus waren da, hinter diesem Hügel, am See. Der Schamane hatte sie gesehen.

André übernahm die Führung und verteilte die Aufgaben.

»Max und Jack, ihr nehmt den längeren Weg. Ihr pirscht euch an sie an, bis das Leittier unruhig wird. Dann schießt ihr. Bis dahin haben wir Posten bezogen. Nicolas links, ich in der Mitte und Gilles am dichtesten am See, über den sie eventuell fliehen könnten.«

»Das wird vom Schnee abhängen«, ergänzte einer der Indianer.

Die anderen stimmten zu. Wenn der Schnee dort, wo sich die Karibus momentan befanden, nicht allzu tief war, würden sie eher durch den Wald flüchten.

»Dann verfolgen wir sie«, schloss André.

Wie mir auffiel, hatte keiner die – meines Erachtens sehr wahrscheinliche – Möglichkeit auch nur in Erwägung gezogen, dass an der vom Schamanen bezeichneten Stelle überhaupt keine Karibus waren.

Wir brachen auf. Wir fuhren mit den Schneemobilen bis zur Mitte des Hangs, den Rest legten wir zu Fuß zurück. Beim Abstieg vom ersten kleinen Hügel schnallten wir uns Schneeschuhe unter, denn der Schnee war nicht verweht und lag sehr hoch. Max und Jack, die beiden Indianer aus Sept-Îles, trennten sich am Fuß dieses Hügels von uns, um die Karibus, sofern überhaupt welche da waren, von hinten in die Zange zu nehmen.

Doppelt vorsichtig legten wir die letzten Meter zurück. Die Erregung der Indianer war ansteckend. Mein Herz klopfte zum Zerspringen. Ich war jetzt auf die Jagd konzentriert, ganz Auge und Ohr, empfänglich für die Signale, die mir die Landschaft sandte.

Oben auf dem Hügel kroch André bis zu einer leichten Bodenerhebung, hinter der wir Halt machten. Der See lag vor uns hinter einem kleinen lichten Wald aus kümmerlich gewachsenen Fichten und Birken.

Kein einziges Karibu zu sehen.

Aber auch kein Anzeichen von Enttäuschung auf den Gesichtern der beiden Gefährten. Sie klemmten sich hinter ihre Ferngläser und suchten gründlich die Umgebung ab. Im selben Moment wie André entdeckte ich an der äußersten Westseite des Sees, dort, wo sich unsere beiden Gefährten befinden mussten, Spuren im Schnee, die der Wind verweht hatte.

Aber keine Karibus.

Alte Spuren waren schon mal nicht schlecht für einen blinden Schamanen, dachte ich gerade bei mir, als André einen merkwürdigen Laut ausstieß. Seine Augen leuchteten, als hätten sie das ganze Licht des Tages eingefangen. Er deutete zum oberen Teil des Waldes hinter dem See.

Zuerst sah ich nichts. Nur Bäume und dazwischen immer wieder Lücken. Dann entdeckte ich sie. Ein brauner Fleck in jeder Lücke.

»Donnerwetter!«

Es waren hundert, vielleicht zweihundert oder noch mehr! »Wir schlagen hinter dem Hügel einen Bogen um sie herum. Sonst bleibt alles wie besprochen. Ich halte mich in der Mitte, und du, Nicolas, beziehst da unten Stellung.«

Er deutete auf einen kleinen Pass, den die Tiere, wie die Spuren verrieten, als Wechsel benutzten.

»Du hältst dich dicht am See«, sagte er zu Gilles.

Er forderte mich auf, meine Munition bereitzulegen – er hatte mir über fünfzig Schuss gegeben –, dann ließ er mich das Gewehr laden und durchladen.

Wir trennten uns ohne ein Wort.

Ich hatte den weitesten Weg vor mir und schritt zügig aus, damit die Artillerie nicht losdonnerte, bevor ich meinen Posten bezogen hatte.

Zwei große Raben flogen schwerfällig von einem Felsvorsprung auf, an dem ich im Vorübergehen auch alte Wolfsspuren entdeckte. Einer der Vögel begann zu krächzen, und ich erschrak. Wollte er womöglich Alarm schlagen? Was rief er? Ob die Karibus seine Sprache verstanden?

Trotz der beißenden Kälte, die ein eisiger Ostwind noch verstärkte, troff ich vor Schweiß. Schließlich erreichte ich die kleine Talmulde zwischen den beiden

Hügeln. Ich ging noch ein Stück weiter und suchte hinter einem Birkengestrüpp Deckung. Von hier aus waren die ersten Fichten zu sehen, zwischen denen ich die Karibus bemerkt hatte. Ich befand mich also direkt über ihnen, rund fünfhundert Meter entfernt. Ich war so von der Jagd gefangen, dass ich noch gar nicht darüber nachgedacht hatte, was eigentlich geschehen war. Plötzlich kam es mir zu Bewusstsein. So unglaublich es auch erscheinen mochte, der Schamane hatte die Wahrheit gesagt. Ich konnte es nicht fassen.

Jetzt aber musste ich mich auf die Jagd konzentrieren. Und dem unglaublichen Vertrauen, das mir die Indianer erwiesen hatten, gerecht werden. Sie hatten mich nicht nur mitgenommen, sondern auch an einen strategisch wichtigen Punkt gestellt. Durch eine einzige falsche Bewegung konnte ich alles verderben, alles vermasseln.

Ich überprüfte noch einmal die Winchester, die mir André besorgt hatte, und legte mir fünf Patronen in die hohle Hand, alle mit dem Geschoss nach vorn, damit ich möglichst schnell nachladen konnte.

Ich war bereit, und das traf sich gut, denn plötzlich sah ich ein, dann zwei und schließlich Dutzende von Karibus auftauchen. Sie trotteten gemächlich den Hang herauf, waren aber unruhig und spähten immer wieder in Richtung See.

Sie kamen direkt auf mich zu! Statt mich zu freuen, bekam ich es mit der Angst zu tun. Ich hätte wer weiß was dafür gegeben, wenn sie kehrtgemacht hätten, aber nein, sie setzen ihren Weg fort, zu Dutzenden. Genau in meine Richtung!

Mein Herz pochte so laut, dass ich dachte, die Karibus müssten es hören.

Und auf einmal brach der Sturm los. Ein Schuss fiel, dann noch einer und noch einer ... Mit weiten Sätzen stürmte eine erste Gruppe von rund dreißig Karibus auf mich zu und wirbelte Schneewolken auf.

Ich legte auf das erste an und schoss. Zu hoch! Sie blieben verdutzt stehen und preschten dann in leicht veränderter Richtung weiter, um auf halber Höhe zwischen den Bäumen und der Hügelkuppe zu entkommen. Ich hielt tiefer und zielte sorgfältig auf ein Tier, das hundert Meter unterhalb von mir galoppierte. Im vollen Lauf getroffen, schlug es einen Purzelbaum. Ich lud nach, schoss, lud nach, schoss. Der Verschluss klickte, ein schöner Mechanismus, der ein Geschoss hinausschleuderte und das nächste nachschob.

Mit den ersten fünf Patronen erlegte ich drei Karibus. Ich brauchte etwas Zeit, um das Magazin mit den bereitgehaltenen Patronen zu füllen, denn eine hatte sich verklemmt. Als ich fertig war, hatte sich die erste Gruppe entfernt. Fünf Karibus galoppierten etwas weiter unten vorbei. Ich zielte. Die Entfernung war groß, doch ich traf zwei weitere.

Die Indianer hatte ich ganz vergessen. Ich hatte den Eindruck, dass viele Schüsse gefallen waren. Wie viele? Mindestens zwanzig, genau konnte ich es nicht sagen.

Ich hörte Schreie. Ich rannte den Hang hinunter, vorbei an mehreren Karibus, die ich getötet hatte. Zur gleichen Zeit wie die beiden Indianer aus Sept-Îles langte ich am Seeufer an. Max war ganz rot im Gesicht und schnaufte wie eine Lokomotive. Seine Augen leuchteten wie die eines Wolfes.

»Ich habe ein angeschossenes Karibu verfolgt«, sagte er zu seiner Entschuldigung. »Warst du das, der von da oben geschossen hat?«

Ich bejahte. Er sah mich fragend an, und ich erklärte möglichst bescheiden, dass ich erfolgreich gewesen sei.

»Fünf!«

Jack pfiff bewundernd, in seinen Augen jedoch glomm ein Funke des Zweifels.

»Sie kamen zuerst direkt auf mich zu«, sagte ich, als müsste ich mich für meinen Erfolg entschuldigen.

Belustigung blitzte in ihren Augen.

»Wollen wir die Herde nicht verfolgen?«

»André ist schon los. Unsere Schneemobile sind zu weit weg. Wo steht deines?«

Ich sagte ihnen, dass ich meines hinter dem Hügel zurückgelassen hatte.

»Hat André nicht auch geschossen?«

»Ja, er hat ihnen auf halber Höhe den Weg abgeschnitten. Er muss mehrere erwischt haben.«

»Wie es aussieht, hatten nur wir beide kein Glück. Kein einziges Tier ist in Richtung See geflüchtet, und wir konnten nicht nahe genug an sie herankommen, um mehr zu erlegen.«

»Wie viele habt ihr denn getötet?«

»Drei.«

Ich überschlug rasch. Wenn André getroffen hatte, woran kein Zweifel bestand, hatten wir schon gut zehn.

Zwei Schneemobile kamen über den Pass geknattert. André und Gilles hatten sich wirklich beeilt. Im Nu waren sie bei uns. Schneller, als man es erzählen kann, setzte sich André über die Lage ins Bild und gab mir ein Zeichen, hinter ihm aufzusitzen.

»Los, wir dürfen keine Zeit verlieren.«

Er lachte, schon jetzt begeistert über die erfolgreiche Jagd. Max war hinter Gilles aufgestiegen.

Ich musste mich gut festhalten. André scherte sich nicht um Unebenheiten des Geländes. Er drückte auf die Tube und fuhr in einem weiten Bogen um eine Art Sumpf herum, der den See nach Süden hin verlängerte.

»Wir versuchen, ihnen den Weg abzuschneiden, bevor sie die Täler des Des-Passes-Flusses erreichen. Da unten können wir sie nicht mehr verfolgen.«

»Hast du auch welche erwischt?«

Er reckte drei Finger in die Höhe.

Ich fror, und das ist noch harmlos ausgedrückt. Ich hatte so stark geschwitzt, dass mir die feuchten Kleider am Leib gefroren waren. Der Wind ließ nicht nach, ganz im Gegenteil. Er peitschte mir ins Gesicht, das ich schützen konnte. Das Blut wich aus meinen Fingern, und ich spürte meine Füße nicht mehr. Doch wenn wir die Karibus einholten, musste ich schießen. Und dazu brauchte ich meine Hände. Also versuchte ich, wenigstens in einer Hand die Durchblutung wieder auf Trab zu bringen, was eine ganze Weile dauerte.

Zehn Minuten später fanden wir die Karibus. Sie hatten sich beruhigt und gingen im Schritt.

Sofort fielen sie wieder in Galopp, und wir nahmen die Verfolgung auf.

Es war der Wahnsinn!

Ein Bild kam mir in den Sinn. Ein Gemälde, von dem ich als Kind ein Poster in meinem Zimmer hängen hatte. Es zeigte einen Indianer, der einfach phantastisch aussah. Er saß auf einem herrlichen pechschwarzen Mustang und verfolgte Bisons, die er, das Gewehr am ausgestreckten Arm, mit einer Hand erlegte.

Dieser Indianer war ich jetzt, angetrieben von derselben animalischen Wildheit. Ich lud die Winchester, während wir den in panischer Angst dahinpreschenden Tieren immer näher kamen.

Wieder brach die Hölle los. Ich feuerte, lud nach, feuerte. Karibus fielen. Ich schoss häufig daneben, denn ich wurde bei diesem Tempo kräftig durchgeschüttelt und konnte kaum zielen. Ich gab fünfzehn Schuss ab, ehe

André anhielt. Die Herde war in eine Schlucht geflüchtet, in die wir ihr nicht folgen konnten.

André beglückwünschte mich mit einem kräftigen Klaps auf den Rücken.

»Acht! Bravo.«

Ich konnte es nicht fassen. Ich dachte, ich hätte vier getroffen, vielleicht fünf. Aber nie und nimmer acht. Max hatte vier erlegt. André zählte zusammen. Wir hatten jetzt über zwanzig. Er war begeistert.

Wir gingen zu einem erlegten Karibu. André stellte sich neben das Tier und drehte ihm den Kopf nach Osten. Dann erklärte er ihm in seinem Dialekt, warum er ihn getötet hatte, ihn und die anderen. Er erklärte ihm, dass er seine Haut brauche, sein Fleisch, seine Knochen. Dann dankte er ihm.

Ich ließ mir alles übersetzen. Dieses respektvolle Verhalten, das die Jagd wieder in den Mittelpunkt des Lebens rückte, machte einen tiefen Eindruck auf mich. Andrés Gebet war kein abergläubisches Ritual, sondern eine Geste der Achtung vor der Natur, die wir uns zum Vorbild nehmen sollten.

Hinterher mussten wir viele Male hin- und herfahren, um die Karibus zu dem Lager zu schaffen, das Jack und ich am Ufer des Sees errichtet hatten. Den ganzen folgenden Tag waren wir mit dem Zerlegen beschäftigt. Die Stimmung war blendend. Erst am Abend wagte ich bei Kerzenschein anzusprechen, was mir auf der Seele lag. Ich schilderte meine Zweifel, dann meine maßlose Überraschung, dass die Vorhersage des Schamanen eingetroffen war.

»Hat ihm nicht vielleicht ein Pilot einen Tipp gegeben?«

Sie erwiderten nichts, aber ihre Blicke drückten aus, was sie dachten. Ich begriff, dass ich zu weit gegangen war. Mit einem Mal verübelte ich mir meine nüchterne Rationalität. Ich entschuldigte mich kleinlaut und verlegen.

Einer der Indianer ergriff das Wort: »Sein Vater war Schamane, und der Vater seines Vaters war Schamane, zu einer Zeit, als es noch keine Flugzeuge der Weißen gab. Und auch sie sahen die Karibus.«

Seine Augen leuchteten vor Stolz, und ich schämte mich.

»Die Erfindungen der Weißen haben nichts damit zu tun, kein Weißer wird jemals Karibus sehen können.«

André fügte schelmisch und streng hinzu: »Sie bemerken sie ja nicht einmal, wenn sie welche direkt vor der Nase haben! Oder sie sehen in ihnen nur eine Trophäe, die sie in ihr Wohnzimmer hängen können … Manche nehmen nicht einmal das Fleisch mit, wenn sie zum Jagen in unser Land kommen!«

Ich erklärte ihnen, dass ich das alles verstünde und dass ich diesen Schamanen und die anderen jetzt mit anderen Augen sähe. Aber sie konnten mit meinen Worten nichts anfangen. Für die Dauer der Jagd war ich einer von ihnen gewesen. Jetzt war ich wieder der Weiße, der ich immer bleiben würde. Also sagte ich ihnen einfach nur, dass ich stolz darauf sei, einer der Ihren gewesen zu sein, sprach ihnen meinen Dank aus und bekundete meinen Respekt vor dem, was sie sind und was sie verkörpern.

André hatte das letzte Wort: »Du hast gut gejagt, kleiner Weißer.«

Und dann begannen sie zu lachen, denn ihre größte Stärke ist, dass sie sich selbst nie zu ernst nehmen.

Pferde sind gute Kumpane

ICH BIN VIEL ZU PFERDE GEREIST – MIT EINER KARA-
wane von zwölf Pferden monatelang von Wyoming
nach Kanada; mit fünfzehn Pferden einen Sommer lang
von der mongolischen Grenze über das Sajangebirge
zum Baikalsee; mit vier Pferden zwei Monate lang durch
die Rocky Mountains von British Columbia zu dem See,
an dem, wie bereits geschildert, meine Frau Diane, meine
kleine Tochter Montaine und ich unsere Hütte bauten.
Und hier und dort kamen noch einige kleinere Ausritte
hinzu, während eines Erkundungstrips, eines Jagdaus-
flugs mit Indianern oder bei Dreharbeiten zu einem Film,
namentlich in Yukon und Alaska.

Pferdenarren schätzen mich nicht besonders, denn an
anderer Stelle habe ich einmal geschrieben, dass Pferde
etwas dumm seien. Ich werde hier nicht widerrufen.

Wenn man, wie ich es oft getan habe, eine Reise zu
Pferd mit einer anderen in Begleitung von Schlittenhunden verknüpft, ist der Unterschied frappierend. Das lässt
sich wissenschaftlich erklären. Pflanzenfresser, die nur
den Kopf zu senken brauchen, um zu weiden, besitzen
nicht die Intelligenz eines Raubtiers, das Jagdtechniken
und Listen entwickeln muss, um Beute zu machen. Eine
Gruppe amerikanischer Wissenschaftler hat zu diesem

Thema eine bemerkenswerte Studie durchgeführt und anhand verschiedenartiger, ausgereifter Tests erhebliche Unterschiede in der Intelligenz (das ist das Wort, das sie verwenden) zwischen Raubtieren wie Hunden, Katzen, Luchsen, Wölfen und Füchsen auf der einen und Pflanzenfressern wie Pferden, Kühen, Schafen, Dickhornschafen und Schneeziegen auf der anderen Seite festgestellt.

Gleichwohl bestätigten diese Tests, dass das Pferd über ein bemerkenswert gutes Gedächtnis verfügt. Aber das Gedächtnis ist eben nur *eine* Form von Intelligenz, selbst bei Tieren.

Ich kenne auch eingefleischte Pferdeliebhaber, die ihr Leben mit diesen Tieren zugebracht haben und sich nichts vormachen. Wie zum Beispiel mein Freund Paul Perrier, der mit über achtzig noch wie ein junger Heißsporn über schwierige Wege im Hochgebirge galoppiert. Dieser Mann ist unglaublich. Ich habe mit ihm die Rocky Mountains überquert, als er fünfundsechzig war. Er wirkte zwanzig Jahre jünger und beeindruckte uns Jüngere schwer. Ich weiß nicht, in welchen Zaubertrank er als Kind gefallen ist, aber wenn es einen Großvater gibt, dem ich gern ähneln würde, dann ist es er.

Zu Pferden hatte er, wie zu vielen anderen Themen, eine dem gesunden Menschenverstand entsprechende Meinung, wie sie typisch für Menschen ist, die im engen Kontakt mit der Natur gelebt haben.

»Es stimmt, dass sie etwas dumm sind! Aber abgesehen davon haben diese Tiere so viele Vorzüge, so viele nützliche Seiten und sind so schön, dass man ihnen das gern verzeiht.«

Es gab ein Pferd, das ich geliebt habe. Es hieß Punkie. Bei meiner ersten Süd-Nord-Durchquerung der Rocky Mountains war ich vier Monate lang mit ihm zusammen.

Vier Monate, in denen ich jeden Tag fast acht Stunden im Sattel saß. Dieses kleine Pferd war phantastisch, ein Muskelpaket, temperamentvoll und immer guter Dinge. Wir hatten einen solchen Grad von Einverständnis erreicht, dass Punkie meine Kommandos häufig vorausahnte und ausführte, bevor ich sie aussprach. Am Morgen brauchte ich ihn, gleich wo wir waren, nur zu rufen, und schon kam er freudig wiehernd angetrabt, steckte seinen schönen Kopf unter meine Achsel und rieb sich zärtlich an meiner Brust. Auf seinem Rücken verschmolz ich so mit ihm, dass wir eine Einheit bildeten. Ich kannte die Schrittlänge seines Trabs, den Rhythmus seines Galopps und passte mich ihm leicht und locker an. Am besten gefielen ihm und mir die Ruhetage, die sich das Team alle vier bis fünf Tage gönnte. Die Plätze dafür suchten wir immer mit Bedacht aus. Meist an einem See an der Baumgrenze in über dreitausend Meter Höhe, am Rand der großen Almen, auf denen sich im Sommer die Tiere aufhalten und Schutz vor den Insekten und der drückenden Hitze in den bewaldeten Tälern finden. Da oben gibt es Unmengen von Maultierhirschen und Wapitis, Dickhornschafen, Schneeziegen, Elchen und Karibus sowie Schwarzbären und Grizzlys. Nichts liebe ich mehr als diese Gebirgsregion, in der die großen Wildtiere leben und der Blick weit in die Ferne reicht. An solchen Ruhetagen stand ich früh auf, angelte Forellen oder jagte ein paar Schneehühner fürs Mittagessen. Nach dem Essen legte ich mich ins Gras, beobachtete die ruhig dahinziehenden Wolken und hing meinen Gedanken nach. Zwei oder drei Stunden vor Sonnenuntergang begab ich mich auf die Suche nach Punkie, der sich den ganzen Tag lang mit dem fetten, saftigen Gras des Hochgebirges den Bauch vollgeschlagen hatte, oder vielmehr, ich pfiff ihm. Vergnügt kam er angaloppiert, denn er gehörte zu einer

Gruppe von drei oder vier Pferden, denen wir keine Fuß-fesseln anlegten. Punkie blieb stets in der Nähe des Lagers und jener Pferde, die wir anhobbeln mussten, damit sie nicht ausbüxten.

Punkie war wie ich. Er war kein großer Freund der lan-gen, langsamen Ritte, zu denen uns die Karawane mit ihren sechs Reit- und sechs Lasttieren für Proviant und Ausrüstung zwang. Er liebte ebenso wie ich die freien Ausritte über die Hochalmen, ohne bestimmtes Ziel und ausschließlich zu unserem Vergnügen. Es war phantas-tisch. Ich ließ ihm ebenso seine Freiheit, wie er mir die meine. Mal entschied er, mal ich. Wenn ein Rudel Hirsche Hals über Kopf vor uns Reißaus nahm, machte sich Pun-kie sofort an die Verfolgung und galoppierte bei verhäng-tem Zügel den großen Hirschen nach, die auf der Wiese auseinanderstoben und schnellstens in einem Nadelwald Schutz suchten. Dickhornschafe jagten wir immer bis zu den Felsen, an deren Fuß wir die Hatz aufgeben mussten. Anschließend kehrten wir im Schritt zurück und ver-schnauften. Ich legte mich auf Punkies Hals, streichelte ihn und schaute in seine großen, feuchten Augen, die mich aus den Winkeln vergnügt und schelmisch ansa-hen, als wollten sie sagen: »Einfach super, der Ritt eben!«

Ich sprach viel mit ihm. Natürlich verstand er kein Wort, aber der sanfte Ton meine Stimme bewies ihm, wie sehr ich ihn liebte. In der Dämmerung kehrten wir erschöpft und glücklich über das Erlebte ins Lager zu-rück, dessen Feuerschein wir in der Ferne erahnten. Es hatte etwas Magisches.

Dann kamen der Herbst und der Winter. Besonders gut erinnere ich mich an die Jagd auf einen Schwarzbären. In bestimmten Gebieten Kanadas wimmelt es von Schwarzbären wie in manchen Gegenden Frankreichs von Wildschweinen. Der Staat muss Berufsjäger bezahlen, um die Bestände zu regulieren. Einer der Gründe für ihre explosionsartige Vermehrung ist die Abholzung der Wälder. Holz aus Gebirgsregionen ist nicht sehr viel wert. In der Regel haben die Stämme nur einen geringen Durchmesser und werden lediglich zur Papierherstellung verwendet. Die holzwirtschaftliche Nutzung ist daher weniger rentabel – und würde sich überhaupt nicht lohnen, würde man selektiv abholzen. Also führt man Kahlschläge durch und setzt dazu große Forstmaschinen ein, die nichts übrig lassen, vergleichbar den riesigen Schleppnetzen, die Trawlerfischer im Meer ausbringen und in denen sich sämtliche Fische verfangen. Anschließend werfen die Fischer diejenigen weg, die für den Verzehr nicht geeignet sind – angeblich bis zu vierzig Prozent!

Nach dem »Kahlschlag« im Meer wie im Wasser wächst nach, was kann. In unserem Fall sind das Heidelbeer- und Himbeersträucher sowie andere Wildbeerenarten, die als Erste die Kahlschlagflächen besiedeln. Ein Schlemmerparadies für die Schwarzbären, die bisher von Lichtung zu Lichtung wandern mussten, um ein paar Früchte zu ergattern. Die Weibchen werden dick und rund und bringen sehr schnell, schon im Alter von zwei Jahren, Junge zur Welt. Allerdings liefern Beeren nur drei Monate lang Nahrung im Überfluss. Im Frühjahr und im Herbst, bevor sich die Bären in ihre Winterhöhlen zurückziehen, wird das Nahrungsangebot knapp. Dann müssen sie sich etwas anderes suchen. In manchen Gegenden richten die Schwarzbären große Schäden an. Sie fallen in die Randbezirke der Städte ein und machen sich über den Müll her wie bei uns die Krähen. Dabei werden sie zu Dutzenden erschossen. Das ist leider unerlässlich.

Für Reisende wie uns, die ihre mitgeführten Nahrungsvorräte – in unserem Fall hauptsächlich Dörrgemüse – mit dem ergänzen müssen, was sie vor Ort finden, ist der Schwarzbär ein Geschenk des Himmels. Das zarte, aromatische und köstliche Fleisch eines jungen Schwarzbären ist ein Leckerbissen.

Unterwegs essen wir häufig Fisch, Schneehühner, Enten, Gänse und Hasen und viel seltener das, was der Jäger Großwild nennt, aber wenn wir wochen- und monatelang unsere übliche Kost genossen haben, wissen wir ein Stück rotes Fleisch zu schätzen.

An jenem Tag ritt ich mit Punkie durch zehn Zentimeter hohen Neuschnee, der von der Frühsonne gestreichelt wurde. Wir waren in einer Art riesigem Felskessel, der eine weite, in der Mitte von einem schönen Fluss durchschnittene Almenfläche umschloss, auf die frische Fährte eines Bären gestoßen und ihr in gemächlichem Trab gefolgt. Ich brauchte Punkie nicht zu lenken. Er blieb auf der Spur wie ein Zug auf dem Gleis.

Und plötzlich, als wir am Flussufer entlangkamen, erblickten wir den Bären. Sofort fiel Punkie, ohne dass ich ihn antreiben oder ein Wort sagen musste, in Galopp und wirbelte eine Schneefontäne hinter uns auf.

Das Gefühl, das ich dabei empfand, war unbeschreiblich. Ich begann zu schreien wie ein Indianer, wie ein Wilder im vornehmsten Sinn des Wortes, der einer Bisonherde nachjagte. Ja, in diesem Augenblick war ich ein Wilder. Ein Wilder, der in diesem verschneiten Kessel aus Leibeskräften brüllte. Ein Wilder, der seit Monaten nicht mehr in einem Bett geschlafen hatte, der ohne Kontakt zur Außenwelt in diesen Bergen lebte, wie es andere Wilde vor ihm getan hatten. Die eisige Luft peitschte mir das Gesicht, aber das kümmerte mich nicht. Punkie und ich hatten die Verfolgung aufgenommen, und nichts konnte uns aufhalten. Vor uns nahm der Bär in vollem Tempo Reißaus und wirbelte Schneewolken auf, in denen er bisweilen fast völlig verschwand. Es war herrlich. Sollte ich nur einen einzigen Moment im Gedächtnis behalten, der stellvertretend steht für diese Reise zu Pferd durch die Rocky Mountains, dann wäre es dieser.

Die Verfolgung dauerte eine ganze Weile, dann ermüdete Meister Petz, und wir konnten seinen Vorsprung verringern.

Etwas später, als er tot zu meinen Füßen lag, ertappte ich mich dabei, dass ich zu ihm sprach, wie ich es von den Indianern gelernt hatte. Ich erklärte ihm, warum ich ihn getötet hatte, und dankte ihm für das Fleisch, das er mir gab und das wir uns schmecken lassen würden.

Ich zerlegte ihn, dann verstaute ich das Fleisch in den großen Ledertaschen, die ich zu diesem Zweck beiderseits des Sattels befestigt hatte. Das Fell legte ich mir über die Beine, denn ich fror, dann machten wir uns auf den Rückweg. Punkie ging gemächlichen Schritts, und ich versenkte mich in die Betrachtung der Landschaft, der die schöne Neuschneedecke etwas Erhabenes verlieh.

Bei Einbruch der Dunkelheit erreichten wir das Lager, das von einem großen Feuer erhellt war. An diesem Abend schlugen wir uns die Bäuche mit Fleisch voll, so wie es Wölfe nach erfolgreicher Jagd tun.

Hat man ein schlechtes Gewissen, wenn man auf diese Weise ein wildes Tier tötet? Nein, was ich damals empfand, hatte mit schlechtem Gewissen nichts zu tun. Sonst müssten wir jedes Mal Gewissensbisse haben, wenn wir Fleisch essen, und das umso mehr, als den Tieren, deren Fleisch wir in den Auslagen unserer Supermärkte finden, niemals das Glück vergönnt war, in Freiheit zu leben. Aber unsere Gleichgültigkeit gegenüber diesen Tieren ist bezeichnend für unsere Gedankenlosigkeit. Wir kaufen, essen, verschwenden und vergessen darüber, woher das Fleisch stammt. Und wollen es auch gar nicht wissen.

Nicht der, der tötet, ist der Wilde. Das ist vielmehr derjenige, der es fertigbringt, Tiere im Dunkeln zu halten und auf engstem Raum zusammenzupferchen. Man muss die Mutterschweine gesehen haben, festgebunden, damit sie sich nicht bewegen können, zusammengesperrt mit ihren Ferkeln, die man mästet und mit Antibiotika vollpumpt. Man muss die vielen Tausend Hühner gesehen haben, die man bei permanentem Kunstlicht hält und der Nacht beraubt, damit sie schneller wachsen. Oder all die anderen Tiere, die mit einem Tier nur noch den Namen gemeinsam haben, denn alles andere hat man ihnen genommen.

Zwei Wochen später mussten wir die Pferde zurücklassen und wieder verkaufen, denn wir wollten mit Hunden weiterziehen. Ich erkundigte mich nach einer Möglichkeit, Punkie nach Frankreich bringen zu lassen, denn ich wollte mich nicht für immer von ihm trennen. Zu Hause in der Sologne, auf dem Hof meiner Familie, gibt es alles, was ein Pferd braucht, denn wir halten keine Schafe, Kühe oder Schweine mehr. Die Zucht im kleinen Maßstab ist nicht mehr rentabel … Umso mehr Platz wäre für meinen Punkie gewesen.

Aber der Transport war teuer, zu teuer, ob mit dem Schiff oder mit dem Flugzeug. Und zu der Zeit besaß ich nichts und noch weniger. Ich hatte mich stark verschuldet, um die Reise überhaupt unternehmen zu können, und es fehlte mir selbst am Nötigsten. Schweren Herzens musste ich Punkie wieder weggeben. Geld macht nicht glücklich, sagt man. In diesem Fall aber machte mich der Mangel an Geld sehr unglücklich.

Es war für mich ein schwerer Augenblick, als Punkie auf die Ladefläche des Lastwagens kletterte und ich von ihm Abschied nehmen musste. Die Stunden, die ich mit diesem Pferd verbracht habe, gehören zu den schönsten, die ich mit Tieren erlebt habe, Hunde eingeschlossen.

Das zweite Pferd, an das ich mit Rührung zurückdenke, ist »der Alte«. Diane und ich haben ihn deshalb so genannt, weil wir ihn zusammen mit drei weiteren Pferden kauften, die wir spontan und der Einfachheit halber »den Jungen«, »den Weißen« und »den Dicken« tauften.

Außerdem war Montaine damals anderthalb Jahre alt und plapperte ihre ersten Wörter. Sie brauchte einfaches Vokabular.

Wir hatten diese Pferde einem befreundeten Rancher in British Columbia abgekauft. Er hatte sie für uns ausgesucht, weil sie alle einen sicheren Tritt hatten und Packsättel gewohnt waren. Mit Rücksicht auf unseren kleinen Schatz Montaine wollten wir keine widerspenstigen und unerfahrenen Pferde. Der Alte war über zehn Jahre alt, ziemlich robust, mit großen Hufen, ruhig und phlegmatisch, aber kräftig. Von den vier Pferden hatte ich ihn dazu auserkoren, die Baumstämme für den Bau unserer Hütte zu schleppen. Da sie mit annähernd fünfunddreißig Quadratmetern geräumig sein sollte, musste ich große, mehr als vier Zentner schwere Kiefern fällen, die ich unmöglich ohne die Hilfe eines Pferdes transportieren konnte. Die Herausforderung war enorm und meine Besorgnis groß. Ob das funktionieren würde? Weder Diane noch ich hatten Erfahrung auf diesem Gebiet.

Wir legten dem Alten das Geschirr an – Packsattel und Brustgurt. Darüber hinaus hatten wir links und rechts am Sattel zwei Seile befestigt, die hinter dem Pferd in einem

Ring zusammenliefen, an dem ein drittes, zwölf Meter langes Seil angebracht war.

Fertig war der Traktor. Jetzt mussten wir ihn nur noch testen.

Wir kehrten zu unserer ersten gefällten Kiefer zurück und räumten unterwegs Hindernisse aus dem Weg. Mit einem Riemen, den wir zweimal um die Basis des Stammes schlangen, befestigten wir das Seil an dem Baum. Dann trat ich vor das Pferd und führte es ein Stück nach vorn, bis das Steil sich straffte. Der Alte spürte den Widerstand, stemmte sich dagegen und zog den Stamm, der immerhin über vier Zentner wog, mühelos von der Stelle. Diese plötzliche Bewegung hinter ihm überraschte ihn. Er schielte ängstlich nach dem riesigen Holzklotz, der ihn verfolgte, und legte einen Zahn zu, um ihn abzuhängen. Vergeblich versuchte ich, den Alten zu besänftigen oder wenigstens zum Stehenbleiben zu bewegen. Zum Glück verkeilte sich der Stamm an einem Baumstumpf und stoppte jäh die Flucht des Alten.

Ich band das arme Pferd sofort von dem Holzklotz los und führte es ein wenig herum, um es zu beruhigen. Aber es entspannte sich nicht und beäugte die Bäume, als hätten sie sich in Ungeheuer verwandelt.

Wir hatten noch lange nicht gewonnen. Im Moment war ich entmutigt, ich war fast sicher, dass die Sache nicht klappen würde. Ich redete dem Alten gut zu, bis er sich endlich beruhigte.

Meine Tochter Montaine bekam vor Staunen den Mund nicht mehr zu und deutete, eng an ihre Mutter geschmiegt, die das Schauspiel aus der Nähe verfolgte, abwechselnd auf den Stamm und das Pferd. Diane erklärte ihr: »Siehst du, Montaine, Papa bringt dem Pferd bei, einen Baum in unser Lager zu ziehen.« Montaine nickte beifällig und sichtlich angetan von der Darbietung. Dann führte ich den Alten zu dem Stamm. Er beschnupperte ihn argwöhnisch.

»Braves Pferd. Ganz brav. Siehst du, der Holzklotz ist völlig harmlos.«

Aber wie einem Pferd so etwas klarmachen!

Ein andermal, als wir über einen besonders gefährlichen Bergkamm ritten, rechts ein zweihundert Meter tiefer Abgrund, links eine senkrechte Felswand, löste eines unserer Pferde eine heillose Panik aus, die fast zu einer Katastrophe geführt hätte. Dieses Pferd hieß Pie IV. und wird für immer der König der Tollpatsche bleiben. Es hatte sich erschreckt, und zwar an seinem eigenen Furz, der etwas lauter ausgefallen war als sonst. Es sprang zur Seite und hätte um ein Haar das Pferd vor ihm in die Tiefe gestoßen. Dieses wiederum stieß gegen das Tier vor ihm und so weiter. Innerhalb weniger Sekunden gerieten alle Pferde außer Rand und Band, und das war das Letzte, was auf dieser Passage passieren durfte, die zu den gefährlichsten gehörte, die wir jemals mit Pferden überquert haben.

Diese Neigung, grundlos in Panik zu geraten, ist typisch für Pferde und macht sie unberechenbar. Von einer Sekunde auf die andere kann ihre Apathie wegen einer Lappalie in helle Aufregung umschlagen.

Und ein Baumstamm ist keine Lappalie. Daher verlängerte ich das Seil, mit dem der Alte den Stamm zog, bevor ich es wieder festband. Dann gingen wir einen Meter. Das Pferd machte einen Schritt zur Seite, blieb aber stehen, als ich ihm den Befehl dazu gab. Also lobte ich es nach Kräften. Wir legten weitere zwei Meter zurück. Und wieder Pause. Die Leichtigkeit, mit der das Tier vier Zentner bewegte, beeindruckte mich. Es zog den ganzen Stamm so locker wie ein Mensch zehn Kilo! Zum ersten Mal wurde mir richtig bewusst, welche Kraft in so einem Pferd steckt. Kein Wunder, dass in der leistungsorientierten Welt des Automobils Motorenkraft in Pferdestärken gemessen wird!

Nach und nach wurde der Alte ruhiger. Er gewöhnte sich an die Vorstellung, dass der Stamm ihn zwar verfolgte, aber niemals einholte. Trotzdem gelang es mir nicht, sein Tempo zu kontrollieren. Es wäre mir lieber gewesen, er hätte langsamer gezogen, dann wäre mir mehr Zeit geblieben, die Ideallinie zu suchen, einem Baum auszuweichen, ein Gefälle anzugehen oder ein Loch zu umkurven, doch der Alte spielte verrückt und legte sich voll ins Zeug. Ich lief neben ihm her, eine Hand an seinem Kopf, die andere am Zügel, ohne seine Hufe aus den Augen zu lassen, die bei jedem Schritt meine Stiefel streiften. Immer wieder blieb der Stamm an einem Felsen, einer Wurzel oder einem Baumstumpf hängen und brachte das Gespann abrupt zum Stehen. Doch irgendwann erreichten wir mit unserem ersten Stamm den See. Jetzt brauchte ich nur noch nach und nach das Zugseil zu verkürzen, damit der Stamm nicht in jeder kleinen Kurve hängen blieb.

Dabei musste ich besonders geduldig sein, denn sowie der Stamm näher kam, geriet der Alte in Panik, und das ganze Theater begann von vorn. Manchmal dauerte es Stunden, bis er sich beruhigt hatte und wir mit der Arbeit fortfahren konnten. Doch am Ende meisterten wir alle Schwierigkeiten, und es war zu einem großen Teil dem Alten zu verdanken, dass unsere große, schöne Hütte fertig wurde, auf die wir so stolz waren und in der wir im Kreis der Familie unvergessliche Stunden erlebten, fernab von allem und in großer Freiheit.

Ebenfalls mit dem Alten erkundete ich in den wenigen Wochen des Indianersommers, die dem Herbst vorausgehen, die einmalige Landschaft rings um unsere Hütte. In knapp einer Stunde stieg ich zu Fuß, das Pferd am Zügel, durch den Wald zu den Hochalmen drei- bis vierhundert Höhenmeter oberhalb unserer Hütte hinauf.

Oben konnte ich in den Sattel steigen und über die weiten Almen reiten, die mit niedrigem Gras und Flechten bedeckt und hier und da mit kleinen Gruppen von Krüppelbäumen gesprenkelt waren. Im Reiten hielt ich nach Karibuherden Ausschau und stoppte des Öfteren das Pferd, um einen Bären, ein paar Ziegen, Wölfe oder einen großen Hirsch zu beobachten. In diesem Garten Eden war das Vergnügen grenzenlos und ungetrübt.

Oft zogen wir auch gemeinsam los, wobei Montaine abwechselnd von Diane und mir auf dem Rücken getragen wurde. Wir zeigten ihr die Bären, die Dickhornschafe, die Karibus ... Sie zu beobachten liebte Montaine über alles. In solchen Momenten verzichtete ich auf das Schauspiel, das die Tiere boten, so großartig es auch sein mochte, und sah nur meine Tochter an, ganz der stolze Papa und überglücklich, ihr so etwas Schönes zeigen zu können, denn nichts geht über die entzückten Augen einer kleinen Tochter in solchen Augenblicken.

In Sibirien habe ich mit Jakuten-Ponys im Winter mehrere Monate lang einen Großteil Jakutiens durchquert, das sich im Norden des Baikalsees erstreckt. Diese Ponys sind unglaublich robust und außerordentlich widerstandsfähig. Sie leben im Freien, selbst bei minus sechzig Grad. Vor der grimmigen Kälte in diesen Breiten schützt sie ein Fell, das aus sehr langen Grannen, vor allem aber aus einer extrem dichten Unterwolle besteht. Unmöglich, einen Finger in diesen Pelz hineinstecken. Ja, ich kann ohne große Übertreibung sagen, dass ich mir nicht einmal sicher bin, ob man einen Nagel hineinschlagen könnte!

Da man einen Großteil der Strecken auf zugefrorenen Flussbetten zurücklegt, werden ihre Hufeisen mit Stollen versehen, die ihnen auf dem Eis einen besseren Halt geben. Ihr Geschirr besteht aus einem dicken Lederkummet, gepolstert mit Wolle, die im Frühjahr mit großen Eisenkämmen ausgekämmt wird. Am Kummet befestigt sind zwei lange Holzstangen, die ein Bauchgurt bis zum Schlitten führt. Gelenkt werden die Ponys mit zwei langen Lederriemen, die bei Frost steinhart werden, wenn sie mit Schweiß durchtränkt sind.

Wir legten sechzig bis achtzig Kilometer pro Tag zurück und ließen sie dabei abwechselnd im Schritt oder Trab gehen und kurze Strecken sogar galoppieren. Mit Reif überzogen, Nüstern und Wimpern mit Eis verkrustet, boten diese Ponys einen imponierenden Anblick. Wenn sie abends weder Heu noch Hafer bekamen, scharrten sie im Schnee vergilbtes Gras frei, das sich seit dem Herbst in der Kälte gehalten hatte. In dunkler Nacht riefen wir sie, indem wir mit einem Beil oder Messer auf den Hafereimer klopften. Das Geräusch erkannten sie unter Tausenden. Dann waren sie augenblicklich zur Stelle. Nach dem Fressen banden wir sie an einer windgeschützten Stelle fest. Dort schliefen sie im Stehen bis zum Morgen, ohne im Geringsten unter der Kälte zu leiden.

Ein Großteil dieser Ponys ist für den Verzehr bestimmt. Sie werden überall entlang der Lena gezüchtet. In Jakutien gibt es Ponyfleisch zu jeder Mahlzeit. Rindfleisch hingegen ist Luxus. Rinder müssen acht Monate im Jahr im schützenden Stall gehalten werden, während die an die Kälte angepassten Ponys praktisch das ganze Jahr über draußen leben.

Auch die nomadisierenden Rentierzüchter besitzen einige Jakuten-Ponys, vier oder fünf pro Clan. Mit ihrer Hilfe legen sie Strecken zurück, die für Rentiere zu lang sind.

Im Gebirge halten sich Ponys ebenso wacker wie auf Eis. Sie trotzen jeder Temperatur, genau wie die Moschusochsen der Arktis, die ebenso »winterfest« sind. Im Sajangebirge, aber auch in bestimmten Gegenden Sibiriens gibt es einige halb oder ganz verwilderte Herden von Jakuten-Ponys. Die Besitzer lassen die Tiere das ganze Jahr über frei herumlaufen. Nur von Zeit zu Zeit spüren sie die Herde auf, um sich ein paar Tiere zu holen, entweder mit dem Lasso, wenn sie junge lebende Ponys brauchen, oder – der häufigere Fall – mit dem Gewehr.

Einige dieser wilden Herden, denen ich bei der einen oder anderen Expedition begegnet bin, habe ich in großartiger Erinnerung behalten. Besonders beeindruckt hat mich ein über hundertköpfiger Verband, der neben dem Weg her galoppierte, auf dem ich mit meinen Hunden reiste. Sie waren stolz, wild, arrogant und leicht aggressiv. Mehrmals dachte ich, sie würden die Hunde angreifen.

Den bedauernswerten Wölfen, die eine solche Herde angreifen, gebe ich keine großen Chancen. Diese Ponys strotzen vor Gesundheit. Sie bestehen nur aus Muskeln, sind robust, flink und selbstbewusst. Sie galoppieren mit einer solchen Leichtigkeit, dass man den Eindruck hat, sie auf den Schneewolken, die ihre vielen hundert Hufe aufwirbeln, schweben zu sehen.

Zeit der Wölfe

ICH HABE JEDE MENGE WÖLFE GESEHEN.

Das war zwar nicht der Zweck meiner Reisen, aber ich hätte es nicht besser machen können, wenn ich mir als Lebensziel gesteckt hätte, möglichst vielen zu begegnen. Wölfe bewohnen die unberührtesten Gebiete der Länder »da oben«, also die, die ich durchquert habe, in Lappland, Kanada, Sibirien, Alaska.

Man kann einige Wölfe sehen, wenn man in diesen Gegenden lebt, aber wenn man viele sehen will, muss man sie durchqueren. Man muss ein langsames Fortbewegungsmittel benutzen, das diese sehr scheuen Tiere nicht verscheucht, denn auf Störungen durch die Gegenwart von Menschen reagieren sie sehr empfindlich. Der Hundeschlitten eignet sich besonders gut für die intime Erkundung eines Landstrichs und die Begegnung mit wilden Tieren, die man mit einem motorisierten Fahrzeug niemals zu sehen bekommen würde. Auf Wölfe wirkt er zudem wie ein Magnet. Sie werden von Hunden angezogen wie Insekten von einem Licht in der Nacht.

Aber wenn die Insekten Gefahr laufen, sich die Flügel zu verbrennen, sind es in unserem Fall die Hunde, denen Gefahr droht, denn die Wölfe nähern sich ihnen, um sie zu fressen. Aus keinem anderen Grund. Das ist so sicher, wie eins und eins zwei ist.

Wölfe sind sehr eng an ihr Revier gebunden. Sie wachen eifersüchtig über dessen Grenzen und markieren sie mit Urin.

Sobald man mit Hunden in das Revier eines Rudels eindringt und das Rudel die Eindringlinge als Rivalen identifiziert, herrscht Krieg. Wenn der Mensch, den der Wolf instinktiv fürchtet, nicht deutlich Präsenz zeigt, kommt es zu einem Blutbad.

Ein Freund von mir hat es am eigenen Leib erfahren. Er war Missionar in Yukon und für ein riesiges, abgelegenes Gebiet in den Rocky Mountains zuständig. Eintausend Indianer lebten dort auf kleine Dörfer verteilt, die er mit seinem zehnköpfigen Hundegespann besuchte. Ständig war er unterwegs und legte in einem Winter über fünftausend Kilometer zurück, wobei er in der Regel mit Schneeschuhen eine Piste spuren musste. Im Sommer reiste er gelegentlich mit dem Kanu, meist aber mit seinen Reittieren. Es besaß zwei: Jack und London, zwei erstklassige Gebirgsmaultiere.

Es war Ende Januar, die kälteste Zeit des Winters. Es dämmerte bereits, und mein Freund fuhr mit seinem Hundeschlitten auf dem gefrorenen Bett eines kleinen Flusses, der sich um tannenbewachsene Inseln schlängelte. Er wusste, dass ein Stück weiter eine Hütte stand. Sie war zwar nur ein paar Quadratmeter groß, nahm sich hier draußen aber wie ein Luxushotel aus, denn sie war mit einem kleinen Holzofen ausgestattet. Bei seinem letzten Besuch hatte er dort einen Armvoll schönes, trockenes Holz hinterlassen. Er dachte nur noch an das Feuer, das er damit entzünden würde, an die wohlige Wärme, die den Raum erfüllen und seinen vereisten Bart auftauen würde. Es war sehr kalt. Unter minus fünfzig Grad. Er fror an den Händen, an den Füßen, überall, denn er war zwei Mal in sogenannten *Slutch* gefallen, jenes berüchtigte Gemisch aus Schnee und Wasser.

Das Wasser war in seine dicke Wollkleidung eingedrungen und gefroren. Sein Bart war mit Eis verkrustet, das mit jedem Atemzug dicker wurde. Ein Maulkorb aus Eis schnürte seine Lippen ein und machte es ihm fast unmöglich, den Hunden Kommandos zu geben. Er hatte es eilig, zur Hütte zu kommen. Wirklich sehr eilig.

Die Hütte stand auf einer Anhöhe, sodass er einen steilen Hang erklimmen musste, um zu ihr zu gelangen. Der Geistliche beschloss, die Hunde unten zurückzulassen. Er hatte keine Zeit zu verlieren. Er spürte seine Füße nicht mehr, und er wusste, dass einige Gesichtspartien wie Nase und Wangen nicht mehr durchblutet wurden. Er musste sich schleunigst aufwärmen. Er spannte seine Kette zwischen dem Schneeanker des Schlittens und einem festen Eisblock, um den er ein Seil schlang, dann band er nacheinander die Hunde daran fest. Er verfütterte an jeden einen halben Lachs. Er dachte wohl an Wölfe, aber seit zwei Tagen hatte er keine einzige Spur mehr gekreuzt. Die Hunde rollten sich, nachdem sie gefressen hatten, zu einer Kugel zusammen, um sich im Schlaf vor der eisigen Kälte zu schützen.

Der Missionar kletterte rasch den Hang hinauf, trat in die Hütte und entzündete endlich das ersehnte Feuer. Es war himmlisch. Er wärmte sich die Handflächen, während das Eis in seinem Bart schmolz. Wassertropfen, die auf den glutroten Ofen fielen, zerstoben mit einem fröhlichen Zischen. Er zog seine Mokassins aus Elchleder aus, dann seine durchnässten Strümpfe aus Wolle und Fell. Seine Zehen waren weiß, aber noch nicht so lange unterkühlt, dass er sich Sorgen zu machen brauchte. Das Blut würde zurückfließen. Das tat zwar weh, aber das war er gewohnt.

Als er sich endlich aufgewärmt hatte, war es schon spät. Er backte sich ein Fladenbrot, briet ein Stück Lachs dazu und legte sich nach dem Essen hin. Sofort schlief er ein. Er war mit den Kräften am Ende. Bei der Kälte war er mit Schneeschuhen über dreißig Kilometer durch knietiefen Schnee marschiert. Er schlief so tief und fest, dass er nichts hörte.

Am Morgen trat er vor die Tür der Hütte und pfiff seinem Leithund, doch der antwortete nicht. Er pfiff noch einmal. Nichts. Sonst antwortete Macka immer.

Er zog sich hastig an und eilte mit klopfendem Herzen den Hang hinunter. Er fand nur die Kette. Der Schnee war rot vom Blut der Hunde. Sonst war nichts von ihnen übrig.

Die Wölfe, ein Rudel von mindestens acht Tieren, hatten alle getötet und aufgefressen.

Der Missionar machte sich schwere Vorwürfe.

Als er mir zwanzig Jahre später diese Tragödie erzählte, zitterte seine Stimme, seine Augen waren tränennass. Er durchlebte noch einmal den Albtraum jenes Tages, an dem er sich todunglücklich zu Fuß auf den Rückweg machen musste. Er marschierte vier Tage lang. Die Wölfe folgten ihm von fern und warteten darauf, dass er zusammenbrach. Als er zu Hause ankam, kehrten sie in die unermesslichen Weiten zurück und suchten nach Beute, die weniger ausdauernd war.

Wölfe greifen niemals Menschen an – nicht einmal ein vielköpfiges, ausgehungertes Rudel wird es tun –, aber sie fallen praktisch über jeden Hund her, der unbeaufsichtigt gelassen wird. Ein Hundegespann in ihrem Revier ist ein Affront, eine Beleidigung, die nicht ungestraft bleiben kann. Darum kommen sie. Darum bin ich in den fünfundzwanzig Jahren, die ich die Länder des Nordens bereist habe, so vielen begegnet. Und nichts hat meine

Begeisterung für diese großartigen Tiere schmälern können.

Ich erinnere mich noch gut an meine erste Begegnung mit einem Wolf. Es war in Labrador. Ich hatte den ganzen Sommer über Wölfe heulen hören, als ich die Halbinsel mit dem Kanu durchquerte. Aber zu meinem Verdruss hatte ich keinen einzigen zu Gesicht bekommen. Doch sie waren da, überall. Sie verfolgten und jagten die Karibus, die am Fluss George, auf dem wir reisten, entlangwanderten.

Im folgenden Winter brach ich mit zwei Kanadiern und dem Franzosen Alain Rastoin zur Ungava-Bucht im Nordosten Labradors auf. Wir hatten zwanzig Hunde und zwei schwer beladene Schlitten dabei. Zwei Monate lang marschierten wir mit Schneeschuhen nach Norden und spurten eine Piste vor den Hunden, denen der tiefe, weiche Schnee schwer zu schaffen machte. Dann ereichten wir die Taiga, das baumlose, windgepeitschte Land. Dort war der Schnee zusammengepresst, und wir kamen schneller voran. Wir gelangten ans Packeis und fuhren mehrere Hundert Kilometer an ihm entlang, ehe wir die Torngat-Berge überquerten. Als wir dort das Packeis hinter uns ließen, sah ich meinen ersten Wolf.

Wir hatten in einer windgeschützten Senke unser Nachtlager aufgeschlagen, und ich hatte mich zu Fuß zu einer kleinen Anhöhe aufgemacht, um von dort oben einen letzten Blick auf das Packeis in der Ferne zu werfen. Ich marschierte mit gesenktem Kopf, um nicht auszurutschen. Als ich stehen blieb, um Atem zu schöpfen, blickte ich in die Augen eines Wolfes, der von der Hügelkuppe auf mich herabsah.

Ein Wolf! Endlich. Ich ließ dieses Bild auf mich wirken, bevor es sich verflüchtigen konnte.

Er war fast vollständig weiß, sehr mager, aber groß, stolz, selbstbewusst, erhaben auf seiner Kuppel aus Schnee.

Er senkte den Kopf und beugte sich ein wenig vor, wie um mich besser sehen, mich besser einschätzen zu können. Was fiel mir ein, ihn hier zu stören? Dann schritt er, nachdem er mir über die Schulter, deren grauer Pelz sich im Wind sträubte, einen letzten Blick zugeworfen hatte, gemächlich und mit leiser Verachtung davon, ganz der vornehme Herr.

Ich rannte vollends den Hügel hinauf, um ihm zu folgen und ihn noch einmal zu sehen, doch sowie er mich bemerkte, beschleunigte er seine Schritte. Er fiel in Trab und verschwand endgültig.

Am liebsten hätte ich geschrien, und ich glaube, ich habe es auch getan. Vor Glück. Ich hatte einen Wolf gesehen.

Oumiak war keine Hündin wie die anderen. Sie war immer eine Wölfin, und ich sage das heute nicht wegen der Geschichte, die ich gleich erzählen werde. Ich habe schon früher über sie geschrieben: »Sie ist meine Wölfin, und Diane liebt sie ganz besonders, weil sie einander ein wenig ähneln. Eine so wild wie die andere! Oumiak ist sehr intelligent. An der Spitze des Zuges würde sie mit Voulk wetteifern, wenn sie so schnell wäre wie er. Sie mag die Menschen nicht besonders. Als die Wölfin, die sie ein wenig ist, zieht sie das Rudel vor.«

Oumiak war unglaublich. Sie konnte sich allein aus der Zugleine befreien oder eine vermeintlich ausbruchsichere Lufttransportkiste mit patentierter Schließvorrichtung öffnen.

Als wir in den Rocky Mountains in unserer Blockhütte am Ufer eines großen Sees lebten, büchste Oumiak des Öfteren aus und unternahm lange, einsame Streifzüge. Sie kehrte jedes Mal zurück, nach ein paar Stunden oder Tagen, und nahm wieder ihren Platz in der Meute ein, an der sie so hing wie ein Familienhund an seinem Herrn.

Bei meiner Durchquerung des hohen Nordens Kanadas von Küste zu Küste wäre Oumiak beinahe ganz eine Wölfin geworden. Ich hatte mein Lager am Saum eines Waldes aufgeschlagen und mir in Ermangelung eines Bettes neben den Hunden mit Tannenzweigen eine Matratze gebaut und meinen Schlafsack darauf gelegt. Die Hunde waren an der langen Kette festgebunden und schliefen in den Schneekuhlen, die sie sich gegraben hatten und die ich mit Reisig ausgepolstert hatte. Im Morgengrauen verteilte ich Wasser an sie, und dabei stellte ich fest, dass Oumiaks Platz leer war. Ich machte mir keine Sorgen. Oumiak war ein Gewohnheitstier, eine notorische Ausreißerin. Sie war bestimmt nicht weit und würde wieder auftauchen, sobald ich aufbrach.

Eine Stunde später packte ich zusammen. Immer noch keine Spur von Oumiak. Doch nach zwanzig Kilometern begann ich, mir Sorgen zu machen. Ich drehte mich häufig um und suchte mit meiner Stirnlampe die Dunkelheit nach ihren listigen, intelligenten Augen ab. Nichts. Der Tag zog herauf, malvenfarben und kalt, und Raureif umhüllte uns wie fester Nebel. Kein Lüftchen regte sich, kein Laut war zu hören. Nur das Gleiten der Kufen auf der gefrorenen Piste, das leise Kratzen der Pfoten, die über den Schnee strichen, der gleichmäßige und beruhigende Atem der Hunde.

Gegen Mittag immer noch nichts. Inzwischen hatten wir eine beträchtliche Strecke zurückgelegt, rund achtzig Kilometer. Ich gönnte den Hunden eine zweistündige

Pause, damit sie ausruhen konnten, verteilte Wasser und etwas Futter. Oumiak kam noch immer nicht. Dabei war es leicht, uns zu finden. Wir hinterließen eine prächtige Spur, die weder Schneefall noch Wind verwischen würden. Der Himmel und die anhaltende Kälte waren untrügliche Zeichen dafür, dass das momentane Hoch noch ein paar Tage anhalten würde. Oumiak würde meine Spur aufnehmen und wieder zu uns stoßen, wie sie es immer getan hatte. Davon war ich fest überzeugt. Also setzte ich gegen sechzehn Uhr die Fahrt fort und überquerte gerade einen großen See, da entdeckte ich ein Wolfspaar. Der Rüde war schwarz und groß und saß reglos da, überstrahlt von der Sonne, die ihn mit einer goldenen Bräune umgab. Das Weibchen schmiegte sich zärtlich und unterwürfig an ihn. Ein schönes Bild.

Die Hunde bemerkten sie und beschleunigten, doch das Paar ließ sie nicht zu nahe kommen. Als der Abstand zwischen uns auf zweihundert Meter geschrumpft war, drehte sich der Rüde langsam um und trabte geschmeidig davon. Die Wölfin zögerte einen Augenblick, ehe sie ihm folgte. Diese Szene erfüllte mich keineswegs mit Freude. Sie stimmte mich eher besorgt, denn im Hinblick auf Oumiaks Verschwinden verhieß die Anwesenheit der Wölfe nichts Gutes. Ich durchquerte einen Wald und gelangte erneut an einen See. Wieder waren die beiden Wölfe da. Sie folgten uns in einigem Abstand, und die Hunde drehten sich ständig nach ihnen um, neugierig und beunruhigt, gerieten aus dem Tritt und verloren die Ordnung.

»Hooo!«

Ich hielt an, doch die Wölfe liefen weiter, der Wolf vor der Wölfin, bis sie auf ungefähr zweihundert Meter herangekommen waren, dann blieb der Rüde unschlüssig stehen. Wir sahen uns eine ganze Weile an, und dann, ohne erkennbaren Grund, sprang der Rüde plötzlich zur Seite und galoppierte davon. Als er bemerkte, dass die Wölfin ihm nicht folgte, drosselte er seine Schritte, blieb schließlich stehen, kehrte zu ihr zurück und schubste sie. Erst in diesem Augenblick erkannte ich sie.

»Oumiak!«

Sie zuckte zusammen, wie ertappt, und floh. Seite an Seite galoppierten sie über den See und erklommen das Ufer. Der Rüde verschwand hinter der Böschung, doch Oumiak blieb stehen. Sie drehte sich um, sah zu uns herüber, wie um sich dieses letzte Bild der Meute und eines früheren Lebens einzuprägen, das sie nun aufgab, um frei und unabhängig zu leben.

War das nicht die Bestimmung dieser Hündin, die nicht wie die anderen, die mehr Wölfin als Hündin war?

Sie würde nicht mehr zurückkommen. Davon war ich fest überzeugt, und ich war nicht traurig darüber. Ich hätte es nie über mich gebracht, einen meiner Hunde wegzugeben oder zu verkaufen, obwohl man mir schon hundert Angebote gemacht hatte, aber Oumiak konnte ich ohne Weiteres einem Wolf überlassen.

»Adieu, Oumiak, ich liebe dich.«

Wir fuhren still weiter. Ich hatte ein flaues Gefühl im Magen. Wie ein Vater, der seine erste Tochter verheiratet, glücklich und traurig zugleich.

Der große Feuerball der Sonne zerfloss im Schnee und tauchte den Horizont in rote Glut.

Plötzlich spürte ich, dass hinter mir etwas war!

Sie waren wieder da, der Wolf und Oumiak. Sie folgten uns. Ich hielt an. Sie blieben stehen. Der Wolf kehrte um, und wieder zögerte Oumiak. Am Rand des Waldes, der den See umsäumte, drehte sich der Rüde um. Oumiak hatte sich nicht von der Stelle gerührt. Sie saß da, und ihr Blick wanderte zwischen der Meute und dem Wolf hin und her. Ein schreckliches Dilemma. So ging es lange Minuten. Das konnte eine Stunde dauern. Ich beschloss weiterzufahren.

»Voulk! Weiter geht's!«

Wir fuhren davon. Oumiak erhob sich. Sie zögerte noch ein paar Sekunden, ging ein paar Schritte und preschte dann im Galopp hinter uns her. Sie kam auf meine Höhe, überholte den Schlitten und wollte ihren Platz neben Amarok einnehmen.

Ich hielt nicht sofort an, denn mir war klar, dass der kleinste Fehler meinerseits alles verderben konnte. Oumiak trabte im selben Tempo wie die anderen. Ich stoppte das Gespann und legte ihr langsam das Geschirr an, um ihr zu zeigen, dass sie keine Gefangene war und dass sie umkehren konnte, wenn sie wollte. Doch sie schien fest entschlossen. Also hakte ich sie an die Zugleine, und wir fuhren weiter.

Oumiak hatte sich für die Meute und gegen diesen herrlichen Wolf entschieden. Ich bin mir nicht sicher, ob ich an ihrer Stelle dieselbe Wahl getroffen hätte.

Manchmal habe ich mir schon vorgestellt, wie es wohl gewesen wäre, ein paar Jahre später wiederzukommen und das Rudel zu sehen, das dieses Paar gegründet hätte.

Man weiß, dass Wölfe Menschen nicht angreifen. Man weiß es, man ruft es sich immer wieder in Erinnerung, und dennoch hat man Angst vor ihnen. Auch ich.

Ich war seit über einem Jahr mit anderen unterwegs. Mit einem ersten Team war ich von der Roten Wüste Wyomings nach Kanada gereist, dann mit einem zweiten weiter in Richtung Yukon Territory.

Wir hatten mit Hundeschlitten einen Teil der Rocky Mountains von British Columbia durchquert und waren weit hinter unserem Zeitplan zurückgeblieben. Der

Frühling war bereits da, sodass wir abbrechen mussten, bevor wir Yukon erreichten. Ich beschloss, zu Fuß weiterzuziehen, während meine Gefährten mit ihren Schlittenhunden nach Hause zurückkehrten, Louis Bavière ins Jura und Gérard Sawyer nach Quebec. Ich wollte im Alleingang eine völlig unberührte Gebirgslandschaft durchqueren, dabei mehrere Hundert Kilometer zurücklegen und bei Sommerbeginn von Yukon aus mit einem dritten Team weiterziehen.

Ich liebe das Leben in der Gruppe, aber von Zeit zu Zeit habe ich das Bedürfnis, allein zu sein. Das gilt für meine Expeditionen im hohen Norden ebenso wie für mein Leben im Allgemeinen.

Ich machte mich also allein auf den Weg, ausgerüstet mit einem Rucksack, einem Stock und einem Karabiner, denn die Gegend wurde von Grizzlys »unsicher« gemacht. Außerdem war jetzt die Jahreszeit, in der die Bären aus ihrer Winterruhe erwachten, die man nicht mit Winterschlaf verwechseln darf. Der Winterschlaf ist ein Zustand »regulierter Hypothermie«: Um den Winter über Energie zu sparen, senken die Tiere ihre Körpertemperatur und Atemfrequenz schrittweise auf ein sehr niedriges Niveau ab. Bären tun das nicht, deshalb werden sie zu Unrecht als Beispiel angeführt, wenn von Winterschlaf die Rede ist. Wohl verlangsamt sich ihr Herzschlag im Winter ein wenig, doch ihre Körpertemperatur bleibt stabil. Aus diesem Grund können sie im Unterschied zu echten Winterschläfern wie Murmeltier, Igel, Frosch oder Eidechse leicht aufwachen. Wie Dachse oder Präriehunde sind Bären sogenannte Winterruher.

Wenn die Bären aus ihrer Winterruhe erwachen, sind sie hungrig, schlecht gelaunt und reizbar und mithin zehn Mal gefährlicher als zu jeder anderen Zeit. Darum hatte ich beschlossen, das zusätzliche Gewicht eines Karabiners in Kauf zu nehmen. Ich hätte nie gedacht, dass er mir gegen Wölfe von Nutzen sein könnte. Doch genau dies war der Fall.

Ich war schon etliche Tage unterwegs und drang bereits ins Gebirge vor, als ich eines Nachts durch ein Geräusch aufwachte, das ich nicht sofort identifizieren konnte. Die Spuren am nächsten Morgen rings um meinen Lagerplatz klärten mich darüber auf, dass es sich um Wölfe gehandelt hatte. Sie hatten sich bis auf zwanzig Meter dem Bett aus Tannenzweigen genähert, auf dem ich unter freiem Himmel geschlafen hatte. Eines der Tiere hatte riesige Abdrücke hinterlassen. Ein großer Rüde, mit Sicherheit der Chef des vierköpfigen Rudels.

Ich marschierte seit über einer Stunde durch die helle Nacht, als ich bemerkte, dass ich meinen kostbarsten Schatz am Lagerplatz vergessen hatte: eine kleine Plastiktüte, die Streichhölzer, eine Kerze und zwei Feuerzeuge enthielt. Ich kehrte sofort um und sah mich plötzlich den Wölfen gegenüber. Einem großen Rüden, schwarz und dürr, nebst drei abgemagerten, hochbeinigen Artgenossen. Offensichtlich waren sie mir gefolgt. Sie bemerkten mich, fixierten mich mit gelben, gierigen Augen, dann machten sie eine Kehrtwendung und verschwanden im dunklen Wald.

Ich liebe Wölfe, und es ist für mich immer ein Glücksmoment, wenn ich welche sehe. Aber diese vier gefielen mir ganz und gar nicht. Sie machten mir Angst. Weil ich allein war. Weil es Nacht war. Weil ich noch verdammt wenig Erfahrung hatte und deshalb unsicher war.

Als ich die Stelle erreichte, wo ich geschlafen hatte, erwartete mich ein Schlachtfeld. Die Wölfe hatten auf der Suche nach Fressbarem jeden Stein umgedreht, alles beschnüffelt und einen alten Teebeutel gefressen. Sie hatten sogar eine Kerze angenagt. Die kostbare Plastiktüte war zerfetzt, ihr Inhalt im Schnee verstreut. Die Bissspuren an einem der beiden Feuerzeuge verrieten, dass sie ohne großes kulinarisches Interesse auf dem roten Kunststoff herumgekaut hatten. Auch an den Streichhölzern hatten sie genagt.

Ein kalter, fahler Tag brach an. Mit ihm fasste ich wieder etwas Mut, aber ich dachte schon mit Grausen an die folgende Nacht, denn die Wölfe ließen nicht von mir ab. Sie hefteten sich an meine Fersen, wie sie es mit einem Tier machen, bei dem sie auf das kleinste Anzeichen von Schwäche lauern und das sie hetzen, bis es müde wird. Musste ich das als Warnzeichen verstehen? Ich bekam es mit der Angst, stellte mir vor, wie ich durch irgendein Missgeschick geschwächt wurde, wie sich der Kreis der Wölfe immer enger um mich zog wie in dem Roman *Wolfsblut.*

Ich marschierte einen Großteil des Tages, um einen möglichst großen Abstand zwischen mich und die Wölfe zu bringen, aber sie folgten mir. Am Abend, als ich einen großen Vorrat Brennholz für die Nacht aufschichtete, waren sie da, alle vier, und beobachteten im Schutz der Bäume jede meiner Bewegungen. Was hätte ich nicht darum gegeben, wenn sie das Weite gesucht, wenn sie mich in Ruhe gelassen hätten! Ich hatte größte Mühe, Schlaf zu finden, schreckte beim kleinsten Geräusch, beim leisesten Säuseln des Winds in den Bäumen hoch.

Schließlich siegte die Müdigkeit über die Besorgnis. Ich konnte nicht mehr und schlief tief und fest ein.

Als ich mit klopfendem Herzen aus dem Schlaf hochfuhr, war das Feuer heruntergebrannt. Ich griff nach meiner Stirnlampe, schaltete sie an und leuchtete in die Nacht. Dort, zwanzig, dreißig Meter entfernt, waren sie und beobachteten mich mit ihren gelben Augen aus der tiefschwarzen Dunkelheit. Ich schrie vor Angst und Überraschung. Ich griff hektisch nach meinem Karabiner und gab einen Schuss ab, dessen gewaltiger Knall in dem Felskessel, in dem wir uns befanden, noch lange widerhallte. Die vier kleinen gelben Scheinwerferpaare waren verschwunden.

Ich machte wieder Feuer und wartete bis zum Morgengrauen. Dann zog ich weiter. Die Wölfe bekam ich nicht mehr zu sehen. Sie hatten die Verfolgung dieses merkwürdigen Tiers aufgegeben, das auf den beiden Hinterläufen geht, Feuer macht und es donnern lassen kann.

Seit dieser Begegnung, die über zwanzig Jahre zurückliegt, habe ich eine Vielzahl von Wölfen gesehen, Einzelgänger oder ganze Rudel. Ich habe nie wieder Angst vor ihnen gehabt, ganz im Gegenteil. Jede Begegnung hat mich begeistert, und zwar so sehr, dass ich ihnen zwei Jahre meines Lebens widmen werde, um einen abendfüllenden Film über sie zu drehen. Dann werden nicht mehr die Wölfe hinter *mir* her sein wie damals in Yukon, sondern ich hinter *ihnen*.

Das Wunder der Vögel

DER SCHÖNSTE VOGEL IST FÜR MICH DER BIRKHAHN.
Man muss ihn im Frühjahr in seinem glänzenden, blau-
schwarzen Gefieder auf einer Schneeplatte gesehen
haben, um sich davon zu überzeugen. Besonders auffallend sind die »roten Rosen« über den Augen. Aber sein
Prunkstück ist sein leierförmiger Schwanz, den er wie
eine elegant geschwungene Robe trägt und fächerartig
abspreizt, wenn er die komplizierten Schritte seines herrlichen Balztanzes vollführt. Unter den Spielfedern, die
sich sichelförmig nach außen biegen, kommen die unte-
ren Schwanzfedern in ihrem makellosen Weiß zum Vorschein. Sie wirken wie gestärkt und frisch aufgebügelt.
So geschmückt, nimmt sich der Birkhahn auf Schnee
natürlich prächtig aus, schwarz auf weißem Grund, die
Schwingen halb geöffnet, die Schwungfedern gesenkt
und alle Federn am schwarzen Leib kräftig geplustert.
Er ist wirklich wunderschön.

Zum Augenschmaus gesellt sich ein Ohrenschmaus,
denn sein Gesang ist Musik. Ich will allerdings nicht so
weit gehen wie der große Birkhahn-Liebhaber General
René Chambe, der notierte: »Beethoven hat nichts Größeres, nichts Schöneres geschrieben. Zweifellos wäre er
überwältigt gewesen und zu den höchsten Gipfeln des
Erhabenen aufgestiegen, wäre ihm vergönnt gewesen zu

hören, was wir in diesem Augenblick hören. Ganz gewiss hätte er eine Sinfonie komponiert, die noch hinreißender wäre als seine berühmte in Es-Dur, die unsterbliche Eroica.« Dem famosen General sei dieser Gemütsüberschwang verziehen: Das Konzert einiger Dutzend Birkhähne steht großer Musik in nichts nach und kann durchaus berauschen.

Ich erinnere mich an einen Morgen in der russischen Taiga, unweit des Urals, des ältesten Gebirges der Welt. Ich hatte ein anhaltendes dumpfes Geräusch vernommen, das immer lauter und deutlicher wurde. Es war kein Donnergrollen, wie ich zuerst vermutet hatte, sondern ein Kullern und Zischen vieler Stimmen, die sich vermischten, überlagerten, miteinander verschmolzen und eine Melodie schufen, deren Abfolge voller Überraschungen war. Sie überließen nichts dem Zufall und musizierten miteinander, als seien sich die hundert auf dem riesigen Balzplatz versammelten Hähne bewusst, dass sie ein richtiges Orchester bildeten.

Bei meinen Durchquerungen Sibiriens, ein erstes Mal von Süden nach Norden und fünfzehn Jahre später von Osten nach Westen, sah ich viele Birkhähne. Ich habe nie einen gegessen, aber oft habe ich mir den Hals nach ihnen verrenkt und meine Augen angestrengt, wenn ich welche zu erspähen hoffte, in jeder großen Kiefer, in jeder Espengruppe, in deren Wipfeln sie sich gern in Gruppen von zehn oder zwanzig, manchmal auch mehr Exemplaren aufhalten.

Sein Vetter, der dreimal größere Auerhahn, hat nicht die Anmut, nicht die Eleganz, die den Birkhahn auszeichnet. Trotzdem bietet er einen imposanten Anblick, wenn er sein kleines »Pfauenrad« schlägt und mit stolz geblähter Brust selbstbewusst und gemessen einherschreitet.

Ebenfalls sehr elegant, von vollkommener Gestalt und vollendeter Schlichtheit ist die Spießente. Sie ist von einer seltenen Perfektion bis hin zu dem schmalen weißen Keil, der ihren Kopf betont und die Linien ihres Körpers verlängert, der wiederum in einem langen, spitz zulaufenden und verblüffend schmalen schwarzen Schwanz endet. Viele Enten und Gänse ziehen durch die Farbenpracht ihres Gefieders bewundernde Blicke auf sich. Die ganze Eleganz der Spießente liegt in ihrer Gestalt, im Schnitt ihres Federkleids, das jener großen Modeschöpfer würdig ist, denen es nicht um Extravaganz, sondern um die Perfektion in der Einfachheit geht. Sie ähnelt jenen Frauen von natürlicher Schönheit, die sich auf den Chic der Schlichtheit verstehen.

Es ist dieselbe Logik der Einfachheit, die mich die Morgendämmerung der Abenddämmerung vorziehen lässt. Die Abenddämmerung ist ein überbordendes Spektakel in grellen Farben. Ein glanzvolles Fest mit Feuerwerk. Die Morgendämmerung ist ein dezentes Schauspiel, das von den Nuancen lebt, zusammengesetzt aus Nebel, gedämpfter Stille, unfertigem Licht, Farben, die sich noch suchen, einer Nacht, die entschwindet und sich noch an die Schatten eines Tales oder Waldes klammert. Zum Glück habe ich nicht die Welt erschaffen, denn ich hätte niemals solche Wunderwerke wie Papageien oder Kolibris ersonnen! Ich hätte mich mit vollkommen weißen Schneehühnern begnügt und mit Spießenten in einem schönen graugrünen Ton. Diese Vorliebe für die ursprüngliche Einfachheit und Klarheit ist einer der Gründe, die meine Liebe zum hohen Norden erklären. Ich erkenne mich eher in der Einmaligkeit der Nuancen wieder, die das Kennzeichen der nordischen Länder ist, als im Überschwang der Farben, der den warmen Ländern ihr Gepräge gibt.

Schneehühner haben mir oft ein verblüffendes Schauspiel geboten. Ihnen verdanke ich auch mein erstes aufregendes Erlebnis mit Tieren im Winter.

Wir befanden uns auf dem Fluss De Pas im Norden der Halbinsel Labrador. Jeden einzelnen Kilometer hatten wir zu Fuß mit Schneeschuhen zurücklegen müssen und waren dafür bis in die dritte Woche hinein nicht belohnt worden. Umso größer die Überraschung am Ende all der Strapazen. Aber so ist er nun mal, der hohe Norden.

An diesem Tag marschierten wir bereits sieben Stunden, wobei wir uns beim Spuren der Piste abwechselten. Die Hunde versanken bis zur Schnauze im pulvrigen Schnee, obwohl wir ihn mit den Schneeschuhen festgestampft hatten. Sie schnauften wie Lokomotiven, die Braven, und gaben, von uns angetrieben, ihr Bestes.

»Vorwärts! Vorwärts! Gut so, meine Hundchen!«

Auch die Männer hinten trugen Schneeschuhe. Sie schoben, zogen und mühten sich nach Kräften, den Schlitten in der von den Pistenmachern gezogenen Spur zu halten. Menschen und Hunden hing die Zunge heraus. Wir schafften nur zwanzig Kilometer am Tag und gerieten zeitlich immer mehr in Verzug.

»Heute Abend müssen wir dort sein«, hatte Jacques erklärt und auf einen Punkt auf der Karte gezeigt, wo der Fluss von einem Zufluss gespeist und breiter wurde. Und so marschierten wir mit leeren Köpfen und schweren Beinen einem Ziel entgegen, das unentwegt vor uns zurückzuweichen schien, während die Sonne ans Ende ihrer Bahn kam und schon die Berge berührte.

Dies war die Tageszeit, in der die verschneite Landschaft unwirkliche, rosa und malvenfarbene Töne annahm, in der die Schatten unendlich lang wurden wie parallele Pinselstriche auf dem weichen, ach so weichen Schnee.

Michel und ich hatten gerade Jacques und Alain an der Spitze abgelöst, die von Kopf bis Fuß in einem Raureifpanzer steckten, richtige Weihnachtsmänner!

»Passt auf, dass ihr euch keine Erfrierungen holt, eure Kleider sind feucht«, hatte Michel einfach nur gesagt.

Mehr wurde nicht gesprochen. Wozu auch? Schließlich tat sich in der Ferne zwischen zwei Bergen eine Lücke auf, in deren Tiefe der Fluss zu erahnen war.

»Da ist es«, stieß Michel zufrieden hervor. Mit zusammengebissenen Zähnen beschleunigten wir ein letztes Mal unsere Schritte. Bald war es geschafft. Noch einen Kilometer, dann brauchten wir nur noch das Lager aufzuschlagen, Holz zu machen, die Hunde zu füttern und konnten endlich essen … Doch ich blieb stehen und lauschte. Ein dumpfes Geräusch erhob sich, als quelle es zwischen den Bergen hervor. Auch Michel war stehen geblieben, spitzte die Ohren und sah mich groß an.

»Was ist das?«

Schneehühner, da war ich mir sicher. Aber wie viele waren nötig, um einen solchen Radau zu machen? Es klang nach einer ganzen Menge, weit weg – wir waren noch einen Kilometer von den Inseln entfernt, von denen diese ungewöhnliche Musik herüberwehte, die wie ein Zauber die tiefe Stille durchdrang. In den drei Wochen seit unserem Aufbruch waren wir nur einem Fuchs und ein paar Waldhühnern begegnet, als hätte sich die gesamte Tierwelt gegen uns verschworen. Am liebsten wäre ich losgelaufen und hätte im weichen Schnee getanzt, so bewegt war ich, endlich wieder etwas Leben anzutreffen.

Ich setzte mich an die Spitze unserer Schneekarawane und stapfte in Richtung der Inseln.

Der Lärm wurde lauter, wogte auf und ab, erfüllte die Luft. Plötzlich erstarb er, und ich hörte nur noch mein

Herz pochen. Dann erfüllte ein anderer Lärm die Luft. Wir brachten keinen Ton heraus. Mehrere Hundert Schneehühner stiegen wie eine Schneewolke in die Luft, flogen über den Fluss, zogen über unseren Köpfen eine Schleife und verharrten schwebend über den nahen Inseln, von denen sich unter unbeschreiblichem Flügelschlagen weitere Schneehühner emporschwangen.

Wie lange dauerte dieses Naturwunder? Ich vermag es nicht zu sagen. Die Zeit existierte nicht mehr.

Die Schneehühner flogen in alle Richtungen, stiegen von einer Insel auf und gingen auf einer anderen nieder wie Schnee, den ein riesiger Ventilator aufwirbelte. Sie bildeten so dichte Formationen, dass ihre Flügel gegeneinanderschlugen. Als seien sie nur ein einziger Vogel, der mit Tausenden Schwingen die Luft peitschte.

Im Gegenlicht war die Wirkung atemberaubend. Das durchscheinende Weiß der Abertausend Schwingen fing das malvenfarbige Licht der Sonne ein, die sie anstrahlte wie ein Projektor. Das Schauspiel hatte etwas Erhabenes.

Wie kann man vom Norden sprechen, ohne den zu erwähnen, den man den Freund des Indianers nennt, den Kanadischen Häher? Er gehört bei jeder Reise dazu, auf jedem Lagerplatz, sommers wie winters. Wie aus dem Nichts taucht er auf, sobald man haltmacht. Sympathisch ist das Wort, das am besten zu ihm passt. Gar nicht schüchtern und neugierig, scheut er sich unter Missachtung der elementarsten Vorsichtsmaßregeln nicht, dir aus der Hand zu picken, sich auf deinen Hut zu setzen, das Innere deines Zeltes oder deiner Hütte zu inspizieren.

»Pi! Piiii! Ich bin's, der Häher, gib mir ein paar Krumen.«

Die gibt man ihm natürlich gern. Rund um unsere Hütte hatten wir ein gutes Dutzend zu Gast, aber niemals mehr. Der Kanadische Häher ist freundlich zu den Menschen, aber nicht immer zu seinen Artgenossen. Er jagt sie rücksichtslos, und der Vorwitzige kann dabei Federn lassen. Ich habe erlebt, wie einer mitten im Flug gerammt wurde und völlig benommen zu Boden stürzte. Nur meinem Eingreifen verdankte er sein Überleben, denn ein Raubvogel lauerte und hätte ihm den Garaus gemacht, bevor er wieder zu sich gekommen wäre.

Die Natur ist kein Märchenland, wie die vielen Geschichten für Kinder glauben machen. Bei der kleinsten Unvorsichtigkeit droht der Tod. Die Schwachen werden ohne Mitleid getötet.

Ich trug den benommenen Häher in die Hütte. Nach zwei Tagen war er wieder bei Kräften, und ich ließ ihn frei in der Hoffnung, dass sein kurzer Aufenthalt in meinem Heim die anderen dazu bewegt habe, ihn in ihrer Mitte zu dulden. Sie dachten gar nicht daran. Kaum hatte er seine Schnabelspitze gezeigt, fielen sie wieder über ihn her. Aber die Lektion von vor zwei Tagen hatte Früchte getragen; er machte sich davon, ohne diesmal seine Krumen einzufordern.

Von allen Hähern, denen ich begegnet bin, hat keiner einen so passenden Moment für sein Erscheinen gewählt wie der, den man in meinem Film *Der letzte Trapper* in Gesellschaft des alten Alex bewundern kann. Wenn man die Szene sieht, könnte man meinen, alles sei mit Absicht arrangiert worden. Dem war aber nicht so.

Alex und Norman sitzen am Lagerfeuer und braten einen Hasen am Spieß. Sie sprechen über die Zukunft der Fallenstellerei und dieses Landes, das die Trapper ebenso verlassen wie die Indianer.

»Weißt du, Norman«, sagt Alex gegen Ende des Gesprächs, »manchmal fühle ich mich hier ziemlich einsam.«

Im selben Moment fliegt ein Häher ins Bild. Alex kann ihn gar nicht übersehen, denn er landet kaum einen Meter vor ihm auf dem Boden. Der alte Mann weicht von seinem Text ab und sagt: »Siehst du, ich habe nur noch die Häher zum Reden!«

Man könnte schwören, dass alles genauso im Drehbuch stand. Doch das war nicht der Fall. Wir haben viele Situationen nachgestellt, auch mit dressierten Tieren, aber genau das macht die Kraft dieses Films aus – dass er solche Momente einfängt.

Auch die Gänse, insbesondere die Kanadagans, müssen hier gewürdigt werden, denn ihr Ruf verkündet immer eine gute Nachricht: das Nahen des Winters im Herbst und das des Frühlings am Ende des Winters. Dieser Ruf dringt ins Innerste der Seele. Ich habe diese Tage und Augenblicke in lebhafter Erinnerung, wie ich sofort innehielt und die Ohren spitzte. Wenn dieser Ruf zum zweiten Mal ertönte, fern am Himmel, aber deutlich, vermischte er sich mit dem aufgeregten Klopfen meines Herzens.

Besonders gut erinnere ich mich an einen Schwarm Kanadagänse in den Torngat-Bergen. Der Winter wollte kein Ende nehmen. Wir hatten schon Ende April, und den ganzen Monat hindurch hatte ein Schneesturm den anderen abgelöst. Dann, ganz plötzlich, obwohl es noch kalt war, drehte der Wind auf Ost. Noch am selben Abend, als ich auf der Spur eines Wolfsrudels von einem langen Marsch am Rand unzähliger kleiner, zugefrorener Seen zurückkam, hörte ich den Ruf der Kanadagänse. Er klang wie ein Triumphschrei. Der Frühling hatten den Winter besiegt – und ich meinen ersten Winter.

Allein in der weiten Landschaft begann ich, vor Stolz und Freude zu schreien. Meine Schreie verschmolzen mit dem Kreischen der Gänse, die am Himmel ihre Bahnen zogen.

Es dauerte lange, bis sie niedergingen und auf einem zugefrorenen See landeten. Das Eis war angetaut, und so schlitterten die Vögel ein gutes Stück über die Oberfläche, ohne anhalten zu können, obwohl sie die Füße wie einen Fächer abspreizten und als Bremse benutzten. Etliche verloren das Gleichgewicht. Die Geschicktesten setzten sich auf den Bürzel, viele andere kippten auf die Seite oder purzelten auf den Rücken. Dann rutschten sie noch etwas weiter, ehe sie endlich zum Stehen kamen, rappelten sich auf, brachten ihr zerzaustes Gefieder in Ordnung und schützten Gleichgültigkeit vor, obwohl sie sich maßlos ärgerten! Es war urkomisch. Ich pirschte mich näher heran und machte einen hübschen Schnappschuss.

Der Kolkrabe ist in mehr als einer Hinsicht ein außergewöhnlicher Vogel. Er ist, neben dem Wolf, das einzige wilde Tier, das ich kenne, mit dem man sich »unterhalten« kann. Wölfe wie Kolkraben lassen sich nicht täuschen: Wenn man unbeholfen heult oder krächzt, merken sie sehr wohl, dass das kein Artgenosse ist. Trotzdem antworten sie. Aus Spaß – oder vielleicht aus Höflichkeit?

Ich erinnere mich an eine Nacht in einem kalten Tal in den Rocky Mountains. Diane und ich hatten unser Zelt neben einem zugefrorenen Fluss aufgeschlagen, der voller Elch- und Wolfspuren war. Ein stattliches Rudel, das mindestens aus zwölf Exemplaren bestand, stimmte ganz in unserer Nähe, keine fünfhundert Meter entfernt, sein Geheul an. Montaine, die es sich zur Gewohnheit gemacht hatte, mit einem gewissen Talent die zahlreichen Vogelrufe nachzuahmen, die sie hörte, begann wie selbstverständlich, den Wölfen zu antworten. Sie verstummten und hörten ihr zu, dann stimmten sie aufs Neue ihren Gesang an. Montaine war begeistert und fing mit ihrem kristallklaren Stimmchen wieder zu heulen an. Sie lachte aus vollem Hals, heulte, lauschte, heulte und wollte nicht mehr aufhören. Wir mussten einschreiten.

»Weißt du, Montaine, die Wölfe werden sehr müde, wenn du zu lange mit ihnen sprichst. Du musst sie jetzt schlafen lassen.«

Sie hörte auf. Aus Liebe zu den Tieren war sie zu den größten Opfern bereit, auch zu dem, ein so lustiges Spiel zu unterbrechen.

Ich selbst habe mich oft auf diese Weise mit Wölfen unterhalten. Mein schönstes Zwiegespräch hatte ich, als ich auf einem See in Yukon in einem Kanu saß und angelte. Es war an einem Abend im Spätsommer. Die Berge spiegelten sich im See, dessen Oberfläche völlig glatt war bis auf vereinzelte Ringe hier und dort, wenn Forellen nach einem Insekt schnappten. Ein Wolf erschien auf einem der zahllosen Felsen, die das Westufer säumten. Er begann zu heulen. Ein lang anhaltender, großartiger Klagegesang, der von den Bergen widerhallte und die reine Luft durchdrang, ohne etwas von seiner ursprünglichen Klarheit zu verlieren. Ich antwortete ihm, und er vergalt Gleiches mit Gleichem. Nachdem ich zwei oder drei Mal geheult hatte, hörte ich auf, und auch er verstummte.

Ich sah ihn dann am Ufer entlangtrotten. Von Zeit zu Zeit spähte er zu mir herüber, und ich angelte weiter, drei- oder vierhundert Meter von ihm entfernt. Hin und wieder stieß ich einen Schrei aus, und er antwortete mir. Plötzlich ertönte der Ruf eines Eistauchers. Der Wolf ignorierte ihn. Der Eistaucher gehörte nicht zu denen, mit denen er sich unterhielt.

Solche Gespräche sind auch mit Kolkraben möglich. Ihr Gesang ist nicht weniger schön als das Heulen der

Wölfe. Die Vielfalt ihre Laute ist beachtlich, manche Lautreihen sind großartig und seltsam melodiös. Sie verfügen über zwanzig bis dreißig Ruftypen. Da sie die meiste Zeit in Felsen hausen, hauptsächlich an Bächen und Flüssen, die sich durch das Gebirge zwängen, hallen ihre Rufe von den Wänden wider. Das Echo ist großartig, und man hat das Gefühl, dass die Kolkraben sich darüber amüsieren. In ähnlicher Weise spielen sie mit dem Wind, den sie mit großem Geschick ausnutzen, um die waghalsigsten Flugkunststücke zu vollführen: Rolle, Trudeln, Sturzflug, Rückenflug, Wende, Looping …

Es ist kein Zufall, dass solche Bilder mit den entsprechenden Vogelrufen meinen Film *Der letzte Trapper* beschließen, ja gleichsam signieren.

Anglerglück

ANGLER SIND BEKANNT DAFÜR, DASS SIE ALLE SCHON einmal einen »so« großen Fisch gefangen haben. Der Fisch wird mit jedem Jahr größer, bis irgendwann die Spanne der ausgebreiteten Arme nicht mehr ausreicht. Im Unterschied zum üblichen Anglerlatein ist alles, was ich hier erzähle, die reine Wahrheit. Das Verdienst gebührt den außergewöhnlichen Seen, Bächen und Flüssen, auf die ich in den Jahrzehnten meiner Expeditionen gestoßen bin. Viele Angler träumen davon, eines Tages in den abgelegenen Regionen Alaskas, Sibiriens oder Kanadas ihre Angel auszuwerfen. Ich habe es oft aus Notwendigkeit und nicht zum Vergnügen getan, denn ich musste mich und meine Hunde ernähren.

Im Sommer liefern Fische – Forellen, Hechte, Saiblinge, Barsche, Zander und Lachse – einen Großteil der Nahrung. Man isst doppelt so viel Fisch wie Fleisch von Ente und Gans, Schneehuhn und Hase oder, seltener, von großen Säugetieren wie Reh oder Moschushirsch in Sibirien, Karibu oder Elch in Nordamerika. Die Angel begleitet einen daher auf jeder Reise. Einige Freunde von mir wie Benoît Maury-Laribière, Alain Brénichot oder Jean-Pierre Helleu sind wahre Könner, die auch dort etwas fangen, wo ein Durchschnittsangler wie ich leer ausgeht. Aber es gibt Stellen, wo das Angeln ans

Wunderbare grenzt. Wenn ich daran denke, kommen mir viele Erlebnisse wieder in den Sinn. Ich will versuchen, einige aus meinem Gedächtnis zu fischen.

Es war in Lappland, bei meiner ersten Reise in den hohen Norden. Wir hatten uns vorgenommen, nur von dem zu leben, was wir mit unseren Angeln fingen – oder mit unserer Steinschleuder, mit der wir allerdings kein einziges Wildhuhn erlegten.

Die kleinen Bachforellen schmeckten ausgezeichnet und bildeten das Gros unserer Mahlzeiten. Wenn wir keine fingen, nahmen wir mit Hechten vorlieb, die allerdings viele Gräten haben und deren Fleisch längst nicht so köstlich ist.

An einem gewittrigen Abend gelangten wir an einen See, in dessen Nähe Rentierzüchter ihre Herde weiden ließen. Ich beschloss, ein Stück nach Norden zu gehen und in einer Felsbucht zu angeln, wo sich ein reißender Fluss in den See ergoss. Meine beiden Kameraden wollten unterdessen den südlichen Teil des Sees erkunden.

Ein halbe Stunde später hatte ich einen großen, flachen Felsen erklommen. Zu seinen Füßen stürzten die silbrig funkelnden Fluten des Flusses in das torfige, kupferfarben schimmernde Wasser des Sees. Der Himmel riss auf und bot einen herrlichen Anblick. Sturmzerfetzte helle und fast schwarze Wolken vermischten sich und jagten über das Blau. In der Ferne zuckten Blitze, Regenbögen leuchteten auf, wenn Sonnenstrahlen für kurze Zeit durch das Wolkengewirr drangen und Regenschauer beschienen. Ich montierte einen schönen Spinner und begann zu angeln, während Brachvogel, Wasserläufer und Bekassinen in hellen Scharen von einem Ufer zum anderen flogen, erregt durch die Unmengen der an diesem Abend schlüpfenden Insekten.

Die Fische standen ihnen in nichts nach. Sie nutzten die Gunst der Stunde und schnappten an der Oberfläche wie wild nach Fliegen.

Mein Spinner hatte noch nicht das Wasser berührt, als ihn schon ein kapitaler Hecht im Flug erhaschte und zupackte.

»Donnerwetter!«

Das fing gut an. Es war ein dicker Brocken. Fast einen Meter lang, kampflustig. Ich brauchte gut zehn Minuten, um ihn herausziehen. Er wehrte sich erbittert, sprang, zerrte, tauchte. Als ich ihn endlich auf dem Trockenen hatte, warf ich ihn gleich wieder ins Wasser; ich wollte lieber ein kleineres Exemplar fangen, das uns zum Abendessen vollauf genügte und obendrein besser schmeckte.

Erneut sirrte mein Spinner hinaus. Er kam nicht viel weiter als beim ersten Mal! Wieder war es ein stattlicher Hecht, gut achtzig Zentimeter lang und wohl über acht Pfund schwer. Er wehrte sich wie sein Vorgänger nach Kräften; auch ihn ließ ich wieder frei. Beim dritten Wurf der dritte Hecht, ohne dass ich den Standort gewechselt hatte!

Ich fing acht, einen nach dem anderen. Und keiner unter drei Kilo! Ich konnte es nicht fassen. Von Kindesbeinen an angelte ich in unseren Weihern in der Sologne Hechte und geriet ganz aus dem Häuschen, wenn ich einmal zwei an einem Tag fing.

Und die wundersame Angelpartie war noch nicht zu Ende. Beim zehnten Wurf setzte sich die Serie fort. Zehn bei elf Würfen! Dann verlagerte ich meinen Standort ein wenig und zog einen heraus, der fast sieben Kilo hatte, bevor ich ein Stück weiter flussaufwärts mehrere kleinere fing. Ich behielt zwei Halbpfünder, und während ich den Rückweg antrat, fragte ich mich, wie ich von meinem

Anglerglück erzählen sollte, ohne als Lügner dazuste-
hen. Aber auch Benoît und Patrick hatten von dieser
Fresswut profitiert, die an bestimmten Gewitterabenden
die Raubfische überkommt, und jede Menge Seeforellen
gefangen.

Einige Tage später sollten wir die gegenteilige Erfahrung machen. Gewitter und starke Regenfälle ließen
Flüsse und Seen anschwellen. Die Fische wollten nicht
mehr anbeißen, und unsere Mägen begannen zu knurren.
Zum Glück ließen uns die Rentierzüchter, zu denen wir
schließlich zurückkehrten, nicht verhungern.

Schauplatz der zweiten wundersamen Angelpartie, an
die ich mich erinnere, waren die großen Seen hinter
Schefferville, die man überqueren muss, wenn man auf
dem Fluss De Pas zum Lac de la Hutte sauvage gelangen
will.

Man wandert von See zu See, indem man Kanu und
Ausrüstung auf dem Rücken trägt, und benützt dabei so
genannte Portagen, schmale Pfade, auf denen die Mon-
taignais-Indianer seit Jahrtausenden reisen. An manchen
Stellen ist der Felsboden der Portagen leicht ausgetreten
von den vielen Generationen von Waldläufern, die hier
vorbeigekommen sind.

Schon auf dem ersten See warfen wir unsere Angeln
aus. Wir hatten einmütig beschlossen, einen Spinner
durchs Wasser zu ziehen.

Nach noch nicht einmal zehn Minuten surrte die Rolle
meiner Rute los, und die Schnur wickelte sich ab. Ich riss
an und zog einen schönen Seesaibling von über einem
Kilo aus dem See. Im anderen Kanu gelang Cyrille dasselbe. Er war begeistert, denn es war sein erster Saibling.
Und was für einer! Der beste Angler der Ariège in den
Pyrenäen wäre vor Neid erblasst.

Im Nu waren die Fische losgehakt, ausgenommen und in einem Frischhaltebeutel verstaut, den wir hinter dem Kanu durchs Wasser zogen, dann tauchten wir unsere Angeln wieder ins Wasser. Nicht lange, und zwei Forellen fielen darüber her. Wir mussten uns den Tatsachen beugen: Wir konnten auf diesen Seen nicht angeln, wie wir uns vorgenommen hatten, weil wir sonst nur noch damit beschäftigt gewesen wären, Fische ins Boot zu ziehen. Wir wären nicht vorwärtsgekommen. Benoît, ein leidenschaftlicher Angler, war frustriert.

»Das ist doch wohl das Letzte! Ich kann nicht angeln, weil es zu viele Fische gibt.«

Ich schlug ihm vor, ohne Köder und Haken zu angeln und einfach nur die Schnur durchs Wasser zu ziehen, um absolut sicherzugehen, dass keiner mehr anbiss! Er lachte, aber es klang ein wenig gezwungen.

Einige Wochen später und einige Hundert Kilometer weiter nördlich gelangten wir an den George River, der in die Ungava-Bucht mündet. Zu Tausenden durchschwammen Karibus den Fluss, verfolgt von Wölfen, die über die schwächsten herfielen. Die Lachse begannen, den Fluss hinaufzuwandern. Ihr schönes, silbern gefärbtes Schuppenkleid funkelte in der Sonne, wenn sie springend die Stromschnellen zu überwinden versuchten. Fieberhaft machten wir unsere Ruten fertig.

Kaum am Ufer angekommen, hatten wir unsere Haken versenkt. Jeder wollte der Erste sein, der den König der Fische fing.

»Na also! Ich hab einen!«, rief Benoît bald begeistert.

Im selben Augenblick bog sich meine Rute. Ein dicker Fisch hatte meinen Köder geschnappt. Ich brauchte lange Minuten, um das Objekt unserer Begierde ans Ufer zu hieven. Benoît und ich schafften es gleichzeitig. Aber was für eine Enttäuschung! Es waren keine Lachse, sondern zwei dicke Seesaiblinge. Der, den Benoît herausgezogen hatte, maß fast einen Meter! Wir machten ein Foto und warfen unseren Fang wieder ins Wasser: Heute Abend wollten wir Lachs essen und keinen Saibling!

Bald warfen wir wieder unsere Köder aus, und wieder zwei prächtige Saiblinge. Bei jedem Wurf biss ein Saibling an. Als hätten sich alle hier ein Stelldichein gegeben. Jeder von uns zog über vierzig heraus, alle zwischen zwei und zehn Kilo, also über eine halbe Tonne an einem Abend!

Ich habe versucht, diese Geschichte anderen Anglern zu erzählen. Sie blieben skeptisch und fanden, dass ich nun aber wirklich etwas übertrieb. Ich an ihrer Stelle hätte nicht anders reagiert

Am nächsten Tag fingen wir die ersten Lachse. Das heißt, Benoît fing einen … Ich habe nicht seine Geduld. Ich verlange ja nicht, dass gleich bei jedem Wurf ein Saibling anbeißt, der mehrere Kilo auf die Waage bringt, aber ich kann nicht drei Stunden am Wasser stehen, ohne etwas zu fangen. Oft überließ ich Benoît und Alain ihrer Angelei und unternahm einen Streifzug in den Wald oder in die Berge. Statt stundenlang auf einen Saibling oder Lachs zu lauern, gehe ich lieber auf die Pirsch nach einem Hasen oder Waldhuhn.

Meine dritte denkwürdige Angelpartie – von Anglerglück kann man diesmal nicht sprechen – fand im Winter statt.

Alain und ich steckten im hintersten Winkel des Werchojansker Gebirges und warteten in einem weiten Tal, in dem es von riesigen, ziemlich fetten und schmackhaften Hasen wimmelte, auf den Frühling. Zu jeder oder fast jeder Mahlzeit gab es Hase; so häufig hat man auch das

Beste bald satt. Wir kannten einen See, der mit dem Rentierschlitten in einer Stunde zu erreichen war. Leider stand uns in dieser Woche jedoch kein Schlitten zur Verfügung, denn unsere Freunde, die Ewenen, waren mit ihrer gesamten Herde weitergezogen und hielten sich über sechzig Kilometer von uns entfernt auf. Wir mussten also zu Fuß gehen und einen über dreistündigen Marsch auf uns nehmen. Nach unserer Ankunft entzündeten wir erst einmal ein Feuer und aßen einen Happen, ehe wir uns an die Arbeit auf dem Eis machten. Auf diesem Hochsee, der kaum zwei Monate im Jahr völlig eisfrei ist, war die Eisdecke über zwei Meter dick. Aber der See war tief, und die Ewenen hatten uns versichert, dass er einer der fischreichsten in der Gegend sei. Ein Loch dieser Tiefe gräbt man nicht ohne Methode, sonst hat man am Ende garantiert eine Stunde für nichts gearbeitet. Hackt man auf die Schnelle mit dem Beil ein Loch und verbreitert es je nach Bedarf, erhält man eine Art umgekehrten Kegel, aus dessen Tiefe irgendwann das Wasser emporschießt wie aus einem Geysir. Im Nu füllt sich das Loch bis oben hin, und man hat keine Möglichkeit, die kleine Öffnung, durch die das Wasser gedrungen ist, zu erweitern. Eine Öffnung, die im Übrigen so klein ist, dass keine Forelle durchpasst, nicht einmal eine kleine! Was also tun?

Wir gingen nach einer anderen, nicht ganz einfachen Methode vor: Wir gruben spiralförmig um eine Art dicken Pfropfen herum und hoben eine tiefe Rinne aus, in etwa vergleichbar den Gräben, die man am Strand rund um eine Sandburg buddelt.

Ist man auf der Höhe des Wasserspiegels angekommen, bricht man diesen dicken Eispfropfen mit einem Axthieb heraus. So erhält man ein großes Loch, durch das auch die dickste Forelle passt, von der man eine

Stunde lang geträumt hat – so lange nämlich dauert diese Plackerei. Alle fünf Minuten muss man das Hacken unterbrechen und mit den Händen die gelösten Eisbrocken herausschaufeln.

Natürlich lässt man keinen zwei Meter hohen Pfropfen stehen, bis man das Wasser erreicht hat. Man hobelt ihn nach und nach ab, damit seine Dicke nie vierzig Zentimeter übersteigt. So lässt es sich bequemer arbeiten. Der entscheidende Augenblick ist gekommen, wenn die Axt das Eis durchschlägt und Wasser in das Loch schießt. Darauf muss man vorbereitet sein, sonst muss man noch einmal ganz von vorn anfangen. Man springt aus dem Loch, ergreift die Axt und zertrümmert den Pfropfen, sodass er vom Druck des Wassers herauskatapultiert wird. Wichtig ist aber auch, dass die Rinne einigermaßen gleichmäßig gehackt wird, damit alles im selben Moment nachgibt. Es ist eine Kunst!

Ich erinnere mich mit Rührung und einem Schmunzeln an diese Augenblicke inniger Kumpanei, wenn derjenige unten im Loch dem anderen zurief: »Geschafft! Schnell, zieh mich raus!« Und wie Alain mich dann am Arm packte und in den Schnee schleuderte wie eine Ein-Kilo-Forelle, gleich das Beil ergriff und mit aller Kraft auf den Pfropfen schmetterte, der daraufhin herausflog wie ein Champagnerkorken. Und wie Alain dann tanzte und ein Triumphgeheul anstimmte. Und wie wir lachten, glücklich nach ein bis zwei Stunden anstrengender Arbeit. Glücklich, weil die letzten Augenblicke voller Anspannung sind, die sich mit einem Schlag löst.

An diesem Tag kam es zu einer extremen Zerreißprobe. Seit zwei Stunden hacken wir, hobeln an unseren Pfropfen und räumen Eissplitter aus dem Loch, an denen wir uns die Handschuhe zerschneiden. Trotz Wind und

Kälte rinnt uns der Schweiß von der Stirn. Alain schimpft unten aus dem Loch, das seine große und athletische Gestalt völlig verschluckt.

»Das gibt's doch nicht! Über zwei Meter!«

»Pass auf. Gleich knallt's!«

»Schön wär's.«

Aber das Wasser kommt nicht. Wir müssen weiter hacken.

Nach drei Stunden Anmarsch und zwei Stunden Buddelei erlahmen unsere Kräfte. Ach, die Forellen, die man fix und fertig im Supermarkt kaufen kann! Der Fortschritt hat doch auch seine guten Seiten.

Plötzlich höre ich ein seltsames Geräusch. Eine Art »Kling«.

»Nicolas …«

»Ja?«

»Du wirst es nicht glauben.«

»Was?«

»Was ist?«

»Was ist?«

»Ich fasse es nicht.«

»Was ist denn los? So rede doch endlich.«

»Wir sind auf dem Grund.«

»Auf dem Grund?«

Und dann bekommt Alain einen seiner Wutanfälle.

»Ja, auf dem Grund! AUF DEM GRUND! Wir sind auf Stein gestoßen. Unter diesem beschissenen Drecksloch gibt es nicht einen Tropfen Wasser, weil wir Blödmänner an einer seichten Stelle gehackt haben.«

Er klettert aus dem Loch. Er ist rot vor Zorn, schleudert das Beil weg und trampelt auf den Eissplittern herum, die wir rings um das nutzlose Loch aufgehäuft haben.

Dann fällt bei mir der Groschen. Und ich breche in Lachen aus. Und kann nicht mehr damit aufhören.

Alain fährt herum. Ich glaube, er wird mich umbringen, aber plötzlich verändert sich seine Miene, und auch er beginnt zu lachen, zu lachen und zu weinen.

Was sind wir nur für Helden. Zwei Freunde, zwei Brüder – denn Alain und ich sind mehr Brüder als Freunde –, die auf diesem See neben ihrem Loch Tränen lachen.

Wir hackten ein Stück weiter ein zweites Loch und stießen auf Wasser, in dem wir ein paar Saiblinge angelten, die uns an diesem Abend besonders gut schmeckten.

Wilde Tiere haben einen angeborenen Sinn fürs Energiesparen. Sie wissen, dass sie bei sehr strenger Kälte auf der Suche nach Nahrung mehr Kalorien verbrauchen, als sie zu sich nehmen, wenn sie welche finden. Also machen sie es sich in einer Schneekuhle bequem und warten auf bessere Tage. Ich bin mir nicht sicher, ob die Kalorien, die uns diese wenigen Saiblinge lieferten, unterm Strich allzu viel brachten, wenn man bedenkt, wie viel Energie uns der Anmarsch zu dem Hochsee, das Hacken der zwei Löcher und das Angeln im eisigen Wind kosteten. Aber dieser herrliche Lachanfall war die Mühe allemal wert.

Einige Wochen später war ich mit Nikolaj zusammen, dem Chef eines kleinen Ewenen-Clans, mit dem ich mehrere Monate verbrachte. Wir befanden uns an einem ziemlich ruhigen Fluss mit vielen Untiefen, in denen ich den Taimen, den sibirischen Huchen, vermutete, einen prächtigen Fisch, der dem Lachs ähnelt.

Ich spießte ein Stück Fleisch auf einen Haken von stattlicher Größe und warf das Ganze ins Wasser. Im ersten Loch Fehlanzeige. Ebenso im zweiten. Im dritten, ohne Zweifel das tiefste, wurde der Fleischbrocken kurz über Grund von etwas geschnappt, das ich im ersten Moment gar nicht als Fisch identifizieren konnte, da das Ding am

Ende des Hakens wie ein Amboss aussah. Ein Riesentier, das sich langsam vorschob und so aussah, als würde es fließen und nicht schwimmen. Mir war noch nie ein Fisch untergekommen, der so reagierte. So sehr ich auch an Schnur und Rute zerrte, er scherte sich überhaupt nicht darum. Er ließ sich weiter auf den Grund sinken und machte es sich dort gemütlich, ohne sich noch einmal zu mucksen.

Nikolaj, der sich inzwischen zu mir gesellt hatte, überlegte: »Du musst einen Baumstamm erwischt haben.«

»Dann ist es ein kapitaler Taimen. Manche werden über einen Meter fünfzig lang. Wahre Monstren.«

Da ich keinerlei Bewegung mehr spürte, begann ich mich zu fragen, ob der Fisch nicht vielleicht doch ein versunkener Baumstamm war. Da fiel mir eine Geschichte aus Pierre Clostermans Buch *Des poissons si grands* ein. Er erzählt darin, wie er einmal einen riesigen Nilbarsch am Haken hatte, der Fisch sich aber auf den Grund legte und einfach nicht von der Stelle zu bewegen war. Es gelang ihm schließlich, indem er die straff wie eine Violinsaite gespannte Schnur in Schwingungen versetzte und dem Barsch damit auf die Nerven ging.

Ich versuchte es mit dem Trick. Dem großen Taimen gefiel der Nilbarsch-Trick nicht. Er rührte sich. Nicht sehr, aber doch genug, um mich daran zu erinnern, dass es sich sehr wohl um einen Fisch handelte, um einen riesigen Fisch, und nicht um irgendeine leblose Masse. Die bis dahin skeptische Miene Nikolajs hellte sich auf, als ich ihm die Rute hinstreckte, damit er sich selbst überzeugen konnte.

»Maballa! Das ist ein großer, ein sehr, sehr großer!«

Schön, aber wie bekam ich ihn aus diesem über zwanzig Meter tiefen Loch heraus?

Nikolaj wusste auch keine Lösung. Er plädierte für ziehen. Gut, aber die Schnur begann zu pfeifen, als wollte sie uns davor warnen, dass sie gleich reißen würde. Und das Monstrum auf dem Grund des Lochs rührte keine Schuppe.

Wir waren schon über eine Stunde dort und noch keinen Deut weitergekommen. Der Fisch ruhte reglos und schmollend auf dem Grund, und wir konnten nichts tun, um ihn von der Stelle zu bewegen.

Ich konnte mich nicht dazu durchringen. Einen solchen Fisch konnte man doch nicht einfach aufgeben. Ich wollte es wenigstens sehen, dieses Monstrum da im dunklen Wasser.

Eine weitere halbe Stunde verstrich. Nikolaj wurde langsam ungeduldig. Er wollte gehen.

Ich brachte das Tier noch einmal dazu, sich zu bewegen. Es vollführte in seinem Loch da unten eine Art Drehung und verharrte dann wieder in Reglosigkeit, als sei es vor Langeweile eingeschlafen.

Dann zog ich. Die Rute bog sich. Die Schnur sirrte wie eine Violinsaite. Der Fisch machte keinen Mucks. Wer von uns dreien würde wohl als Erster nachgeben? Er, ich oder die Schnur?

Es war die Schnur.

Ich brachte den ganzen Nachmittag im Sattel meines Rentiers damit zu, mir vorzustellen, wie groß und schwer dieser unglaubliche Fisch wohl gewesen sein mochte, und war sehr traurig darüber, dass ich ihn nicht zu Gesicht bekommen hatte.

Diese Angelpartie war und ist die größte Enttäuschung meines Anglerlebens. Ich denke noch oft an diesen sibirischen Huchen. Ich stelle ihn mir vor. Ob er wohl noch auf dem Grund seines Loches lebt? In ein paar Wochen reise ich wieder zu meinen Freunden, den Ewenen. Vielleicht kommen wir in der Nähe dieses Flusses vorbei. Dann werde ich einen neuen Versuch wagen, meine sibirische Nessie zu sehen.

Die besten Lachsfischer sind nicht die Menschen, sondern die Grizzlybären. An einem Wasserfall am Kaarten River in Alaska habe ich einmal drei beim Fischen beobachtet. Es war beeindruckend. Am besten von den dreien war ein großes Weibchen mit sehr dunklem Fell, das sich oben auf dem Wasserfall postiert hatte und die Lachse abfing, wenn sie sprangen. Sie packte sie im Flug mit dem Maul oder beförderte sie mit einem Prankenhieb (an der einen Pranke fehlte ihr eine Kralle) ans Ufer, wo ihre beiden Jungen warteten. Sie traf sie mit einem satten Klatschen direkt in der Luft wie ein Tennisspieler, der einen Ball volley nimmt. Die beiden Bärenjungen waren begeistert, denn die Lachse, die nicht auf der Stelle tot waren, prallten zappelnd von den Steinen ab, und sie konnten sie vollends töten, was einem jungen Bären natürlich großen Spaß macht.

Die »Verschwendung« der Bären war enorm. Sie töteten Dutzende der Fische zum bloßen Vergnügen, knabberten nur etwas an ihnen herum und überließen die Beute dann achtlos den Raben und Füchsen, die die günstige Gelegenheit nutzten.

Ich habe Flüsse rot von Lachsen gesehen, die Seite an Seite stromaufwärts schwammen, um zu laichen. Viele sterben unterwegs vor Entkräftung, werden von Adlern oder Indianern gefangen, von Bären gefressen. Die meisten verenden, wenn sie abgelaicht haben, und nur sehr wenigen gelingt die Rückkehr ins Meer, das sie verlassen haben, um ihre Pflicht zu erfüllen.

Die Selbstlosigkeit dieser Lachse ist unglaublich, und dieser unabänderliche Kreislauf von Leben und Tod hat etwas sehr Bewegendes. An einem Nebenfluss des Moisie River in Kanada, an dem ich ein Herbstlager aufgeschlagen hatte, sah ich Tausende von kleinen Jungfischen, die dem Opfermut der Eltern ihr Leben verdankten, zu sogenannten Sälmlingen heranwachsen (den Namen Lachs verdienen sie erst, wenn sie ins Meer gewandert sind). Wie werden sie später zu der Mündung des Flusses, der ihre Wiege war, zurückfinden, wenn für sie die Zeit zum Laichen gekommen ist? Es gibt einige Hypothesen. Man hat festgestellt, dass ihr Geruchssinn extrem gut ausgebildet ist. Außerdem weiß man, dass sie die Magnetfelder der Erde erspüren und wie einen Kompass nutzen können. Darüber hinaus können sie polarisiertes Licht sehen, was ihnen bei der Orientierung ebenso helfen könnte wie Landmarken an der Küste. Wie sie diese sprichwörtliche Nadel im Heuhaufen finden, ist nach wie vor ziemlich rätselhaft und auf jeden Fall beispiellos im Tierreich, wenn man etwa an die Hunde denkt, die von den Knochen, die sie vergraben, praktisch nie wieder einen finden!

Alain ist ein hervorragender Angler. Er hat diese Gabe, selbst dort Fische zu finden, wo es eigentlich überhaupt keine gibt. Trotzdem gelang es mir einmal, ihn in seiner eigenen Domäne zu beeindrucken, was ich dem Zusammentreffen mehrerer glücklicher Umstände verdankte. Wir fuhren mit dem Kanu einen herrlichen Fluss im Norden Quebecs hinunter. Hinter jeder kleinen Stromschnelle angelten wir ein paar Minuten in den tiefgrundigen Wasserlöchern, bevor wir weiterfuhren. An diesem Tag streikten Hechte und Zander und bissen nicht an. Es ging also darum, wer als Erster von uns beiden etwas fing. Der glückliche Gewinner sollte sich über den unglücklichen Gefährten lustig machen dürfen.

Alain gewann.

»Ich habe einen!«

»Pah! Dein Hecht ist ein Witz. Ich spare meine Kräfte für die großen. Du wirst schon sehen.«

Ich hatte den Satz kaum beendet, als vor Alains Augen ein riesiger Hecht nach meinem Köder schnappte. Verdutzt sah er zu, wie sich meine Rute durchbog. Ihm fielen fast die Augen aus dem Kopf.

Mit der gebotenen Dreistigkeit rief ich: »Habe ich es dir nicht gesagt?«

Nach einem viertelstündigen zähen Ringen zog ich einen riesigen, über einen Meter großen Hecht heraus. Es war einer der größten Fische, die wir in diesem Fluss, in dem Alain seit fünf Jahren regelmäßig angelte, jemals gefangen hatten. Der Ehrlichkeit halber muss ich gestehen, dass mein Angelfreund, als die erste Verblüffung gewichen war, sich sehr mit mir freute.

Als Alain mir die Hunde zu dem See brachte, an dem ich die Hütte für meine kleine Familie gebaut hatte, war ich ganz aufgeregt bei der Vorstellung, ihn an diesem idyllischen See angeln zu lassen, aus dem ich schon so viele schöne Fische gezogen hatte.

Er war mit Jérôme gekommen; neben den Hunden hatten sie auch die Fensterscheiben für unsere Hütte, einen Holzofen und Lebensmittel mitgebracht und sollten mit den Pferden in das Dorf zurückreiten, aus dem Diane und ich zwei Monate zuvor aufgebrochen waren.

Wir wollten nun eine knappe Woche miteinander verbringen, ehe sie sich auf den Weg machten.

Alain konnte es nicht erwarten. Er nahm meine Angelrute und ging los, um das Abendessen zu fangen.

Zwei Stunden später kam er zurück, bitter enttäuscht und etwas ratlos. Er hatte nur zwei lächerlich kleine, kaum fünfzehn Zentimeter lange Forellen gefangen …

Ich stand vor einem Rätsel. Dabei hatte er alles ausprobiert – alle möglichen Köder, alle erdenklichen Farben, auf Grund, im Mittelwasser, an der Oberfläche. Nichts. Nicht ein einziger Biss.

»Das gibt's doch nicht.«

Zum Glück hatten wir als Beweis noch Reste einer riesigen Seeforelle, die ich am Vorabend gefangen hatte. Er musterte sie zweifelnd, aber neidisch.

Am nächsten Morgen stand er lange vor Tagesanbruch auf und ging zum See. Nichts. Und so ging es sechs Tage lang, bis sie sich auf den Weg machten. Er fing ein paar Forellen von gerade mal dreihundert Gramm, während ich ihm Exemplare von mehreren Kilo versprochen hatte.

Ich war noch wütender als er.

Alain und Jérôme ritten an einem nebligen Herbsttag gegen Mittag mit den vier Pferden los und ließen uns allein. In den folgenden Monaten sollten wir keine Menschenseele mehr zu Gesicht bekommen. Diane und mir war etwas beklommen zumute.

Das unbeständige, sehr windige Wetter, das seit der Ankunft meiner Freunde geherrscht hatte, schlug plötzlich um, und am Abend gab es ein Gewitter. Ein trockenes Gewitter, ohne Regen, herrlich. Ich nutzte die Gelegenheit und paddelte mit dem Kanu auf den See hinaus. Ich fing einen Fisch nach dem anderen. Direkt vor der Hütte zwei prachtvolle Forellen, drei und vier Kilo schwer! Die Forellen hatten nur in der Zeit, in der Alain und Jérôme da gewesen waren, geschmollt.

Die besten Fänge macht man im hohen Norden, wenn das Eis auf den großen Seen aufbricht. Die Forellen spielen verrückt, wenn sie nach Monaten unter dem Eispanzer wieder das Tageslicht sehen und mit der Luft in Kontakt kommen. In dieser Zeit ist selbst der ungeschickteste und unerfahrenste Angler König. Man fängt so viel wie ein Bär, wenn die Lachse die Flüsse hinaufwandern.

So ist der hohe Norden. In allem extrem.

Zum Abschluss dieses Kapitels möchte ich noch die Geschichte von dem Lachs erzählen, dem ein Karibu das Leben gerettet hat. Sie trug sich an dem Fluss Caniapiscau im hohen Norden Quebecs zu, wohin wir mit dem Wasserflugzeug geflogen waren. Ich begleitete eine Gruppe von Wissenschaftlern, die Wanderungen der Karibus beobachteten.

Ich angelte gerade in einer herrlichen Gumpe am Fuß einer Stromschnelle, als ganz in der Nähe eine große Herde Karibus, mehrere Hundert Tiere, daran ging, den Fluss zu durchschwimmen. Dieser Verband aus ausgewachsenen Männchen war nur die Vorhut einer noch viel größeren Herde, die aus Tausenden von Weibchen und ihren Kälbern bestand. Sie wichen nur leicht von ihrer Route ab, um mir nicht zu nahe zu kommen.

Ich beobachtete sie voller Bewunderung und angelte dabei weiter, als mich plötzlich ein kräftiger Ruck darüber aufklärte, dass ein dicker Lachs angebissen hatte. Sofort begann er, aus dem Wasser zu springen und seinen herrlichen silberglänzenden Körper den Strahlen der arktischen Sonne darzubieten. Die Bremse meiner Angelrolle pfiff, als der Lachs Reißaus nahm. Ich versuchte, seiner Flucht etwas den Schwung zu nehmen, aber meine Schnur war nicht reißfest genug. Ich ließ ihn ziehen und stellte die Bremse so hart wie möglich ein in der Hoffnung, dass er sich nicht allzu weit entfernte, denn ich hatte nur einhundertfünfzig Meter Schnur. Die Strömung stoppte ihn im richtigen Moment. Ich begann, ihn nach und nach zurückzuholen, als er auf einmal zielstrebig auf eine kleine Gruppe von sechs Karibus zuhielt, die durch den Fluss schwammen. Kaum bei ihnen angekommen, wickelte sich die Schnur um die Beine eines Weibchens, und das Tier schleppte den Lachs mitsamt Schnur in Richtung des gegenüberliegenden Ufers!

Solange der Lachs allein gewesen war, hatte ich noch versuchen können, seine Flucht zu bremsen. Nun aber, da er sich mit einer Karibukuh zusammengetan hatte, war ich machtlos. Bald ging keine Schnur mehr von der Rolle, und der Knoten riss. Der Lachs war frei.

Die große Kälte

WENN VOM HOHEN NORDEN DIE REDE IST, DENKT MAN zu allererst an die strenge Kälte. Alle fürchten sie, und denen, die sie nicht kennen, jagt sie Angst und Schrecken ein. Der Mythos wird von Sensationsjournalisten sorgsam gepflegt, die nach einem Kurzaufenthalt von Sibirien oder Alaska berichten und dabei mit Details aufwarten, die dem Leser das Blut in den Adern gefrieren lassen, dem Kenner aber nur ein müdes Lächeln abringen.

Die folgende Anekdote, die sich bei den Dreharbeiten zu *Der letzte Trapper* zugetragen hat, ist dafür ein typisches Beispiel. Das Thermometer zeigte minus fünfundvierzig Grad. Mein Team und ich arbeiteten seit Monaten unter solchen Bedingungen. Einige Wochen zuvor hatten wir in der Nähe von Inuvik sogar bei fünfundfünfzig Grad unter null den Vorspann gedreht.

Die laut Drehplan fällige Szene war sorgfältig vorbereitet. Es handelte sich um einen Unfall, wie er auch mir schon zugestoßen war: Der Hundeschlitten bricht im Eis ein. Der Mann stürzt ins Wasser, während der Schlitten von den Hunden, die auf dem Eis geblieben sind, herausgezogen wird. Hunde und Schlitten entfernen sich rasch. Dem Mann gelingt es nicht, aufs Eis zurückzuklettern. Bei jedem Versuch bricht die Kante weg. Er gerät immer mehr in Panik. Schließlich kehren die Hunde um und kommen dem Mann zu Hilfe.

Wir brauchen vier Tage, um die zwanzig Einstellungen dieser Szene in den Kasten zu bekommen. Wir drehen die Sequenz auf einem von einer Straße aus zugänglichen See; eine Hütte und beheizbare Zelte sorgen für jeden Komfort. Ich willige daher in den Vorschlag des Verleihers ein, ein paar Journalisten zu diesen Aufnahmen einzuladen.

Einer von ihnen bleibt fast die ganze Zeit in der Hütte; nur gelegentlich wagt er sich hinaus bis zu den Zelten, wo er dann in der Nähe des Ofens Kaffee schlürft. Wenn es hoch kommt, unternimmt er ein oder zwei Stippvisten zum See. Aber die Beschreibung seiner Heldentaten würde es verdienen, neben die Expeditionsberichte von Shackleton gestellt zu werden, der eineinhalb Jahre in der Antarktis verbrachte, oder neben die von Scott und Amundsen, die unter größten Strapazen zum Südpol vorstießen.

Auf den Mut Normans, der stundenlang im Wasser ausharren muss, geht diese bemerkenswerte Reportage nur am Rande ein. In erster Linie besingt sie das Heldentum des Autors, der es schafft, unter solchen Extrembedingungen zu überleben, und sogar die Großtat vollbringt, bei solchen Kältegraden zu urinieren.

Strenge Kälte bis zu minus fünfundvierzig Grad lässt sich sehr gut aushalten. Man muss nur gut ausgerüstet sein. Bei noch tieferen Graden wird die Kälte aggressiv. Man muss dann Vorsichtsmaßnahmen treffen, sich bestimmte Reflexe aneignen. Der Wind kann den Ausschlag geben – der Windchill-Effekt oder Wärmeverlust, der ihm zuzuschreiben ist. Minus dreißig Grad entsprechen bei einer Windgeschwindigkeit von 50 km/h einer gefühlten Kälte von minus sechzig Grad. In Nordamerika geben die Rundfunksender jeden Morgen zwei Temperaturen durch: die, die das Thermometer anzeigt, und die gefühlte Temperatur in Abhängigkeit von der Windgeschwindigkeit. Neulinge berichten ihren verblüfften Freunden gern: »Wir haben hier sechzig Grad unter null!«, vergessen aber, den berühmten Windchill-Effekt zu erwähnen.

Vor dem Wind müssen sich nicht nur die Menschen in Acht nehmen. Wilde Tiere suchen zum Schlafen geschützte Stellen auf. Wenn ich mich bei windigem Wetter mit dem Schlitten auf einer ungeschützten Fläche befinde, baue ich meinen Hunden aus Schnee kleine Mauern.

Meist stellen sich starker Wind und strenge Kälte nicht gleichzeitig ein. Große Kälte ist gleichbedeutend mit schönem Wetter. Bei minus fünfzig Grad befinden wir uns im Allgemeinen mitten in einem Hochdruckgebiet, und aufkommender Wind kündigt eine Erwärmung an. Dann ist ein Tief im Anzug. Wer strenge Kälte nicht kennt, ist überrascht, wenn er sie bei trockenem, windstillem Wetter erlebt.

»Wir haben vierzig Grad unter null! Das ist doch nicht möglich!«

Der Fehler besteht darin, diese Kälte mit der zu vergleichen, die wir aus unseren Breiten kennen. Wie oft habe ich gehört: »Gott bewahre, wo ich doch schon bei zwei Grad unter null zu schlottern anfange. Bei minus vierzig bin ich in zwei Minuten tot.«

Im Camp des Écorces, wo wir Hundeschlittenkurse abhalten und jedes Jahr knapp hundert Gäste empfangen, erlebe ich immer wieder dasselbe. Unsere Gäste verbringen Stunden in Läden und erstehen alle möglichen Wollsocken mit diesem und jenem Extra, »ultra-atmungsaktive, superdicke« Unterwäsche »mit garantiertem Kälteschutz bis minus dreißig Grad«, Kapuzenmützen aus Polarwolle, Dreifachhandschuhe und Fäustlinge, »eigens in arktischen Schneestürmen bei minus fünfzig Grad getestet«. Dabei weist das Reisebüro ausdrücklich darauf hin, dass es nicht nötig ist, sich diese Ausrüstungsgegenstände, die sehr teuer sind und hinterher nie wieder benutzt werden, zu kaufen. Sie stehen im Camp jedem zur Verfügung. Aber nichts zu machen. Es beruhigt die Leute, sie zu besitzen, ganz für sich allein, lange vor der Abreise.

Das Lustigste dabei ist, dass seit Einführung der elektronischen Gepäcksortierung auf den Flughäfen jeder dritte Koffer verloren geht. Das nennt man Fortschritt. Ich meine den, der uns das Leben erleichtern soll, indem er alles schneller macht. In Montreal wird das Gepäck doppelt so schnell sortiert wie früher, aber seine Besitzer treffen häufig ohne Koffer am Reiseziel ein. Zwei oder drei Tage später tauchen die verloren gegangenen oder fehlgeleiteten Koffer wieder auf, aber dann ist es zu spät, sie in unser Camp zu befördern. Man muss die Gesichter derjenigen gesehen haben, die bei der Ankunft ohne Koffer dastehen, hilflos, verängstigt, konsterniert.

Im Camp bekommen sie alles Nötige, auch den einen oder anderen Rat. Sie lernen die Hunde kennen, wundern sich über die Temperaturen, machen ein Foto vom Thermometer … Etwas später, wenn sie auf dem See die erste Pause einlegen, wird alle Angst verschwunden sein. Sie werden den Koffer und die kostbare Ausrüstung, die er enthält, vergessen haben.

Die Kälte ist nicht das Problem! Wenn sich die beiden Gruppen begegnen, die Neuankömmlinge und diejenigen, die wieder abreisen, sprechen Letztere von der Kälte mit der Unbekümmertheit alter Hasen.

»Die Kälte? Ach was. Keine Sorge. Wenn man dagegen mit den Hunden einen Hang hinunterfährt …«

»Schon, aber was ist mit der Kälte?«, hakt der andere nach, der eben erst angekommen ist.

Trotzdem darf man die mit diesen extremen Temperaturen verbundenen Risiken nicht herunterspielen. Wie beim Grizzly, dem man allzu oft nachgesagt hat, dass er das gefährlichste Wildtier sei, darf man auch hier nicht ins andere Extrem verfallen und die Gefahren verharmlosen. Mit der Kälte ist ebenso wenig zu spaßen wie mit einem Bären.

Sie kann gefährlich werden. In solchen Fällen ist es besser, man weiß, wie man sich vor ihr schützt. Strenge Kälte lässt sich zähmen.

Bei minus sechzig Grad habe ich in Realzeit gefilmt, wie François Varigas vor seinem Haus ein Wäschestück in einen Bottich mit brühheißem Wasser tauchte. Er zog das Wäschestück wieder heraus, ließ es mit der Stoppuhr in der Hand eine Minute lang an der Luft hängen, ergriff es dann an einem Zipfel und hielt es waagerecht in die Höhe wie ein Stück Blech. Das Experiment war überzeugend, und bei dem Fernsehsender, der meine Reportage unter dem Titel »Profession Musher« ausstrahlte, kam die Szene bestens an.

In Sibirien war ich mehrere Male extremer Kälte um minus sechzig Grad ausgesetzt. Bei diesen Temperaturen geht alles sehr schnell. Ich vergleiche das mit dem Steuern eines Autos bei 250 km/h: kein Problem auf einer schönen, schnurgeraden Straße. Ebenso kann jeder mit der richtigen Ausrüstung bei minus sechzig Grad unbeschadet mehrere Stunden im Freien überstehen. Doch wehe, es taucht plötzlich eine überhöhte oder nasse Kurve auf, dann passiert ein Unglück. Im hohen Norden kann die Gefahr von einer Eisdecke drohen, die plötzlich unter einem einbricht. Unversehens findet man sich im Wasser wieder. Der Neuling wird sehr schnell sterben. Mit großer Wahrscheinlichkeit wird es ihm nicht gelingen, aufs Eis zurückzuklettern, und selbst wenn, wird ihn die Kälte augenblicklich in ihren eisigen Griff nehmen. Alles geht so schnell, dass er nicht einmal merkt, wie sich seine mit Wasser vollgesogene Kleidung in einen Eispanzer verwandelt, der jede Bewegung unmöglich macht. Das Blut weicht aus den Extremitäten. Er schläft ein und wacht nicht mehr auf.

Selbst der Erfahrene überlebt einen solchen Unfall nicht immer – nach meiner Schätzung stehen seine Chancen eins zu zwei. Er braucht Erfahrung *und* Glück. Erfahrung, um aus dem Wasser herauszukommen und mithilfe einer Kerze und Streichhölzern, die er stets in einem wasserdichten Beutel bei sich führt, ein Feuer in Gang zu bringen. Glück, um in unmittelbarer Nähe etwas Brennbares zu finden. Ohne Feuer ist er dem Tod geweiht. Das ist so sicher, wie eins und eins zwei ist.

Ich habe auf den zugefrorenen Flüssen oder auf dem Meereis des hohen Nordens mit dem Hundeschlitten annähernd dreißigtausend Kilometer zurückgelegt und bin dabei drei Mal im Eis eingebrochen. Geht man davon aus, dass die Chancen, einen solchen Unfall zu überleben, eins zu zwei stehen, liegt die Wahrscheinlichkeit, drei zu überleben, statistisch bei eins zu acht. Einige Freunde von mir hatten dieses Glück nicht. Ich kenne mindestens fünf Musher – drei in Yukon, einen in Alaska und einen in Quebec –, die in den letzten fünf Jahren bei einem solchen Unfall ums Leben gekommen sind. Eine einbrechende Eisdecke ist unbestreitbar das größte Risiko, dem der Reisende in der Wildnis ausgesetzt ist, denn auf dieser natürlichen Straße reist er die meiste Zeit. Bei meinen Durchquerungen Kanadas und Sibiriens habe ich achtzig von hundert Kilometern auf Eis zurückgelegt.

Das Problem besteht darin, dass das Eis mit Schnee bedeckt ist und deshalb seine Unregelmäßigkeiten nicht zu sehen sind. Solche treten besonders häufig auf Flüssen mit vielen Untiefen auf, aber auch auf dem Meereis unter Einwirkung der Gezeiten. Seen sind sicherer, sieht man einmal von den wenigen in Sibirien oder Alaska ab, die von warmen Quellen gespeist werden. Wasserströmung und starke Winde können die Eisbildung verzögern. Während der größte Teil des Sees zufriert, kann in einem ungeschützten Bereich eine Windschneise verhindern, dass das Wasser im selben Tempo gefriert. Neuschnee kann diese dünne Eisdecke zudecken und schützen. Bei Winterbeginn ist der Reisende schlecht beraten, wenn er die Festigkeit des Eises am Rand des Sees prüft und ihn dann ohne die nötige Vorsicht überquert. Es ist illusorisch zu glauben, Hunde könnten, wie manche behaupten, vor den Gefahren auf dem Eis warnen. Das kommt durchaus vor, aber im Allgemeinen zu spät!

Auf diesem Gebiet resultiert Intuition aus Erfahrung, und die erwirbt man erst nach Tausenden von Kilometern.

Ich darf wohl behaupten, dass ich es, was das Reisen auf Eis angeht, zu einer gewissen Meisterschaft gebracht habe. Nur deshalb konnte ich mich auf Flüsse wagen, die als extrem gefährlich gelten wie etwa der Stikine River, den ich zwei Mal befahren habe.

Ich muss immer schmunzeln, wenn ich sehe, wie unwohl sich Indianer auf Eis fühlen. Sie trauen ihm nicht, und das ist noch milde ausgedrückt. Einmal habe ich zusammen mit einem Mestizen namens Bruce im Norden des Yukon Territory die Rocky Mountains überquert. Wir standen vor einem Wildbach, der die einzige mögliche

Route durch dieses Gewirr von Schluchten und Steilwänden bot. Zufällig hatten wir eine strenge, für diesen Teil des Gebirges ungewöhnlich Kälteperiode hinter uns, und der Bach war zugefroren. Teilweise. Konnte er uns aus diesem Labyrinth herausführen? Genau an dieser Stelle hatten mehrere Expeditionen den Versuch einer West-Ost-Durchquerung der Rocky Mountains abgebrochen.

Viele hatten uns vorhergesagt, dass es unmöglich sei, und sie hatten recht. Bei normalem Wetter wäre es tatsächlich unmöglich gewesen. So aber hatten wir eine Chance.

Das Eis war brüchig, stellenweise unbegehbar, häufig uneben. Viele Abschnitte waren offen geblieben, denn die Strömung verhinderte ein Zufrieren, obwohl das Thermometer seit fünf Tagen minus fünfundfünfzig Grad anzeigte. Das Eis war tückisch, aber ich hielt es für möglich, eine Passage zu finden, wenn man langsam ging. Auf jeden Fall war es einen Versuch wert.

Bruce explodierte, als ich ihm das sagte. Ich schlug ihm vor, uns aneinander anzuseilen und das gefrorene Bachbett zuerst zu erkunden und das Eis zu prüfen, bevor wir uns mit den Hunden darauf wagten. Ich wollte die besten Passagen suchen und andere gegebenenfalls sicherer machen.

Er dachte nicht daran, weiterzugehen. Doch ich ließ mich von meinem Vorhaben nicht abbringen. Ich wollte mich wenigstens vergewissern, dass es unmöglich war, bevor ich umkehrte. Ich beschloss, allein zu gehen, was mit Sicherheit gefährlich war. Aber so kurz vor dem Ziel aufgeben kam nicht infrage.

Wir waren seit drei Wochen in diesen Bergen und hatten fast das Ende der Zone erreicht, die als unpassierbar galt. Nur noch zwanzig Kilometer lagen vor uns, dann wichen die Berge zurück.

Bruce wünschte mich zum Teufel, schimpfte, flehte. Ich sagte ihm, er solle warten. Während ich mich fertig machte, beruhigte er sich. Ich sah, wie er das Seil hervorholte, sich um den Leib band und mir das andere Ende reichte. Wir marschierten los. Ich ging voraus. Er folgte mir mit schneeweißem Gesicht und sicherte mich nach Alpinistenart.

Ich tastete mich langsam vorwärts, konzentriert, ganz bei der Sache.

Ich mache das gern – eine Eisdecke prüfen, mir ihre Unebenheiten erklären, tückische Stellen umgehen, mir einen Weg suchen. Ich nehme an, dass der Dompteur bei der Arbeit mit einem wilden Tier dieselbe Freude empfindet wie ich, wenn ich einen Fluss zähme. Ich verstehe die Töne, die meine Schritte dem brüchigen Eis des Baches entlocken wie der Geigenbogen den Saiten einer Violine. Ich kenne und verstehe die Musik des Eises – ich kann sogar darauf spielen.

Wir kamen wohlbehalten auf der anderen Seite der Schlucht an, ohne ein einziges Mal im Eis einzubrechen. Ein großer See öffnete sich nach Osten hin. Wir hatten es geschafft.

Bruce dankte mir, dass ich ihn dazu gebracht hatte, das Unmögliche zu versuchen. Indem er mir am anderen Seilende sein Leben anvertraute, hatte er mir einen schönen Beweis seiner Freundschaft und Achtung geliefert, und das sagte ich ihm auch.

Fünf Jahre später sprachen wir noch einmal über diese Reise. Und dabei gestand mir Bruce nicht ohne Rührung, er habe in seinem ganzen Leben nie so große Angst gehabt, aber auch nie eine so große Freude empfunden wie an diesem Tag.

Es ist wirklich eine große Freude, wenn es einem gelingt, seine Angst zu überwinden. Ich empfinde großen

Respekt vor Menschen, die ihre Ängste und Schwächen eingestehen können. Und noch größeren vor denen, denen es gelingt, sich ihnen zu stellen und sie zu bezwingen.

Der Elch – König des hohen Nordens

DER ELCH IST DER GRÖSSTE HIRSCH DER WELT. ER bringt es auf 2,20 Meter Schulterhöhe und wird bis 800 Kilo schwer. Ein Gigant mit einem imposanten Geweih, aus dem manche Bewohner Alaskas Liegestühle fertigen, in denen sie im arktischen Sommer ein Sonnenbad nehmen. In Kanada heißt er *moose* oder *orignal* und nicht etwa *elk* – so nennt man dort den Wapitihirsch.

Das Unglaublichste ist, dass dieses riesige Geweih mit einer Spannweite von zwei Metern, das bis zwanzig Kilo wiegen kann, jedes Jahr mitten im Winter abgeworfen wird und im Frühling nachzuwachsen beginnt, und zwar im Wahnsinnstempo von zwei Zentimetern pro Tag. Diese Geweihe, die aussehen wie große, mit Sprossen gespickte Schaufeln, dienen den Elchen als ... ja, als Schaufeln, mit denen sie Schnee wegschippen, um an die Sträucher heranzukommen, von denen sie sich im Winter ernähren. Aber sie sind auch Waffen, die im Herbst während der Brunft zum Einsatz kommen. In dieser Zeit wird der Elch unberechenbar und gefährlich. Blind vor Wut und Liebe kann er einen Rivalen manchmal nicht mehr von einer Kuh oder einem Menschen unterscheiden, wenn der den schweren Fehler begeht, sich seinem Harem zu nähern, den er eifersüchtig hütet und unter Einsatz seines Lebens verteidigt.

Entgegen der landläufigen Meinung kommen in Kanadas Wäldern die meisten Menschen nicht durch Bären zu Tode, sondern durch Elche. Ebenso sind es in Frankreich nicht die Wildschweine mit ihren gefürchteten spitzen Hauern, vor denen man sich am meisten in Acht nehmen muss, sondern die liebenswerten, kaum zwanzig Kilo schweren Rehe. Die Gefahr lauert nicht immer dort, wo man sie vermutet

Das Problem beim Elch ist, dass er jähzornig und ein wahrer Bulldozer ist. Wenn er angreift, wird er zum Elefanten. Auch außerhalb der Brunftzeit besteht ein Risiko, insbesondere im Winter. Und schuld daran sind die Wölfe. Sie jagen den Elch, denn sein Fleisch ist nahrhaft und die Belohnung groß, wenn es dem Rudel gelingt, einen zu reißen, auch wenn das viel schwieriger und gefährlicher ist als die Verfolgung eines Karibus. Ein ausgewachsener Bulle liefert zehn Zentner Fleisch, ein Karibu dagegen nur knapp vierzig Kilo. Da lohnt es sich, zehn Mal mehr Mühe aufzuwenden.

Die Jagdtechnik der Wölfe besteht darin, den Elch zu ermüden, indem sie ihn in tiefen Schnee treiben. Mit ihren Hufen können die schweren Elche auf Schnee nicht laufen und sinken bis zur Brust ein. Um von einem Äsplatz zum anderen zu gelangen, benutzen sie daher den ganzen Winter über bestimmte Pfade wie Trapper. Die ganze Kunst besteht darin, sie von diesen Pfaden, die sie natürlich nicht verlassen wollen, abzudrängen.

Im Gegensatz zu Pferden können Elche nur schlecht nach hinten ausschlagen. Dafür können sie mit ihren kräftigen Vorderläufen wohl gezielte Tritte an den Kopf ihres Gegners austeilen. Manche Musher haben damit unliebsame Erfahrungen gemacht, wie wir später noch sehen werden. Wölfe hüten sich, einen Elch von vorn anzugreifen. Sie attackieren von hinten, jagen ihn vor sich her, bis sie ihn in die Enge getrieben haben – zum Beispiel in einem dichten Wald. Nun versuchen sie, ihn in Richtung Tiefschnee zu drängen. Doch auch dann geben sie keine Ruhe, sondern treiben ihn in immer tiefer in den Schnee. Sie kennen solche Stellen und gehen sehr geschickt und listenreich zu Werke, wenn es gilt, ihn dorthin zu manövrieren, wo sie ihn haben wollen. Die Hetzjagd kann Tage dauern, aber Wölfe sind beharrlich, geduldig und ausdauernd. Wenn der Elch von der langen Verfolgungsjagd im Schnee erschöpft ist, wird einer der Wölfe versuchen, ihn ins Sprunggelenk zu beißen. Sitzt der Biss, wird er die Sehne durchtrennen. Das ist das Todesurteil für den Elch. Ist er auf der Hinterhand praktisch bewegungsunfähig, wird er sich nicht mehr lange behaupten können.

Oft scheitern die Wölfe aber auch. Wenn ihnen jedoch die Jagd gelingt und sie reißen einen Elch, ist das ein besonderer Festtag. Sie schlagen sich den Bauch so voll, dass sie sich kaum ein paar Meter von dem Kadaver entfernen können, über den sofort die Kolkraben herfallen, die dieses Geschenk des Himmels nur zu gern annehmen. Sie tauchen wie aus dem Nichts auf, niemand weiß, wie, aber sie sind im Nu da. Manchmal zu Dutzenden. Die Wölfe verscheuchen sie nur halbherzig. Vollgefressen, träge und müde, fallen sie bald in einen Verdauungsschlaf und lassen sie machen.

In Alaska bin ich einmal auf ein Rudel von fünf Wölfen gestoßen, die ihren Festschmaus gerade beendet hatten. Ihre Bäuche waren so dick, dass sie am Boden schleiften. Ich hatte nicht die geringsten Gewissensbisse, als ich mir von den beiden Karibus, die sie zur Strecke gebracht hatten, etwas Fleisch für meine Hunde stahl. Es war ihnen egal. Vollgefressen bis oben hin und ermattet, sahen sie nur gleichgültig zu, wie ich mir ein Stück herunterschnitt.

Elche verlassen also nur ungern die Zonen, in denen ihre Pfade verlaufen – die im Übrigen auch von allen möglichen anderen Tieren wie Füchsen, Luchsen, Mardern und Hasen benutzt werden. Das wissen die Trapper und stellen deshalb an solchen Wechseln, wenn sie welche finden, ihre Fallen auf.

Der Musher bekommt dann Probleme, wenn in dem Gebiet, durch das er fährt, Elche überwintern und seine Pisten benutzen. Eine Begegnung zwischen einer zwölfköpfigen Hundemeute und einem Elch kann schnell in einer Katastrophe enden. Womöglich verläuft die Piste durch tiefen Schnee, dann stellt sich der Elch lieber dem Kampf als zu fliehen. Er weiß aus Instinkt, dass er den »festen Boden« nicht verlassen darf. Die Hunde wiederum sind bis auf wenige Ausnahmen noch nie mit einem Elch in Berührung gekommen. Sie sehen in ihm ein Stück Wild und gehen auf ihn los. Die Bremse, mit der man den Schlitten stoppen oder sein Tempo regulieren kann, ist überfordert, wenn sich eine wild gewordene Meute mit vereinten Kräften auf ein Ziel stürzt. Der Elch wird zur Gegenattacke übergehen, getreu dem Prinzip »Angriff ist die beste Verteidigung«. Man kennt blutige Beispiele für solche Zusammenstöße. Berühmt ist der Fall der Musherin Susan Butcher, die schon drei Mal das Iditarod, das bekannteste Langstreckenrennen, gewonnen hat. Sie verlor dabei fast alle ihre Hunde. Der Angriff des Elchs ist umso gefürchteter, als die armen Hunde sich leicht in ihren Geschirren und Leinen verheddern und dann weder seinen Tritten ausweichen noch flüchten können. Es war ein Blutbad, das ein anderer berühmter

Musher beendete, indem er den Elch tötete – mit seiner Axt.

Heutzutage führen die meisten Musher auf ihrem Schlitten einen Revolver oder eine Winchester mit sich. Für alle Fälle.

Ich selbst stand fünfmal einem Elch Auge in Auge gegenüber. Fünfmal mitten in der Nacht. Jedesmal stürzten sich die Hunde auf ihn – oder sie, denn zweimal handelte es sich um eine Elchkuh. Und jedesmal kam ich mit dem Schrecken davon, weil uns die Elche auswichen. Der Schnee beiderseits der Piste, auf der wir uns begegneten, war nicht allzu tief. Zum Glück, denn ich war in den meisten Fällen nicht bewaffnet.

Einmal jedoch, in Alaska, schnappten Voulk und Nanook, meine Schlittenhunde an der Spitze, nach dem Elch und verfehlten ihn nur um Zentimeter. Erst im allerletzten Moment ergriff er die Flucht. Ich wage gar nicht daran zu denken, was geschehen wäre, wenn sie ihn erwischt hätten.

Einmal wurde ich von einem Elch während der Brunftzeit im Herbst angegriffen. Ich muss aber gleich dazu sagen, dass wir es herausgefordert hatten. Ich begleitete in Yukon eine Indianerfamilie aus Fort Ware beim »Einkaufen«. Wir näherten uns mitten in der Nacht zwei großen Elchen. Sie kämpften auf einer Lichtung am Rand eines kleinen Sumpfes. Das Gestrüpp war ziemlich dicht, und wir machten Lärm. Einer der beiden Bullen, der größere, hörte uns. Ich vermute, dass er uns für einen zweiten Rivalen hielt. Er griff an. Wir hatten kaum Zeit, uns auf die Seite zu werfen, als die Lokomotive vorbeibrauste. Wir sprangen wieder auf, und der Indianer schoss dreimal in die Luft, um ihm Angst zu machen. Der Elch suchte das Weite, und wir kehrten ohne Beute zurück.

Jeden Herbst machen sich die Indianer sowie ein Großteil der Leute, die außerhalb der großen Städte wohnen, auf in den Wald, um ihren Elch zu holen. In Yukon sowie in zahlreichen Provinzen und Regionen Kanadas steht jeder Familie ein Elch zu. Ob Jäger aus Leidenschaft oder nicht, ob aus purem Vergnügen oder Notwendigkeit, kaum einer verschmäht dieses Geschenk der Natur, die im hohen Norden sonst nicht so freundlich und freigiebig ist.

Die Jäger wenden verschiedene Techniken an, legale oder illegale. Viele fahren am frühen Morgen oder späten Abend mit dem Motorboot Flüsse hinauf oder hinunter. Am besten ist es, man lässt sich geräuschlos an Uferböschungen entlangtreiben, die Elche gern aufsuchen. Das hat zwei Vorteile. Man erspart sich einen Fußmarsch, und der zur Strecke gebrachte Elch kann sofort zerlegt und aufs Boot verladen und so das mühsame Schleppen des Fleisches vermieden werden.

Aber nicht immer gibt es einen Fluss oder großen See in der Gegend. Viele benutzen deshalb einen Pick-up, obwohl das Jagen von Fahrzeugen aus verboten ist. Besonders bei den Indianern, die alle Rechte besitzen und sich – vor allem in Bezug aufs Jagen und Fischen – diejenigen nehmen, die man ihnen verweigert, erfreut sich diese Methode besonderer Beliebtheit.

Einige Unbelehrbare, besonders im Osten Kanadas, jagen von Hochsitzen aus, die am Rand von Sümpfen, Brachen oder Hochspannungstrassen stehen, auf die Elche in der Morgen- oder Abenddämmerung gern hinaustreten. Diese Jäger nehmen ein aus Birkenrinde zusammengedrehtes Horn zu Hilfe, mit dem sie den Ruf des Elchs nachahmen und den Besitzer des Reviers herausfordern. Im Westen dagegen benutzt man häufig Wasserflugzeuge, angeblich, um ein entlegenes und auf andere Weise nicht zugängliches Gebiet zu erreichen, vor allem aber, um aus der Luft das Opfer aufzuspüren, vorzugsweise einen kapitalen Bullen, dessen Prachtgeweih man bei der Rückkehr auf dem Pick-up zur Schau stellt. Die Fahrt vom Flugplatz nach Hause dauert umso länger, je eindrucksvoller die Trophäe ist. In diesem Fall wassert das Flugzeug ein paar Kilometer von dem Sumpf entfernt, in dem man den Elch entdeckt hat, und dann pirscht man sich noch am selben Abend oder am nächsten Morgen an ihn heran.

Schließlich gibt es noch einige wenige Jäger zu Pferd. Aber diese Art von Folklore überlässt man reichen Touristen, die sich an der »sportlichen« Jagd erfreuen. Noch seltener sind diejenigen, die Hunde einsetzen. Diese Form der Jagd bleibt weitgehend Skandinaviern vorbehalten, die ausgezeichnete Hunde besitzen und deren Wälder für die »amerikanische Art« des Jagens zu dicht sind.

Ich habe zusammen mit Indianern und Trappern, Leuten aus Quebec und aus Yukon alle diese Formen der Jagd ausgeübt, denn die Elchjagd im Herbst ist ein fester Bestandteil des Lebens im Norden.

Anfang September ist eine Frage in aller Munde: »Hast du schon deinen Elch?«

»Noch nicht, wir gehen nächste Woche. Und du?«

»Ja, einen jungen Zweijährigen. Wir haben ihn schon komplett zerlegt.«

Diese Jagdausflüge sind meist der Vorwand für einen einwöchigen Urlaub mit Familie oder Freunden und eine Gelegenheit, wieder einmal in den »Busch« zu gehen und am Leben in der Wildnis zu schnuppern, von dem man sich im selben Maße entfernt, wie sich das Leben in den zu Städten gewordenen Dörfern konzentriert.

In Kanada und Skandinavien sind die Elchbestände gesund. Weniger gut geht es ihnen in Sibirien, wo es den Bewohnern der Taiga an allem und folglich am Notwendigsten fehlt: an Nahrung. Man kann verstehen, dass sie sich keine Gelegenheit entgehen lassen, so billig an so viel Fleisch zu kommen, das eine Familie ein Jahr lang ernährt. Beim ersten Schnee wird jede Fährte verfolgt, auf Skiern oder mit dem Schneemobil. Diese Wilderei erfolgt unter Mithilfe der Wildhüter, die in diesem Land, in dem Korruption allgegenwärtig ist, ihren Anteil bekommen. In der Zeit vor der Perestroika wurde weniger gewildert, denn kaum jemand besaß ein Gewehr, und die Munition wurde gezählt. Denunziation tat ein Übriges. Heute herrscht totales Chaos, und die Elche haben darunter zu leiden.

Letzten Winter kam ich zufällig auf eine kleine Lichtung mit einer Hütte. Ich machte dort halt. Hinter einem Schneemobil lagen, noch an dem Strick, mit dem man sie hierher geschleppt hat, eine trächtige Elchkuh und ihr Kalb vom Vorjahr. Die Jagdsaison war längst vorüber, und Elchkühe sind ohnehin geschützt. Nur Bullen dürfen geschossen werden.

Der Besitzer der Hütte begrüßte mich. Da wir uns an einer stark befahrenen Piste befanden, deutete ich auf die beiden Kadaver und fragte ihn: »Du versteckst sie nicht? Hast du denn keine Angst, dass zufällig ein Wildhüter vorbeikommt?« Er brach in schallendes Gelächter aus und lud mich auf einen Tee und eine Fischmahlzeit in seine Hütte ein. Der Wildhüter war da, in der Hütte. Als Gegenleistung für eine Keule hatte er beim Transport der beiden Tiere geholfen.

Die Geschichte ist alltäglich, aber bedenklich, und nicht nur mit Blick auf die Elche, sondern auch auf die Menschen, die sich von ihnen ernähren. Denn wenn die Elche weiter so rücksichtslos bejagt werden, wird es bald keine mehr geben.

Überraschende Begegnungen
mit wilden Tieren

AUF REISEN BEGEGNET MAN NICHT NUR GEFÄHRLICHEN Tieren, ganz im Gegenteil. Selbst Grizzlys sind meist friedlich und gutmütig. Ich erinnere mich an einen Bären, den ich erst im letzten Moment sah, als ich durch ein Sumpfgebiet ritt. Er hockte in einem Tümpel und nahm ein Bad. Nur der Kopf schaute aus dem Wasser heraus, in dem er sich aalte wie ein schönes Mädchen im Whirlpool. Sein Körper war vor den Stechmücken geschützt, und die lästigen Plagegeister, die seine Schnauze heimsuchten, verjagte er, indem er regelmäßig den Kopf untertauchte. Ich ritt im Abstand von dreißig Metern an ihm vorbei. Mein Pferd, das ihn nicht bemerkt hatte, wurde weder langsamer noch schneller. Der Grizzly, eine dicke Bärendame, beobachtete uns, ohne sich zu rühren. Sie hatte nicht die geringste Lust dazu, und ich konnte es ihr nachfühlen. Es war heiß, und ich beneidete sie, aber ich ging nicht so weit, sie zu bitten, mir etwas Platz zu machen.

Bei der Überquerung eines Hochpasses mussten Charlie, ein Sekani-Indianer, und ich einen steilen Hang erklimmen. Nach der Hälfte des Anstiegs bemerkten wir zwei riesige Grizzlys, die bis dahin hinter einem Haufen Felsblöcke verborgen gewesen waren. Sie rauften und machten einen sehr wütenden Eindruck. Brüllend fielen sie übereinander her, teilten Prankenhiebe aus, versuchten, sich gegenseitig zu beißen, richteten sich zu ihrer vollen Größe auf, um den Gegner einzuschüchtern und dann von Neuem anzugreifen.

Es war ein heißer Sommertag. Sie kämpften an einer vom Wind erodierten Stelle zwischen zwei grasbewachsenen Zungen und wirbelten Staubwolken auf. Es war ein großartiges Schauspiel, kraftvoll und wild. Wir sahen ihnen eine Weile zu, da sie aber offenbar keine Lust hatten, den Platz zu räumen oder die Rauferei einzustellen, stellte sich die Frage, ob wir versuchen sollten, an ihnen vorbeizugehen. Wir mussten unbedingt vor Einbruch der Nacht diesen Pass überqueren, da wir in einem Tal auf der anderen Seite Pferde abholen sollten. Aber dazu mussten wir uns den Bären wohl oder übel bis auf weniger als hundert Meter nähern.

Angesichts der Gemütslage der beiden Raufbolde war ich nicht darauf erpicht, sie zu reizen. Charlie war anderer Ansicht. Er sagte, er sei hier ebenso zu Hause wie die Bären und habe nichts zu befürchten, denn er sei ja bewaffnet. Ich versuchte, ihn umzustimmen, aber Charlie war ziemlich dickköpfig und herrisch. Nicht umsonst war er der Häuptling seines Dorfes. Er zuckte nur mit den Schultern, lud sein Gewehr und ging weiter in Richtung Pass und Bären. Und ich schweigend hinterher.

»Ein ganz schöner Schwachsinn, was wir hier machen«, war mein einziger Kommentar.

Ich hatte unrecht. Charlie wollte versuchen, an den Bären, die ganz mit sich und ihrer Rauferei beschäftigt waren, unbemerkt vorbeizuschleichen.

Doch plötzlich – wir waren nur noch zweihundert Meter von ihnen entfernt und fast am Ziel, denn der Pass war nicht mehr weit – flog ein großer Schwarm

Schneehühner lärmend vor uns auf und gab Alarm. Einer der Bären bemerkte uns. Sofort stellte er sich auf die Hinterpfoten, um uns besser zu sehen, und sein Gegner, der mindestens genauso groß war, folgte seinem Beispiel. Ich machte mich auf einen sofortigen Angriff gefasst.

Doch der blieb aus. Die Bären ließen sich gleichzeitig wieder auf alle viere fallen und ergriffen die Flucht wie zwei bei einem Streich ertappte Schulbuben. Sowie sie einen gewissen Abstand zwischen sich und uns gebracht hatten, schlug der eine einen Haken und stürzte sich auf den anderen, der vor Wut ein furchtbares Brüllen ausstieß. Ohne uns weiter zu beachten, nahmen sie ihren Zweikampf wieder auf – um ein Revier, ein Weibchen oder ein paar Hirsche, wer kann das schon wissen.

Ich habe den Weg vieler Grizzlys gekreuzt, und die meisten haben ähnlich reagiert. Der einzige, der mir wirklich Schwierigkeiten bereitete, war der, der um unsere Hütte in British Columbia herumstrich und uns den Platz streitig machte. Er kam jeden Tag ein Stück näher, reizte die Hunde und plünderte unsere Nahrungsvorräte, obwohl wir sie in einen Baum gehängt hatten.

Wir versuchten alles, feuerten Schüsse in die Luft, ließen die Hunde frei herumstromern, aber nichts half. Der Bär wurde immer gefährlicher. Jede Nacht kam er bis zur Hütte und brachte die Hunde, die ihr Überleben nur ihrer Zahl verdankten, zur Raserei. Vermutlich scheute der Bär den Angriff auf eine so große Meute, während er bei ein oder zwei Hunden keine Sekunde gezögert hätte.

Jeden Tag, jede Nacht wurde die Situation schlimmer. Und mit einer Besserung war nicht zu rechnen. Ich kannte Bären und ihr Verhalten gut genug, um ermessen zu können, welche Bedrohung er darstellte.

Dann, eines Abends, bekam ich richtig Angst. Ich sah den Bären genau an der Stelle, wo Diane und Montaine eigentlich Heidelbeeren hatten pflücken wollen, nur wenige Hundert Meter von der Hütte entfernt. Er schreckte vor nichts mehr zurück. War er uns tagsüber bisher nicht zu nahe gekommen, so war jetzt auch diese Schwelle überschritten. Ich zitterte bei der Vorstellung, was als Nächstes kam. Jahr für Jahr fallen den Wildhütern in den großen amerikanischen und kanadischen Parks Bären auf, die jede Scheu verloren haben und ein aggressives Verhalten an den Tag legen. Sie erschießen diese Tiere. Das nennt man *preventive take-away*, »vorsorgliches Entfernen«.

Wenn ich allein gewesen wäre, hätte ich bestimmt bis zum letzten Augenblick gewartet, bis zur unvermeidlichen Konfrontation, aber ich hatte meine Frau und unseren wertvollsten Schatz, unsere zweijährige Tochter, bei mir. Bis dahin hatten wir sie in ihrem Garten rings um die Hütte herumtollen lassen, wenn Otchum bei ihr war und aufpasste. Jetzt konnte und wollte Diane die Hütte und ihre unmittelbare Umgebung nicht mehr verlassen. Sie verbot Montaine, die das alles nicht verstand, sich auch nur einen Schritt von der Hütte zu entfernen. In der Nacht taten wir kein Auge mehr zu. Den ganzen Tag zitterten wir. Die Situation war unerträglich.

Als er erneut in unsere Nähe kam, zögerte ich nicht mehr. Ich ging ihm entgegen. Ich hatte Angst vor diesem imposanten Grizzly, vor allem weil ich kein großes Vertrauen in das einschüssige Gewehr hatte, das ich damals besaß. Aber ich hatte keine Wahl. Er oder wir.

Der Bär kam auf mich zu. Der Abstand zwischen uns schmolz wie Schnee in der Sonne. Als er auf sechzig Meter herangekommen war, musste ich schießen. Komme, was da wolle. Ich schoss.

Die Kugel traf den Bären mitten in die Brust, doch statt tot umzufallen, ging er zum Angriff über. Zum Nachladen blieb mir keine Zeit. Ich versuchte es trotzdem, denn mir fiel nichts Besseres ein. Es wäre mir nie gelungen, wenn nicht plötzlich Otchum wie aus dem Nichts aufgetaucht wäre. Unter Einsatz seines Lebens lenkte er den Bären von mir ab und verschaffte mir so die notwendigen Sekunden. Mit einem zweiten Schuss konnte ich den Bären vollends töten.

Dieser Vorfall ist mir in sehr unangenehmer Erinnerung geblieben. Es war das einzige Mal in meinem Leben, dass ich ein Tier getötet habe, um mich zu verteidigen, und nicht, um sein Fleisch zu essen.

Auf die Erleichterung folgte Bitterkeit. Ich wollte nie wieder in eine solche Situation geraten. Doch es wäre illusorisch zu glauben, dass man Vorfälle dieser Art vermeiden kann. Im Laufe meines Lebens bin ich sicher einigen Hundert potenziell gefährlichen Tieren begegnet, und da muss es früher oder später zwangsläufig zu einem Missverständnis zwischen Mensch und Tier kommen.

Dies war der einzige Schatten, der in jenem denkwürdigen Herbst auf unsere Freude fiel, als wir auf dieser Insel des Friedens in Harmonie mit dem Land und seinen Tieren lebten.

Ich habe viele Tiere beobachtet, wirklich viele, und dabei manchmal eine Geduld aufgebracht, die mir gar nicht ähnlich sieht, denn ich bin von Natur aus ungeduldig. Beinahe schon krankhaft ungeduldig, wie einige Freunde sagen – und sie haben nicht unrecht. Die Tiere kurieren mich. Ich kann stundenlang vor einer Höhle ausharren und mit unendlicher Geduld darauf warten, dass junge Wölfe herauskommen, oder an einem Flussufer Bären beim Lachsfischen zusehen.

Von allen Tieren, deren Familienleben ich beobachtet habe, haben mich zwei besonders berührt und meine Einstellung zum Tier und zum Leben in der Wildnis von Grund auf verändert. Ich spreche von Biber und Fischotter.

Es war in Alaska, als ich ausgiebig eine Biberfamilie neben ihrem großen Damm bei der Arbeit beobachtete. Ich sah zu, wie sie Bäume auswählten, sie fällten, zernagten und dann abtransportierten. Ich sah zu, wie sie unter Wasser ihren Wintergarten anlegten und in drei Metern Tiefe Erlen- und Weidenzweige in den Grund bohrten. Eine Vorratskammer für die kalte Jahreszeit. Ich konnte sie dabei beobachten, wie sie ihre Burg ausbesserten und ihren Damm ausbauten, dessen Höhe sie so berechnen, dass der Wasserspiegel konstant bleibt und ihnen auch unter der winterlichen Eisdecke mindestens einen Meter freies Wasser lässt, in dem sie sich bewegen können.

Ihre Baukünste, die sie dabei unter Beweis stellen, sind bemerkenswert. Noch eindrucksvoller ist ihre Organisation. Aufgaben werden nach Eignung, sozialem Rang und Alter verteilt. Es gibt die Holzfäller und die Schlepper, die Äste und Zweige transportieren, die andere zurechtgenagt haben. Oder die »Maurer«, die den Mörtel zum Abdichten anrühren, den andere befördern. Und es gibt den Baumeister, der Längs- und Querstreben einsetzt und dabei verblüffende Fähigkeiten an den Tag legt.

Ich erinnere mich an einen riesigen Damm in den Rocky Mountains von Yukon, der einen guten Hektar Wasserfläche aufstaute. Die Biber hatten einen ganzen Birken- und Espenwald unter Wasser gesetzt. Ich hatte einen Teil des Damms zerstört und so das Abfließen einer größeren Wassermenge verursacht, um die Reparaturarbeiten zu beobachten. Nach begangener Missetat legte ich mich zwanzig Meter entfernt hinter einem Gebüsch auf die Lauer. Ich brauchte nicht lange zu warten. Schon nach wenigen Minuten tauchte wie aus dem Nichts und im Eiltempo ein Bibertrupp auf, so wie Feuerwehrautos mit heulenden Sirenen an einem brennenden Haus vorfahren. Bald machte sich einer exakt an der Stelle, wo das Wasser entwich, an die Arbeit, während die anderen in alle Richtungen davonschwammen, um Baumaterial herbeizuschaffen: Steine, Zweige, Schlamm …

Ich war fasziniert von diesem Arbeiterballett, das offenbar perfekt choreografiert war. Eine knappe Viertelstunde später hatten sie das Leck mit einem Geflecht aus Zweigen gestopft, die rechtwinklig mit den auf die gewünschte Länge gestutzten Längsträgern verkeilt wurden. Es war verblüffend, wie methodisch sie zu Werke gingen. Ich bekam sogar ein schlechtes Gewissen, weil ich ihnen diese Mehrarbeit aufgebürdet hatte.

Ein weniger bekanntes, aber deshalb nicht weniger erstaunliches Tier ist der Fischotter. Bewundere ich am Biber die Qualitäten als Arbeiter, ist es beim Fischotter die Fähigkeit, sich zu amüsieren und zu spielen, die mich verblüfft.

Das erste Mal machte ich diese Beobachtung bei einer Winterexpedition mit dem Hundeschlitten. Ich war allein und marschierte mit Schneeschuhen weit vor den Gespannen, die ich in der Ferne im Tal hörte. Plötzlich bemerkte ich auf der verschneiten und ziemlich steilen Uferböschung des Flusses, dem ich folgte, einen kleinen Otter mit braunem, schwarz schimmerndem Pelz. Er hatte wunderbare schwarze Augen, einen schelmischen Blick und einen schönen weißen Bart.

Ich blieb wie angewurzelt stehen und beobachtete ihn. Er inspizierte die steile Böschung. Anscheinend wollte er auf den Fluss. Schließlich fasste er sich ein Herz und rutschte auf dem Bauch den Hang herunter, wobei er die Pfoten wie Seitenruder abspreizte. Er geriet ein wenig ins Schleudern, kam aber problemlos unten an. Dann stand er auf und bewunderte die Spur, die er wie ein Skiläufer durch den unberührten Schnee gezogen hatte; schließlich kletterte er zu meiner Überraschung wieder nach oben. Ich dachte, er hätte beschlossen, umzukehren, doch oben angekommen, stellte er sich ein Stück neben die erste Spur und rutschte wieder durch den Neuschnee nach unten. Wie bei einem Spiel.

Aber das war noch nicht alles. Er kletterte noch einmal hinauf, obwohl ihn das sichtlich anstrengte, und suchte sich eine neue Stelle für eine weitere Rutschpartie.

Endlich hatte er offenbar genug Spaß gehabt, lief den Fluss hinauf und tauchte durch ein Loch ins Wasser, das ich unter dem Eispanzer gurgeln hörte.

Das zweite Mal, dass ich einen Otter in so offensichtlicher Weise spielen sah, war an einem Fluss in Sibirien. Es war Juni, und auf dem Fluss trieben noch Eisschollen.

Die Sonnenstrahlen tanzten auf dem Eis wie auf den Facetten eines Edelsteins, und während ich mich an diesem Anblick weidete, bemerkte ich am anderen Ufer einen prachtvollen Otter. Er triefte vor Nässe und glänzte in der Sonne, deren Wärme er sichtlich genoss. Ich dachte, er würde das Sonnenbad fortsetzen, als er plötzlich auf eine Eisscholle sprang, die dicht am noch schneebedeckten Ufer vorbeitrieb. Ein Stück stromabwärts gab es einige Untiefen. Dort wurde die Strömung stärker, und man sah Steine dicht unter der Wasseroberfläche. Ich fragte mich, wie sich der Otter in diesen Turbulenzen auf seinem behelfsmäßigen Floß halten wollte. Die Scholle stieß gegen Steine, wurde von der Strömung hin und her geworfen, drehte sich, hüpfte und neigte sich schließlich so stark, dass ihr leichtsinniger Passagier ins Wasser fiel.

Der Otter schwamm, die Eisschollen umkurvend, sofort ans Ufer. Dann kehrte er an seinen Ausgangspunkt zurück, suchte sich ein anderes Floß und startete zu einer neuerlichen Vergnügungsfahrt.

Er kam viermal wieder, dann verschwand er. Beim dritten Mal war es ihm gelungen, sich bis ganz nach unten auf seinem Eisfloß zu halten. Er brauchte sich nichts mehr zu beweisen, und ich hatte das Gefühl, dass er den vierten Versuch dann nicht mehr so lustig fand.

Solche Beobachtungen hinterlassen bei mir zwiespältige Gefühle. Einerseits bin ich von dem, was ich gesehen habe, begeistert, andererseits aber auch frustriert.

Frustriert, weil ich dem Otter nicht zurufen konnte: »He! Hallo! Toll, dein Spiel. Kann ich mitspielen?«

Man muss sich verstecken, das Schauspiel heimlich beobachten. Daher rührt diese leise Enttäuschung des Spielers, der ich bin und der gern am Vergnügen der Otter teilhaben würde.

Meine erste Begegnung mit dem Berglöwen, dem Puma, war von ganz speziellen Gefühlen begleitet, da ich seine Gegenwart spürte, bevor ich ihn sah. Das passiert mir von Zeit zu Zeit, insbesondere in Frankreich mit Vögeln wie der Waldschnepfe oder Säugetieren wie dem Wildschwein. Ich weiß nicht, was da genau geschieht. Ist es reine Intuition, oder nehmen meine Sinne Laute oder andere Hinweise auf ihre Gegenwart auf, die mein Gehirn unbewusst verarbeitet? Ich vermag es nicht zu sagen. Wir alle kennen solche Vorahnungen. Wenn sie die Gegenwart eines Tiers betreffen, grenzen sie ans Merkwürdige.

Bei unserer ersten Expedition quer durch die Rocky Mountains ritten wir in Wyoming ein unberührtes Tal hinauf, um in über viertausend Meter Höhe einen verschneiten Pass zu überqueren. Das Gelände stieg sanft an, wurde aber steiler, als wir den Wald hinter uns ließen. Wir kamen oberhalb einer schönen Felsnase mit Höhlen und sonnigen Vorsprüngen heraus, auf denen Raubvögel saßen und ihr Revier überblickten. Alte, knorrige Kiefern mit tief hängenden Ästen warfen Schatten auf diese warmen Felsplatten, auf denen ich mir sehr gut einen Puma vorstellen konnte, wie er mit halb geschlossenen Augen döste.

Je höher wir kletterten, desto größer erschien mir die Chance, in dieser Umgebung auf einen Puma zu stoßen. Ich hatte noch nie einen gesehen, denn der Berglöwe ist ein unauffälliges und überaus scheues Tier, das man nur sehr selten zu Gesicht bekommt. Je näher wir dem Ende dieser felsigen Zone kamen, desto mehr musste ich an diese bemerkenswerte Raubkatze denken. Warum ausgerechnet hier und nicht in einem der vielen Täler, durch die wir geritten waren? Ich wusste es nicht, zumal ich mich mit Pumas überhaupt nicht auskannte. Ich hatte weder einen Anhaltspunkt noch die Kenntnisse, um sagen zu können, dass die Chancen, einen zu sehen, hier größer waren als anderswo.

Trotzdem sah ich genau dort den ersten von zwei Pumas, denen in freier Wildbahn zu begegnen mir vergönnt war. Es war nur ein flüchtiger Eindruck, aber sehr schön. Ein fahlgelber Blitz im Grün. Ich sehe ihn noch vor mir, wie er direkt vor meinem Pferd zum Sprung ansetzt. Wie er elegant über einen morschen Baumstamm setzt, der ihm den Weg versperrt. Den geschmeidigen Körper, das Spiel der Muskeln unter dem feurig glänzenden Fell. Den kräftigen Hals, die Schultern, knorrig wie ein alter Rebstock. Den langen Schwanz, der sich windet wie eine Schlange.

Eine solche Begegnung, so flüchtig sie auch war, würde ich nicht gegen zehn, gegen hundert andere außerhalb der freien Wildbahn tauschen. Ich mag es nicht, wenn Tiere von den Menschen, die sie füttern, abhängig sind. Sie verlieren dabei ihre Würde und ihren Stolz.

Der zweite Puma, dem ich begegnete, ließ mir mehr Zeit, ihn zu bewundern. Anders als beim ersten war ich nicht darauf gefasst. Offen gestanden schätzte ich meine Chancen, dort einen Puma zu sehen, nicht größer ein, als einem lebenden Mammut zu begegnen. Als ich ihn bemerkte, wusste ich im ersten Moment nicht, was ich vor mir hatte, denn er ähnelte keinem Tier, das ich in dieser Hochgebirgsregion von Yukon, in der Luchse, Wölfe, Kojoten und Vielfraße leben, anzutreffen erwartete. Beim genaueren Hinsehen musste ich mich den Tatsachen beugen: Das Tier, das seelenruhig über den kleinen Felsvorsprung trottete, war tatsächlich ein Puma!

Ich dachte, man würde mich für einen Spinner halten. Dem war aber nicht so. Der kluge Trapper, dem ich die unglaubliche Geschichte erzählte, sagte mir, dass Pumas genau wie die Maultierhirsche, die sie gern jagen, immer weiter nach Norden zögen und man gerade in diesem Gebiet schon die ersten bemerkt habe. Diese Begegnung bewies, wenn es dieses Beweises überhaupt noch bedurft hätte, dass sich die geografischen Verbreitungsgebiete der Tiere, wie die der Pflanzen, nach Norden verschoben. Er nannte mir als Beispiel den Polarfuchs, dessen Bestände überall dort zurückgehen, wo ihm der Rotfuchs Konkurrenz macht. Der allgemeine Temperaturanstieg hat es Letzteren ermöglicht, neue Gebiete zu besiedeln, wohingegen der weiße Fuchs nicht weiter nach Norden ausweichen kann, ganz im Gegenteil: Der Anstieg des

Meeresspiegels lässt seinen Lebensraum, der bereits im Süden beschnitten wird, auch im Norden schrumpfen.

Ich habe viele Luchse gesehen, sommers wie winters. Der Luchs hat einen prächtigen Kopf, einfach herrlich, aber sonst finde ich ihn ziemlich unproportioniert, etwas schlaksig mit seinen langen Beinen und den großen Pranken, die wie Schneeteller aussehen. Kein Vergleich mit dem Puma, dem sibirischen Tiger oder auch dem Schneeleoparden, die alle drei bewunderungswürdige Katzen sind. Man sagt dem Luchs – und Jack London hat viel dazu beigetragen – ein aggressives und streitsüchtiges Wesen nach. Das ist grundfalsch. Der Luchs ist ein überaus scheuer Zeitgenosse und, bis auf sehr seltene Ausnahmen, kein bisschen gefährlich.

Einmal trieb ich aus Versehen einen Luchs am Ende einer kleinen Schlucht in die Enge. Ein gefrorener Wasserfall versperrte ihm den Fluchtweg. Er versuchte, über die Felsen zu entkommen, doch die waren so steil und glatt, dass ein Erklettern unmöglich war. Also duckte sich der Luchs wie zum Sprung und begann, wütend zu fauchen. Doch ich ließ mich nicht täuschen. Er wollte mich nicht angreifen. Der arme Kerl hatte Angst. Gekämpft hätte er nur im äußersten Notfall, mit der Kraft der Verzweiflung.

Ich redete ihm gut zu. »Hab keine Angst. Ich kann hier auch nicht weiter, wie du siehst, und deshalb kehre ich um. Aber bevor ich dich verlasse, wollen wir etwas ausprobieren …«

Er betrachtete mich mit einem gewissen Argwohn, der mich vermuten ließ, dass er sich schon ein klein wenig beruhigt hatte. Ich hatte einen Fotoapparat bei mir und schon einige Aufnahmen von bescheidener Qualität gemacht. Der Luchs kauerte im Schatten, als sei er verletzt. Ich war etwas enttäuscht, dass diese ungewöhnliche Begegnung so enden sollte. Ich wollte ihn dazu bringen, vor mir zu flüchten, dabei ins Licht zu springen und mir Gelegenheit zu einem schönen Foto von ihm zu geben.

Ich drückte mich an die Felswand ihm gegenüber und schob mich tiefer in die Schlucht hinein. Der Luchs begriff, dass sich ihm ein Fluchtweg eröffnete, denn er wagte es verstohlen, mich für eine Zehntelsekunde aus den Augen zu lassen und in diese Richtung zu blicken. Weiter konnte ich nicht. Ich war kaum fünf Meter von ihm entfernt, und der gefrorene Wasserfall hinderte mich am Weitergehen.

»Na los, mach schon. Der Weg ist frei.«

Aber er konnte sich nicht dazu durchringen. Es war, als befürchte er eine Falle.

Dann, ganz plötzlich, schnellte er davon, ohne jede Vorwarnung, ohne dass die geringste Veränderung in seiner Haltung verraten hätte, dass sich die Feder spannte! Das war kein Luchs, was da davon flog, sondern ein Geschoss, eine Gewehrkugel. Überflüssig zu erwähnen, dass das Foto, das ich mit einer Belichtungszeit von 1/125 Sekunde machte, zum Wegwerfen war.

An den Spuren im Schnee war abzulesen, dass er, mit dem Bauch am Boden, bis zu der Flussgabelung gerannt war, an der ich mein Lager aufgeschlagen hatte, und die lag über zwei Kilometer von der Schlucht entfernt, die ich hatte erkunden wollen.

Armer Luchs. Er war noch einmal mit dem Schrecken davongekommen.

Luchse sind in der Tat sehr ängstlich. Davon konnten wir uns ein weiteres Mal bei Dreharbeiten zu einem Film überzeugen. Für eine Sequenz brauchte ich ein dressiertes Tier, um ein paar schöne Aufnahmen von diesem Symboltier der Trapper zu drehen. In freier Wildbahn war das unmöglich. Der Besitzer hatte seine Katze in einem großen Spezialkäfig gebracht. Sie war ein Prachtexemplar. Das Wetter war ideal: Sonnenschein, minus vierzig Grad, nicht das kleinste Lüftchen. Der Schnee glitzerte wie tausend Diamanten, und wir waren bereit.

»Ruhe, wir drehen!«

Er ließ den Luchs los. Das Tier sollte von einem Dresseur zum anderen laufen und dabei ein Stück der wunderschönen Landschaft durchqueren, in der wir die Sequenz drehten.

Die Raubkatze stürzte los. Wir filmten, und alles war perfekt ... Nur dass die Katze nicht zu dem Dresseur lief, der sie immer lauter rief, als er sah, dass sie von der vorgesehenen Strecke abwich und schließlich auf eine Kiefer zulief, den höchsten der drei Bäume in der Gegend. Da der Luchs ein ausgezeichneter Kletterer ist, war er im Nu oben.

Nun war guter Rat teuer, denn wir hatten einen ganzen Drehtag und erheblich mehr Einstellungen mit ihm eingeplant, als wir bereits im Kasten hatten. Der Dresseur rief, pfiff, wedelte mit Schals, hielt ihm etwas zu fressen hin, aber nichts zu machen. Der Luchs kletterte noch ein Stück höher und machte es sich im Wipfel der Kiefer bequem. Der Dresseur kletterte ihm nach, kam sogar bis auf drei, vier Meter an den Luchs heran, doch der warf nur einen herablassenden Blick auf ihn, ohne sich zu rühren.

So standen wir stundenlang untätig herum, und das bei optimalem Drehwetter. Kurzzeitig erwogen wir sogar, den Baum zu fällen. Aber wie sollten wir verhindern, dass der Luchs bei dem Sturz zu Schaden kam?

Wir mussten bis zum Abend warten, ehe sich der Herr Luchs bequemte herabzusteigen. Am nächsten Tag schraubten wir unsere Ansprüche etwas herunter und brachten noch ein paar schöne Aufnahmen mit dem widerspenstigen Schauspieler in den Kasten.

In Kanada und Alaska geht es dem Luchs gut. Die Regierung hat Jagdquoten festgelegt, die selten erreicht werden, da der Preis für die Pelze zu stark gefallen ist. In den Achtzigerjahren kostete ein Luchsfell fast tausend Dollar. Heute ist es nur noch ein Fünftel wert. Viele Trapper haben das schwierige Gewerbe aufgegeben, da es nicht mehr genug einbringt, und die jungen Leute rümpfen die Nase und ziehen ein bequemeres Leben vor. Die Länder da oben werden zu Wüsten. Als ich den kanadischen Norden von Küste zu Küste durchquerte, hörte ich irgendwann auf, die verlassenen Hütten und Dörfer zu zählen. Der Mensch ist in diesen endlosen, unberührten Weiten eine aussterbende Art, der Trapper, der Indianer, der Inuit. Sie alle haben einen Großteil ihres Lebensunterhalts mit der Pelztierjagd bestritten, die wir in Misskredit gebracht haben. Ich gehöre nicht zu denen, die sich darüber freuen und darin einen Fortschritt sehen. Wo der Mensch sich zurückzieht, ist die ganze Natur auf dem Rückzug.

Die Robbenbabys –
Lügen und Propaganda

DIESES THEMA STEHT SYMBOLISCH FÜR DAS, WOGEGEN ich ankämpfe. Es zeigt, in welche Fallen man tappen kann, wenn man auf eine geschickt inszenierte Betroffenheitskampagne hereinfällt. Ich möchte zunächst einige Fakten in Erinnerung rufen. Erstens: Die Sattelrobben und die Klappmützenrobben, die in Kanada bejagt werden, sind nicht vom Aussterben bedroht, im Gegenteil: Ihre Population hat sich in den letzten dreißig Jahren mehr als verdreifacht und hatte bereits 2007 einen Gesamtstand von sechs Millionen Tieren erreicht. Diese Zunahme ist nicht ohne ernste Folgen für die Fischbestände geblieben, von denen sich die Robben ernähren, wie etwa den Kabeljau. Nach Angaben wissenschaftlicher Experten haben die Robbenpopulationen, insbesondere die der Sattelrobbe, gegenwärtig die Grenzen der Umweltverträglichkeit erreicht. Eine Erholung der Fischbestände wird in vielen Gebieten nicht möglich sein, solange der Robbenstand auf diesem hohen Niveau bleibt.

Zweitens: Die Jagd auf Babyrobben (oder »Whitecoats«) ist seit über zwanzig Jahren verboten. Gleichwohl bedienen sich weiterhin Anti-Jagd-Kampagnen der These vom Robbenbaby-Mord, um die Gemüter besorgter Tierfreunde zu erhitzen und so ihre Organisationen am Leben zu halten.

Drittens: Die Methode, mit der die Robben getötet werden, ist – entgegen allen Lügenkampagnen – nicht grausamer als die Methoden der kommerziellen Schlachthöfe, ganz im Gegenteil. Der kanadische Tierärzteverband Canadian Veterinary Medical Association hat sie als unbedenklich eingestuft, was man von vielen Techniken der Tötung von Zuchttieren in aller Welt, besonders in Frankreich, nicht behaupten kann. Kehren wir also vor unserer eigenen Tür.

Weshalb also diese »Affäre um die Robbenbabys«?

Weil Robbenbabys mit ihren Kulleraugen niedlich sind und weil das Blut auf dem Schnee eine dramatische Wirkung hat. So etwas verkauft sich.

Organisationen wie die Stiftung von Brigitte Bardot hätten kein besseres Symbol finden können, um für ihre Auffassung von Umweltschutz zu werben. »Sie können der Tragödie, die den Robbenbabys widerfährt, ein Ende setzen. Mit Ihrem Beitrag helfen Sie uns, weltweit über die Robbenjagd zu informieren und sie zu bekämpfen« – so der Werbetext des Internationalen Tierschutz-Fonds. Mit anderen, weniger telegenen Tieren hätte diese Kampagne nicht eine derart durchschlagende Wirkung gehabt. Dabei gibt es viele Tierarten, deren Zukunft ernsthaft bedroht ist und die es verdienen würden, dass man über sie spricht. Nur leider wird so viel Alarm geschlagen, dass man nicht mehr weiß, wem man glauben soll. Etliche Verbände, Stiftungen, auch nichtstaatliche Organisationen führen sinnvolle und wirkungsvolle Aktionen durch, die sich auf die Arbeit seriöser Wissenschaftler stützen. Aber es gibt auch die Institutionen radikaler Ideologen, die geschickt die Medien nutzen und der wachsenden Umweltbewegung eher schaden als nützen.

Brigitte Bardot hat sich immer wieder für gute Zwecke eingesetzt, in Sachen Robbenbabys hat sie jedoch viel Unheil angerichtet. Und sie ist nicht die Einzige.

Mit anrührenden Fotos weißer Babyrobben wird in aller Welt an die Tierliebe der Menschen appelliert, zum Kreuzzug aufgerufen und eine Strategie verfolgt, die die ökologische Diskussion in den Dienst einer fanatisch moralisierenden Ideologie stellt. Das Rückgrat dieser Bewegung bilden die sogenannten Tierrechtler. Sie sind keine Fachleute, sondern radikale Tierschützer. Diese Mischung aus Wissenschaft und Religion, Vernunft und Spiritualität ist das schwarze Loch des Robbenkriegs.

Es ist aber nicht die Jagd, die den Robben zu schaffen macht. Es gibt eine viel größere Bedrohung, für die wir alle verantwortlich sind, jeder von uns: Fast überall schmilzt das Packeis, und damit wird die natürliche Umwelt der Robben zerstört.

Im Sankt-Lorenz-Golf und vor Neufundland hat eine Gruppe von Wissenschaftlern die Eisverhältnisse in den letzten hundert Jahren untersucht – neun Messwerte (Dicke, Festigkeit …) lagen unter dem Durchschnitt der letzten elf Jahre. Im Jahr 2002 starben 75 Prozent der neugeborenen Robbenbabys am Golf infolge des Eismangels. 2007 war der Zustand des Eises noch viel schlechter. »Es ist wahrscheinlich«, sagt Dr. David Lavigne, wissenschaftlicher Berater des IFAW und Mitautor eines unlängst veröffentlichten Berichts über die Auswirkung der Klimaerwärmung auf die Robben, »dass aufgrund der schlechten Eisverhältnisse infolge des Temperaturanstiegs 2007 bei den Robbenbabys am Sankt-Lorenz-Golf eine Sterblichkeitsrate von nahezu 100 Prozent erreicht wird.«

Dasselbe wiederholt sich vor der Küste Alaskas, Sibiriens, überall …

Wir könnten auch über die Taiga sprechen, dieses riesige Gebiet mit seinen borealen Nadelwäldern, das sich bis zu der baumlosen Tundra erstreckt, in der nur noch Moose und Flechten wachsen. Der kümmerliche, lichte und wertlose Wald dehnt sich nach Norden aus, »frisst« nach und nach die Tundra und bedroht dadurch alle Arten, die von ihr abhängig sind, während im Süden forstwirtschaftliche Unternehmen hunderttausende Hektar schönen Wald per Kahlschlag abholzen.

Dagegen muss man kämpfen. Für diesen Kampf muss man Geld sammeln. Zum Teufel mit den Fanatikern, die uns Sensationen und Lügen verkaufen!

Es wird vielmehr Zeit, dass wir Verantwortung übernehmen und auf eine nachhaltige Nutzung der Ressourcen dieses schönen kleinen Planeten hinarbeiten mit seinen Robben, Bären und Luchsen, seinem Wald und seinem Packeis, denn »alles gehört zusammen«, wie die Indianer sagen.

Eine Zeit lang waren wir uns nicht sicher. Es gab mehrere sich widersprechende Theorien zur Klimaerwärmung. Heute sind sich die Wissenschaftler in aller Welt einig. Wir kennen das Warum und das Wie. Vor allem haben wir eine genaue Vorstellung davon, wie dieser Planet morgen aussehen wird, wenn wir nichts tun. Die Erde kann nicht mehr geben, als sie besitzt – aber wir verschleudern, vernichten und verschwenden dieses Kapital.

Werden wir unseren Erben eine unfruchtbare, unbewohnbare Erde hinterlassen? Ich denke nicht. Wir werden aufregende Jahre erleben. Wir müssen uns für den Gedanken begeistern, an dieser historischen Periode der Menschheit teilzuhaben, die nie zuvor so viele Umwälzungen erlebt hat wie seit einem halben Jahrhundert. Vor uns liegt die Erneuerung eines »Naturvertrags« zwischen uns und der Erde.

Der Trapper – ein Feind der Natur?

FÜR VIELE STÄDTER, DIE VON DER REALITÄT DER NATUR abgeschnitten sind, ist der Trapper ein Mensch, der Tiere tötet. Wollte man ihren Argumenten glauben, so gäbe es in Gebieten, die nicht von Trappern »heimgesucht« würden, eine viel größere Tierdichte. Das ist falsch.

Tiere sind wie Bäume. Ein Wald bringt mehr und qualitativ viel bessere Bäume hervor, wenn der Mensch eingreift. Ein Holzfäller, der ja nicht umsonst diesen Namen trägt, fällt überzählige Bäume, damit die anderen mehr Raum zum Wachsen und Gedeihen haben. Er erntet reife Bäume, bevor sie degenerieren, lässt aber genug stehen, damit sich der Wald verjüngen kann.

So füllt er seine Rolle perfekt aus. Er erntet eine Menge Holz, aus dem sich allerhand Nützliches fertigen lässt, und der Wald profitiert von seinem besonnenen und wohlüberlegten Eingreifen. Mensch und Wald erweisen sich gegenseitig einen guten Dienst.

Der Trapper handelt in seinem Revier nach demselben Prinzip. Durch sein Eingreifen dynamisiert dieser »intelligente Räuber« die Tierpopulationen. Da er sich vorwiegend Jungtiere holt, produzieren die erwachsenen mehr Nachwuchs, wie in zahlreichen wissenschaftlichen Studien nachgewiesen werden konnte. Die Tiere werden kräftiger und gesünder. Der Überschuss, rund 20 Prozent einer Marderpopulation beispielsweise, fällt dem Menschen zu. Der Mensch gehört zur Natur und hat seinen Platz in ihr. Die Trapper machen es uns vor. Von ihnen könnten wir lernen. Die Lebensweise dieser Naturmenschen, der Indianer, Inuit und Trapper, birgt viel mehr Schönheit, als wir, die wir ihnen unsere Lebensweise aufzwangen, wahrhaben wollten. Eine Lebensweise, von der wir heute wissen, dass sie nur zur Zerstörung der kranken Erde führt.

Der Mensch ist ein Tier unter vielen, aber ausgestattet mit einer einmaligen und großartigen Gabe, der Intelligenz, von der er so schlechten Gebrauch macht. Wenn wir Menschen – und darin ist sich die Wissenschaft heute einig – das Ruder nicht herumreißen, werden wir die Wunden, die wir dieser schönen, uns nährenden Erde zufügen, an uns selbst zu spüren bekommen und alle anderen Tiere, mit denen wir diese Erde teilen, mit in den Abgrund reißen.

Dabei hat der Mensch eigentlich alles für ein glückliches Leben zur Verfügung. Denn die Erde ist großzügig. Sie kann ihm alles, was er braucht, geben, doch er sägt an dem Ast, auf dem er sitzt. Wir stehen heute am Scheideweg: Entweder setzen wir die Zerstörung wie bisher fort und verurteilen die Menschheit damit zum Untergang, oder wir ändern unser Verhalten und leben im Einklang mit der Natur. Der wahre Trapper oder Holzfäller weist uns den Weg. Sie sind die Vorbilder der Zukunft.

Ein großartiges Beispiel für ein neues Verhältnis zur Umwelt sind die Naturparks, die Mitte des zwanzigsten Jahrhundert fast überall auf der Welt geschaffen wurden. Als man zu erkennen begann, dass der Mensch den Raubbau an der Natur nicht endlos fortsetzen konnte, wollte man geschützte Räume schaffen, die Natur vor dem Menschen schützen.

Mithilfe dieser Parks konnte man Tierarten und einige Pflanzen retten und insbesondere verhindern, dass großartige Landschaften durch die Ausbreitung des Menschen, der mit Vorliebe die schönsten Flecken unserer Erde »kolonisiert« und »urbanisiert«, für immer verschandelt wurden. Gibt es noch viele feine, von Palmen gesäumte Sandstrände, die nicht vom Tourismus verunstaltet wurden, zwischen Bergen eingebettete, malerische Seen, bezaubernde Wälder und paradiesische Buchten, die unberührt geblieben sind? Die Schaffung dieser Parks war notwendig und nützlich. Heute ist sie es mehr denn je.

Aber diese Parks haben auch gezeigt, dass das Nichteingreifen des Menschen seine Grenzen hat. Eine Erfahrung, die häufig mit der starken Vermehrung bestimmter Tierarten zulasten anderer erkauft wurde. Man musste das Grundprinzip dieser Parks, die Nichteinmischung des Menschen, völlig neu überdenken. Um bestimmte Arten zu schützen und wieder ein Gleichgewicht herzustellen, das natürlich sein sollte, musste man eingreifen. Man musste hier Wölfe, dort Luchse ansiedeln und wieder woanders Jäger anstellen, um zu groß gewordene und ungesunde Tierbestände zu dezimieren, die die gesamte Flora bedrohten, man musste Wälder vor Bränden schützen, die sie zu vernichten drohten. Endlich begriff der Mensch, dass er eine Aufgabe hatte, dass er fähig war, der Natur Gutes zu tun.

Der Trapper, der in und mit der Natur lebt, weiß das schon lange. Er lebt in einem Gebiet, das mehrere Dutzend Quadratkilometer umfasst, Tausende Hektar, die er kreuz und quer durchstreift. Er wohnt und lebt dort mit den Tieren, und er weiß, welche Rolle jedem von ihnen zufällt: Der Wolf frisst den Elch und das Karibu, der Luchs frisst den Hasen, der Biber fällt Bäume, und das Schneehuhn ernährt sich im Winter von den Knospen der Weiden und verhindert so deren übermäßige Ausbreitung. Der Fuchs frisst das Huhn, und der Rabe begnügt sich mit dem, was übrig bleibt. Die Beziehungen zwischen Tieren, Pflanzen und Landschaft sind wie ein großes, ebenso kompliziert wie fein gesponnenes Spinnennetz. Jeder hat dort seinen Platz und seine Rolle. Keine Art ist schädlich. Der Mensch ebenso wenig wie jede andere.

Im Frühjahr 1987 bildete sich bei einem fürchterlichen Schneesturm nach einem plötzlichen Wärmeeinbruch eine so harte Schneekruste, dass sie von den Schneehühnern, die in ihren selbst gegrabenen Schneetunneln Zuflucht gesucht hatten, nicht aufgehackt werden konnte. Sie starben zu Tausenden. Für die Füchse war es ein Festmahl. Die fetten und gesunden Weibchen warfen viele Welpen, die alle überlebten, da ihnen die Schneehühner, die bei der Kälte im Schnee konserviert wurden, bis in den Frühling hinein reichlich Nahrung lieferten. Die wenigen überlebenden Schneehühner hatten große Mühe, ihre Eier auszubrüten, da ihnen die ungewöhnlich vielen Füchse zusetzten. Im darauffolgenden Winter gab es dreimal so viele Füchse wie sonst und zehnmal weniger Schneehühner. Da diese weniger Weidenknospen fraßen, nahmen die wuchernden Sträucher überhand und besiedelten neue Räume, was zur Dezimierung anderer Arten wie den Karibus führte, die sich von Flechten ernähren.

Die Natur weiß sich in solchen Situationen zu helfen. Sie braucht einige Zeit und Energie, doch am Ende findet sie ihr Gleichgewicht wieder. Der Mensch kann ihr dabei helfen.

Der Trapper fängt fünf- bis zehnmal mehr Füchse als gewöhnlich. In diesem Winter jagt er keine Schneehühner. Im Gegenteil, er meidet ihre Überwinterungsplätze und stellt an deren Rändern Fallen auf, um zu verhindern, dass Raubtiere zu ihnen vordringen. Durch sein Eingreifen kommt die Natur schneller wieder ins Lot. Er tut bewusst, was ein anderer Räuber wie der Wolf manchmal unbewusst macht, wenn er ein krankes Karibu reißt anstelle eines gesunden, ausgewachsenen Tiers, das schwierig zu erbeuten ist.

Und dieser Teil, den der Trapper sich nimmt, steht ihm zu. Nehmen, ohne auszuplündern. Nehmen, um das Gleichgewicht in der Natur zu verbessern. Das ist die Devise des wahren Trappers, den es wohl bald nicht mehr geben wird.

Die sich selbst überlassene Natur wird ohne diese Menschen, die sie liebten und schützten, zurechtkommen müssen, und sie wird es wie eine Witwe tun. An ihrem Trauerkleid wird bereits genäht. Sie beginnt sich daran zu gewöhnen, ohne uns zu leben, und wir glauben, wir könnten uns daran gewöhnen, ohne sie zu leben. Das ist ein Irrtum.

Unsere Kinder essen Tiere, ohne zu wissen, dass man sie töten muss, bevor man sie zerlegt und ihr Fleisch in Frischhaltefolie einpackt. Manchen sehen darin einen Fortschritt. Aber wer gezwungen ist, ein Tier zu töten, um zu essen, empfindet einen Respekt, der ihm Verschwendung verbietet. Wie viele Speisereste werden in unseren Häusern und Restaurants in den Mülleimer gekippt? Ein Trapper kann ein solches Verhalten nicht verstehen. Deswegen spricht der Indianer zu dem Tier, bevor er es zerlegt. Er bedankt sich bei ihm und erklärt ihm, warum er sein Fleisch, seine Knochen und seine Haut braucht.

Ich bin überzeugt, dass die ungeheure Verschwendung von Nahrungsmitteln und Rohstoffen in unserer Gesellschaft mit diesem Abstand zu tun hat, mit dieser Distanz zur Natur, dieser Unkenntnis der wirklichen Zusammenhänge, die durch die Einschaltung all dieser Zwischenhändler entstanden sind.

Gleiches gilt für Wasser oder elektrisches Licht. Ich erzähle oft die Geschichte von diesen alten Frauen, die ich mitten im Winter in Sibirien gesehen habe. Bei minus fünfzig Grad verlassen sie mit der Axt das Haus und gehen an den Fluss, um Eis zu holen. Man muss gesehen haben, wie sie hinterher wieder die Böschung erklimmen, gebeugt vom Gewicht der beiden Eimer, die sie an einer Holzstange über den Schultern tragen. Wieder zu Hause, bringen sie das Eis auf einem Ofen zum Schmelzen, der mit Holz befeuert wird, das sie oft eigenhändig zugesägt, gespalten, herbeigeschleppt und gestapelt haben. Dann erst steht sauberes Wasser zur Verfügung. Kann man sich auch nur eine Sekunde lang vorstellen, dass sie es genauso verschwenden, wie wir es oft gedankenlos tun, weil wir nur den Wasserhahn aufzudrehen brauchen?

Wir müssen uns wieder den Wert und die begrenzte Verfügbarkeit der Dinge bewusst machen und sie so nutzen, dass auch die künftigen Generationen in ihren Genuss kommen können. Wir können nicht weiter unsere Kinder lieben und uns dieser Verantwortung entziehen.

Totoche

WAS FÜR EIN TYP! EIN FALL FÜR SICH. ER WAR EIN ENGER und treuer Freund. Sein Verhältnis zum hohen Norden verdankte sich seiner Liebe zur Natur und besonders zum Wald. Dort traf ich ihn denn auch vor über zwanzig Jahren zum ersten Mal, als ich mit einem meiner Hunde spazieren ging.

Als wir uns näher kennengelernt hatten, äußerte Totoche bald den Wunsch, in die nordischen Länder zu reisen und mich auf einer Expedition zu begleiten. Ich willigte ein. Allerdings stellte ich bald fest, dass er auch seine problematischen Seiten hatte. Er unterhielt nämlich merkwürdige Beziehungen zu einigen Unterweltgrößen alter Schule, die, wie er sich ausdrückte, noch »Ehrgefühl« besäßen – im Unterschied zu den Gangstern der neuen Generation, die alles machten, einfach alles. Er hatte sogar das eine oder andere krumme Ding mit ihnen gedreht und war schließlich geschnappt worden. Da er seine Komplizen nicht verpfeifen wollte, wanderte er für einige Monate hinter Gitter, was er in gar nicht so schlechter Erinnerung behalten hatte.

»Am schlimmsten war«, sagte er, »dass es keinen Pastis gab!«

Denn Totoche trank zu der Zeit seine zwanzig Gläser pro Tag. Doch er hatte einen Dickschädel und gab sich nicht so schnell geschlagen. Für jedes Problem gab es eine Lösung.

Schlau wie ein Fuchs, von dem er auch den durchdringenden, listigen Blick hatte, ersann er einen Trick, der ihm erlaubte, während seiner gesamten Haftzeit Pastis zu trinken. Seine Frau Françoise besuchte ihn zweimal pro Woche. Sie nahm seine schmutzige Wäsche mit und brachte saubere. Bei einem dieser Besuche bat er sie, ihm vier gelbe Handtücher zu kaufen.

»Gelbe Handtücher?«, wunderte sich Françoise. »Wirst du jetzt eitel?«

»Statt solchen Unsinn zu reden, hör lieber zu.«

Er zwinkerte dem Aufsichtsbeamten zu, als wolle er seiner Frau ein paar Schlüpfrigkeiten zuflüstern, und erklärte ihr mit leiser Stimme, was er vorhatte:

»Du schüttest einen Liter Wasser und einen halben Liter Pastis in ein Waschbecken. Dann tauchst du das Handtuch hinein und wartest eine gute halbe Stunde, bis es sich mit der Flüssigkeit vollgesogen hat. Anschließend lässt du es trocknen. Bei deinem nächsten Besuch bringst du mir die Handtücher und tauschst sie gegen die anderen aus.«

Es klappte tadellos.

»Das brachte mir mindestens fünf Liter pro Lieferung, also zehn Liter die Woche.«

Und mit einem verschmitzten Grinsen fügte er hinzu: »Dreiviertel davon habe ich selbst getrunken, und den Rest verkauft.« Kein Wunder, dass dieser Trick Schule machte.

Jedermann wusste, dass er einer der größten Wilderer der Normandie war. Aber er gehörte zu den Wilddieben »alten Schlags«, die jagten, ohne jemals der Verlockung des Geldes zu erliegen. Totoche hat niemals ein Stück Fleisch oder eine Trophäe verkauft.

Zum Teil wilderte er, weil er die horrende Gebühr für die Jagdrechte, die im Besitz der Wohlhabenden waren, nicht bezahlen konnte. Er war in diesem Wald aufgewachsen und betrachtete ihn als seinen eigenen. Wenn es dunkel wurde und obendrein die Wolkendecke aufriss und ein Vollmond herauskam, der so viel Licht spendete, dass man etwas sehen konnte, ohne selbst gesehen zu werden, konnte Totoche nicht widerstehen. Es war stärker als er. Wie der Seemann dem Ruf des Meeres, so folgte er dem Ruf des Waldes. Für die Hirsche hegte er eine eigentümliche Leidenschaft, ihre Majestät faszinierte ihn. Er musste sie einfach sehen, sie beobachten, sie röhren hören, ihren starken Wildgeruch einatmen, sie »besitzen«, ganz wie ein Mann, der eine Frau erobern möchte und immer wieder das unwiderstehliche Bedürfnis nach körperlicher Nähe verspürt. Doch der Tod, den er dem Tier brachte, das Fleisch, das er aß, konnten diesen unersättlichen Hunger niemals stillen. Also zog er wieder los. Die Jagdaufseher verfolgten ihn, erwischten ihn aber nie. Sie verstanden nicht, wie er ihnen jedes Mal wieder entkommen konnte. Sie forderten eine Sonderbrigade an, die mit aufwendigen technischen Mitteln ausgestattet war. Totoche lernte zufällig die Frau des Brigadechefs kennen, als er einen Freund am Rathaus absetzte. Sie sagte ihm, dass sie und ihr Mann sich für mindestens fünf Tage in der Stadt einquartierten.

Sie unterhielten sich, fanden einander sympathisch. Schließlich nannte sie ihm den Grund ihres Besuchs. »Das Wild, das mein Mann jagt, ist etwas ganz Besonderes. Es handelt sich um *den* Wilderer im Wald von B.«

Totoche grinste verschmitzt. Er erzählte Geschichten. Sie sahen sich wieder. Sie war gern mit ihm zusammen, zumal es mit ihrem Mann, dem Brigadechef, seit einiger Zeit nicht mehr besonders gut lief. Schließlich gestand er ihr: »Der Kerl, den dein Mann sucht, der Wilderer von B., das bin ich.«

Sie lachte schallend. Es war einfach zu komisch.

Sie warnte ihn: »Heute Nacht liegen sie überall im Wald auf der Lauer. Die Gendarmerie hilft ihnen. In jedem Graben sitzt einer mit einem Infrarotfernglas. Es wäre nicht gut, heute hinauszugehen.«

Eine so günstige Gelegenheit wollte sich Totoche nicht entgehen lassen. »Du bist also ohne Mann und ich ohne Wald. Nutzen wir die Gelegenheit, uns zu treffen und gemeinsam unseren Kummer zu ertränken?«

Sie machte eine überraschte Geste und brach dann wieder in Gelächter aus, bevor sie zustimmte.

Sie sahen sich jedes Mal wieder, wenn die Brigade im Wald nach ihm suchte. Er wilderte nur an den wenigen Abenden, an denen die Aufpasser, erschöpft von mehreren durchwachten Nächten in Folge, dem Wald fernblieben. Und er ließ es sie wissen.

Die Brigade, überlistet, betrogen und der Lächerlichkeit preisgegeben, scheiterte auf den ganzen Linie. Die Presse mischte sich ein, als an dem Abend, an dem der Präfekt die Brigade mit einem kleinen Umtrunk verabschiedete, ein Laufbursche ein Paket von einem Unbekannten abgab. Es enthielt eine Hirschhaut und eine kurze Nachricht, die in der Zeitung *Paris Normandie* abgedruckt wurde – die Älteren werden sich noch erinnern: »Die Haut für die Anfänger, das Fleisch für die Profis. Der Wilderer von B.«

Mit solchen Geschichten, salonfähigen und anderen, könnte ich ein Buch füllen. Totoche ist an seiner Unmäßigkeit gestorben. Sein Leben war alles andere als vorbildlich, aber Freundschaft war ihm heilig. Er hatte Ehrgefühl und eine tiefe Zuneigung zu allem, was mit der

Natur zu tun hatte, aus der er sich holte, was er zum Leben brauchte. Er tötete nicht um des Tötens willen. Er lebte ähnlich wie die Wölfe und Füchse. Totoche hatte ein wenig von beiden.

Bei unserer ersten gemeinsamen Reise durchquerten wir die Halbinsel Labrador mit dem Kanu. Wir waren zu viert: Totoche, ein Freund von ihm mit dem Spitznamen »der Hase«, ein Freund von mir und ich. Totoche ist erst fünfzehn Jahre nach dieser ersten Reise gestorben. Dabei hätte sie leicht seine letzte sein können.

Ein Wasserflugzeug brachte uns mitten ins Nirgendwo am Rand der Tundra in ein Camp, das von reichen Hobbyanglern frequentiert wurde, die auf Lachs fischten. Der Flug kostete uns wenig, da die Maschine ohnehin hinflog, um eine Anglergruppe aus amerikanischen Anwälten abzuholen. Eines schönen Nachmittags wurden wir im Camp abgesetzt. Zwei Stunden lang hatten wir die unberührten Weiten der Taiga, dann der Tundra überflogen, ohne ein einziges Haus oder eine einzige Straße zu sehen. Der Hase fand das »beängstigend«. Ich fand es toll, dass es auf dieser kleinen, überbevölkerten Erde noch Gegenden gab, in denen man monatelang marschieren konnte, ohne einer Menschenseele zu begegnen.

Im Lager hielten sich zwei Montagnais-Indianer auf, die hier im Sommer als Jagd- und Angelführer arbeiteten. Einer der beiden sah, wie Totoche und der Hase von einer Probefahrt mit dem Kanu zurückkamen. Der Fluss war an dieser Stelle so breit wie ein kleiner See. Totoche und sein Freund hatten nie zuvor in einem Kanu gesessen und wussten nicht um seine Instabilität. Zweihundert Meter vom Ufer entfernt kenterten sie. Einer der beiden Indianer fuhr mit seinem Motorboot hinaus und fischte sie aus dem eiskalten Wasser. Hinterher erklärte er ihnen, dass sie nicht die geringste Chance gehabt hätten, auch nur eine der unzähligen Stromschnellen zu überleben, die wir zwischen hier und dem nächsten Dorf, vier Reisewochen entfernt an der Ungava-Bucht gelegen, zu durchfahren hatten. Er hatte nicht ganz unrecht. Der George River war nichts für Anfänger. Hier gibt es ausschließlich Stromschnellen der Kategorien vier und fünf (ziemlich schwierig und schwierig) und sogar sechs (sehr schwierig). Das Wasser ist eiskalt, und die Stromschnellen sind mit Steinen und Felsblöcken durchsetzt, an denen der leichtsinnige Kanute zerschellen kann. Schon viele haben dort ihr Leben gelassen. Der Indianer prophezeite Totoche und dem Hasen, dass ihre Namen auf die diesjährige Toten- und Unfallliste zu kommen drohten. Sie ließen sich überzeugen.

»Wir kehren um!«, eröffnete mir der Hase, der seit unserer Landung noch nicht einmal den Mund aufgemacht hatte. Das Bad hatte ihm offensichtlich den Rest gegeben.

Sie suchten den Piloten auf. Dieser sollte am nächsten Tag mit den beiden Indianern und ihren Kunden zurückfliegen und hatte noch zwei Plätze frei. Daraufhin beschloss Totoche, eine kleine Fete zu veranstalten, denn darin war er Meister. Er gehörte zu diesen Menschen, die für gute Stimmung sorgen, so wie andere gutes Brot backen. Er kannte die notwendigen Zutaten. Und er verstand es, sie richtig zu mischen, zu würzen, ihnen das gewisse Etwas zu geben. Er zog zwei Flaschen selbst gebrannten Calvados aus seinem Rucksack und schwor bei seinem Leben, dass sie heute Abend leer getrunken werden würden. Er trommelte alle zusammen, trieb eine Gitarre auf, drückte sie dem in die Hand, der am wenigsten schlecht spielen konnte, und los ging's. Er begann, ein paar Geschichten zu erzählen, dann fand er den Prügelknaben, den er für sein Spiel brauchte: einen Anwalt mit Halbglatze, dessen Nase ihm nicht gefiel. Er riss Witze über ihn, und alle bogen sich vor Lachen. Es war nicht bösartig, nur ein bisschen »gemein«. Er füllte die Gläser, forderte sie zurück, schenkte nach, lobte diejenigen, die sie rasch leerten, und mokierte sich über die anderen, die für seinen Geschmack zu langsam tranken. Der Pilot gehörte zu denen, die mit Totoche mitzuhalten versuchten. Er begann zu singen. In der Hütte wurde es langsam heiß. Das Gelächter riss nicht mehr ab. Totoche übertönte alle anderen. Alle waren von ihm begeistert.

»Dein Kumpel ist unglaublich«, sagte der Besitzer des Camps zu mir. »So einen Typ bräuchte ich, um die Stimmung aufzulockern, wenn es in einer Gruppe etwas steif zugeht.«

Der Pilot schlief stockbesoffen ein. Am nächsten Tag hatten alle einen Kater. Ich weckte Totoche und den Hasen. »Die anderen fliegen erst am Abend, die beiden Indianer müssen vorher alles zusammenräumen. Packen wir doch die Gelegenheit beim Schopf und angeln oberhalb der nächsten Stromschnelle ein paar Lachse. Es wäre dumm, wieder abzureisen, ohne nicht wenigstens den heutigen Tag zu nutzen.«

Sie waren einverstanden. Keine Sekunde ahnten sie, dass ich log, um sie zu zwingen, dazubleiben und das zu tun, was wir uns vorgenommen hatten, nämlich auf diesem Fluss bis zur Ungava-Bucht zu fahren. Ohne es zu ahnen, rettete ich ihnen dadurch das Leben.

Gegen neun Uhr brachen wir auf. Eine Stunde später ließ der Pilot die acht Anwälte und die zwei Indianer einsteigen. Da er uns nicht sah, nahm er an, dass die beiden Normannen es sich anders überlegt hatten. Um elf Uhr flog die Maschine über uns hinweg. Sie wackelte ein wenig mit den Tragflächen, bevor sie Kurs auf Schefferville nahm, wo sie niemals ankommen sollte. Beim Landeanflug auf den Flugplatz, den der Pilot wie seine Westentasche kannte, zerschellte sie an einem nebelverhangenen Berg, obwohl der Pilot nach Instrumenten flog. Es gab keine Überlebenden.

Während die Maschine der Katastrophe entgegenflog, beschuldigte mich der Hase am Ufer des George River, ihn zum Tode zu verurteilen, da ich ihm keine andere Wahl ließe, als den Fluss bis zum nächsten Dorf hinunterzufahren.

Als er begriff, dass mein Manöver nur das Ziel gehabt hatte, sie zum Mitkommen zu zwingen, brüllte er wie ein Wahnsinniger und wollte mir an die Gurgel gehen.

»Du willst uns umbringen! Du hattest kein Recht, so etwas zu tun!«

Um sie zu beruhigen, schlug ich vor, unterhalb der ersten Stromschnelle, die nicht schwierig war, ein Lager aufzuschlagen. Der Hase schmollte und weigerte sich, auf meinen Vorschlag zu antworten. Totoche wusste nicht recht, was er von der Sache halten sollte. Er fand den »Scherz« etwas »herb«, aber die Lage, in der wir uns nun befanden, entbehrte in seinen Augen nicht eines gewissen Reizes.

Es gelang uns, den Fluss hinunterzufahren, allerdings nicht ohne Mühe und Schreckmomente, doch Totoche und der Hase lernten hinzu. Wir ließen uns Zeit und trugen auf dem ersten Teil der Strecke die Kanus um alle gefährlichen Stromschnellen herum. Wenn ein Umtragen nicht möglich war, fuhr ich mit dem ersten Kanu hinunter, kam zu Fuß zurück und holte das zweite, während Totoche und der Hase am Ufer entlangmarschierten.

Wir sahen Hunderttausende Karibus den Fluss durchschwimmen. Die Herde vom George River zählt über siebenhunderttausend Tiere! Wir pirschten uns an Bären an, die in Blaubeerfeldern hockten und naschten. Wir bewunderten die schlanken Leiber der Lachse, die zu Dutzenden einen über drei Meter hohen Wasserfall überwanden, in dessen Nähe wir kampierten. Wir sahen ein siebenköpfiges Wolfsrudel einzelne Karibus jagen. Wir sahen so vieles ... Erst als wir in Kangiksuaullujuak an der Ungava-Bucht eintrafen, erfuhren wir von dem Unglück.

»Mensch, Alter, du hast uns das Leben gerettet!«, war alles, was Totoche herausbekam. Er spürte sofort, dass diese Geschichte dem Schatz an Anekdoten, die er einen Monat lang gesammelt hatte, die Krone aufsetzte.

Totoche war ein unvergleichlicher Erzähler. Wenn er erzählte, wurde es spannend. Stille kehrte ein, und alle Zuhörer hingen an seinen Lippen. Freilich war es so, dass er die Dinge ein wenig ausschmückte, aber zu seiner Entlastung sei gesagt, dass er dabei nur das Vergnügen der Zuhörer im Auge hatte. Wenn er eine Geschichte erzählte, war das wie ein guter Eintopf, den man in der Kaminecke löffelt. Es war wie beim Wein; mit zunehmendem Alter wurden sie immer besser, und dass sich gewisse Details mehr und mehr von der Realität entfernten, war nicht so wichtig.

Diese Reise auf dem George River war die erste von vielen. Totoche war einer von denen, die mich bei der Alaska-Durchquerung auf einem selbst gebauten Floss begleiteten, und er gehörte später zu dem Team, mit dem ich im arktischen Sibirien die Jana hinunterfuhr. Er besuchte mich in Yukon, als ich am Yukon Quest, dem schon erwähnten bedeutenden Schlittenhunderennen, teilnahm. Überhaupt war er immer da, wenn ich ihn brauchte.

Von den vielen Geschichten, die sich auf diesen gemeinsamen Reisen zugetragen haben, muss ich unbedingt noch eine erzählen. Es war in Alaska. Totoche war schlecht gelaunt und brummig, wie er es gelegentlich sein konnte, meist ohne wirklichen Grund und nur weil nicht alles nach seinem Kopf ging.

Am Ende eines anstrengenden Tags im Kanu erreichten wir eine Stelle, an der sich der Fluss, auf dem wir seit Wochen reisten, verbreiterte. Diese ruhigen Abschnitte mit tiefem Wasser sind besonders fischreich, und wir beschlossen, anzuhalten und hier zu übernachten. Das war ganz nach Totoches Geschmack, und er fand sofort sein Lächeln wieder. Aber nicht für lange.

Wir legten am Ufer an. Ich stieg als Erster aus dem wackeligen Kanu aus und ergriff die üblichen Vorsichtsmaßnahmen, damit es nicht kenterte. Dann war Totoche an der Reihe. Wir wissen bis heute nicht, wie er es anstellte, jedenfalls sahen wir ihn plötzlich zwischen dem Kanu und der steilen Uferböschung, auf der er wohl mit dem Fuß weggerutscht war, verschwinden. Innerhalb einer knappen Sekunde war er komplett untergegangen. Ohne einen Schrei, geräuschlos bis auf ein leises Gluckern. Nur die Wollmütze, die er nie abnahm, trieb auf dem Wasser.

Benoît und ich tauschten einen kurzen Blick. Als wir gerade ins Wasser springen wollten, um unseren Kameraden zu retten, tauchte sein Kopf wieder auf. Er schnaubte kräftig wie eine Robbe und schwamm ans Ufer. Wir wurden so von Lachen geschüttelt, dass wir größte Mühe hatten, ihn an Land zu ziehen. Es war einer dieser unkontrollierbaren Lachanfälle, den auch die Wut Totoches, der klatschnass und starr vor Kälte war, nicht verhindern konnte. Seine Wut wurde noch größer, und unser Wiehern noch lauter. Es dauerte einige Zeit, bis er mitlachen konnte.

Schon am nächsten Morgen rächte er sich. Jérôme, den Totoche nicht besonders gut leiden konnte – er hatte so seine Lieblinge –, hatte die Frechheit besessen, ebenfalls zu lachen. Von Benoît und mir nahm er das noch hin, aber Jérôme hatte in seinen Augen nicht das Recht, sich über ihn lustig zu machen.

Also nahm er ihn aufs Korn. Er hatte bemerkt, dass Jérôme sich jeden Morgen gleich nach dem Frühstück ein paar Schritte vom Lagerplatz entfernte, um sein großes Geschäft zu verrichten. An diesem Morgen hatte er sich, wie es seine Gewohnheit war, ganz in der Nähe hinter einen Busch gehockt, während wir anderen weitere Wege gingen. Totoche schlich sich lautlos an ihn heran und schaffte es, ihm sein Paddel unterzuschieben, ohne dass er etwas bemerkte. Jérôme setzte seine Last darauf ab, und Totoche zog sie mit dem Paddel unter ihm weg. Jérôme streifte die Hose wieder hoch und drehte sich, um, wie es viele von uns reflexartig tun, um sein Werk zu begutachten. Aber da war nichts. Ein riesiges Fragezeichen stand ihm ins Gesicht geschrieben. Er begann zu suchen, doch vergebens. Auch wenn er es nicht wahrhaben wollte, da war keine Wurst. Er versuchte, sich zu erinnern. Hatte er überhaupt? Ja, er hatte, aber wo konnte sie nur sein?

Er suchte noch eine ganze Weile, und wir verbissen uns das Lachen, was uns einige Anstrengung kostete. Schließlich gab er die Suche auf und kam wieder ans Feuer. Sein verstörtes Gesicht stand im krassen Gegensatz zu unserer betonten Lockerheit.

»Hat wohl nicht geklappt?«, erkundigte sich Totoche.

Jérôme antwortete mit einem vagen Brummen, doch nach einiger Zeit hielt er es nicht mehr aus.

»Ich muss euch was erzählen.«

Und dann schilderte er uns sein Missgeschick.

»Du hast gedacht, du hättest ein Ei gelegt, hast aber nicht«, erwiderte Totoche trocken.

Da war es um unsere Beherrschung geschehen. Wir brüllten vor Lachen.

Der arme Jérôme bot einen mitleiderregenden Anblick. Er verstand rein gar nichts mehr. Diese Zweifel musste er bis zum Abend mit sich herumschleppen, ehe Totoche ihm seinen kleinen Diebstahl endlich gestand. Das war der Grund, warum man Totoche entweder liebte oder hasste. Es war seine Art, dem Leben komische Seiten abzugewinnen.

Ich habe ihn geliebt. Er fehlt mir.

Die Lektion des Inuit

NAIN LIEGT AN DER ZERKLÜFTETEN KÜSTE LABRADORS und war mein erstes Eskimodorf; schon damals musste man stattdessen korrekt Inuit sagen.

Der Begriff »Eskimo« geht auf eine abwertende Bezeichnung durch Weiße zurück, die diese Menschen »Rohfleischesser« nannten. Den Betroffenen gefällt das nicht, und man kann es ihnen nachfühlen. Inuit bedeutet in der Inuktitut-Sprache »die wahren Menschen«, womit unterschwellig zu verstehen gegeben wird, dass wir die falschen sind! Was häufig ja auch wohl stimmen mag! Zwischen dem rohen »Eskimo« und dem egozentrischen »Inuit« müsste eigentlich doch genug Platz für etwas, das beiden Seiten Gerechtigkeit widerfahren lässt. Aber bleiben wir bei den Inuit.

Nain war also mein erstes Inuit-Dorf. Es war eine großartige, kleine Häuseransammlung an einem abgelegenen Ort irgendwo an der ungastlichen Küste Labradors. Der französische Seefahrer Jacques Cartier, der im 16. Jahrhundert den Süden Kanadas erforschte, sah in der Küste Labradors, an der er als Erster entlangsegelte, nur ein »Land aus Steinen und Felsen, furchterregend, kärglich und abstoßend«. Er hat ein wenig übertrieben wie jeder gute Forscher, doch es stimmt: Labrador ist nicht unbedingt der ideale Platz für die Errichtung eines Ferienclubs. Und Cartier war nicht der Einzige, der diese unwirtliche Landschaft trostlos fand.

Ich darf gestehen, dass ich diesen Flecken Erde liebe. Seine Landschaften, häufig als streng, öde und eintönig beschrieben, erinnern mich an bestimmte Gegenden in Schottland, die ich gut kenne. Ihr Reiz löst Empfindungen aus, die von etwas Subtilem, Ungewohntem herrühren. Man muss sich in diesen kargen, unermesslichen Weiten auf einen Stein setzen und die Kraft des Ortes lange auf sich wirken lassen, erst dann fängt man an, seinen ganzen Reichtum zu spüren. Erst dann kann man sich für ein so einfaches Schauspiel wie den Flug einer Schneeammer über der Tundra begeistern. Noch viel länger muss man warten, um einen Blick für die Feinheiten dieser Panoramen zu entwickeln, die sich denen, die Zugang zu ihnen finden, öffnen wie eine Blüte.

Als ich im Winter dort eintraf, bildete ich mir ein, die Landschaft bereits ein wenig zu kennen. Ich hatte Labrador fast einen ganzen Sommer und Herbst lang im Kanu durchquert. Seine Reize hatten mich so für sich eingenommen, dass ich beim Abschied keine Sekunde daran zweifelte, irgendwann im Winter wiederzukommen.

Meine Begleiter und ich hatten zwei Monate lang mit Schneeschuhen und Hundeschlitten die ausgedehnten Wälder und Tundren dort durchquert, als wir in Nain eintrafen, das versteckt in einem der vielen Fjorde an der zerklüfteten Küste liegt. Wir wollten uns in dem kleinen Ort fünf Ruhetage gönnen, die wir ebenso dringend nötig hatten wie die Hunde. Wir waren erschöpft, ausgemergelt und entkräftet, aber begeistert von dem, was wir mit unseren kanadischen Waldläufern Michel und Jacques erlebt hatten. Die beiden hatten uns mit dem Winter vertraut gemacht und beigebracht, wie man einen Hundeschlitten lenkt.

Eine Eskorte von Schneemobilen kam uns entgegen, und man bat uns, auf einer Nebenstraße entlang der Schule ins Dorf zu fahren.

»Damit unsere Kinder die Schlittenhunde sehen!«

Verkehrte Welt! Ein Team von Quebecern und Franzosen musste durch das Gebiet der Inuit reisen, damit deren Kinder endlich einmal richtige Schlittenhunde zu sehen bekamen. Also gut, dann eben ein Umweg. Wir taten noch mehr. Wir blieben eine gute halbe Stunde vor der Schule stehen und gaben den Kindern Gelegenheit, die Hunde zu streicheln, die Schlitten in Augenschein zu nehmen und all die Fragen zu stellen, die sie sich vorher überlegt hatten. Dabei hörte ich zum ersten Mal von Iruktik, einem zweiundsechzigjährigen Inuit. Seine Tochter, die Englischlehrerin, sprach mich an, als sie den Karabiner auf einem der beiden Schlitten bemerkte.

»Mein Vater ist der beste Jäger im Dorf. Er kommt morgen Abend von einer längeren Robbenjagd zurück und würde sich bestimmt gern dein Gewehr ansehen und mit dir sprechen.« Ich antwortete ihr, dass das auf Gegenseitigkeit beruhe.

Die Inuit, die mich in ihren neuen Fernsehraum einluden, wo sie Satellitenprogramme empfangen konnten, interessierten mich weniger. Ich fühlte mich Iruktik näher, von dem es hieß, dass er die meiste Zeit »da draußen« sei, fernab vom Dorf, und die weißen Weiten durchstreife. Er kam in der Nacht zurück.

Ich traf ihn am nächsten Morgen vor seinem Haus. Er war gerade dabei, mit dem Beil die vielen gefrorenen Robbenfleischstücke zu trennen, die er von seinem Jagdausflug in den Norden mitgebracht hatte.

»Du bist das also?«, waren seine ersten Worte. Er richtete sich auf und musterte mich verschmitzt mit einer Mischung aus Belustigung und Ungläubigkeit.

»Gehen wir einen Tee trinken.«

Das war keine Frage. Gehorsam, aber etwas argwöhnisch gegenüber einem Menschen, der Vorschriften machte statt Vorschläge, trat ich in sein Haus. Dort herrschte ein unbeschreibliches Durcheinander. Damit wir Tee trinken konnten, musste er vorher ein Tischende freiräumen, auf dem sich allerhand Gegenstände türmten: Fallen, Angelschnüre, Konservendosen, Werkzeug.

»Anschließend sehen wir uns die Hunde an.«

Diese gebieterische, herrische Art gefiel mir nicht besonders. Doch ich sagte nichts. Er erwartete ohnehin keine Antwort. Er stellte mir ein paar präzise Fragen zu der Route, auf der wir in sein Dorf gekommen waren. Ich begriff schnell, dass es ihm völlig egal war, was wir erlebt hatten oder wie wir gereist waren. Ihn interessierte nur, ob wir unterwegs auf Karibuspuren gestoßen waren, wo genau und von wie vielen Tieren.

Ich gab ihm die gewünschten Auskünfte. Er schien ein wenig überrascht, als ich ihm darlegte, welche Schlüsse ich aus den Fährten zog.

»Die Spuren, die wir gekreuzt haben, stammten von Kühen und Kälbern. Zwei- bis dreihundert Tiere. Allem Anschein nach wandern sie nach Osten. Würde mich nicht wundern, wenn sie nach Süden abbiegen und in die Gegend am Lac aux Outardes ziehen, durch die wir gekommen sind.«

Er lachte spöttisch – zumindest kam es mir in dem Moment so vor.

»Sehen wir uns die Hunde an.«

Ich verstand erst später, warum er so großen Wert darauf legte, sich die Hunde anzusehen.

Wir fuhren mit dem Schneemobil hin. Er nahm jeden einzelnen Hund in Augenschein, untersuchte seine Pfoten, massierte ihm die Muskeln. Ich staunte über so viel

Interesse und Aufmerksamkeit. Er hatte vierzig Jahre lang Hunde gehalten. Dann war er aufs Schneemobil umgestiegen, wie jeder in diesem Dorf und anderswo.

»Reist ihr noch mit Pferdewagen? Na also, und wir reisen nicht mehr mit Hunden!«

Ich schwieg dazu.

»Deine Hunde sind zu mager. Sie brauchen Fleisch. Richtiges Fleisch.«

Wenn ein Inuit ein richtiger Mensch war, dann war richtiges Fleisch für ihn Robbenfleisch. Das einzige, das die Hunde mit einer gehörigen Portion Fett und Kalorien versorgen und schnell wieder zu Kräften bringen konnte.

»Verkaufst du uns welches?«

Er antwortete nicht. Ich wusste, dass er die Frage genau verstanden hatte. Trotzdem wiederholte ich sie in klaren, unmissverständlichen Worten. Wieder keine Antwort. Langsam ging er mir wirklich auf die Nerven, dieser Inuit!

Er setzte die Inspektion der zwanzig Hunde fort. Einen nach dem anderen sah er sich an, bis zum letzten. Dann erhob er sich, stemmte die Hände in die Hüften und stöhnte laut.

»Robbenfleisch kann man nicht kaufen. Das muss man jagen …«

»Gut, sehr gut. Wann brechen wir auf?«

Ich hatte die Frage in scherzhaftem, leicht provozierendem Ton gestellt.

Er antwortete wie aus der Pistole geschossen: »Morgen. Ich hole dich gegen halb sechs ab. Gegen acht sind wir dort.«

»Wo?«

Das war eine Frage zu viel. Er ließ sie unbeantwortet, setzte mich vor dem Haus ab, in dem wir untergebracht waren, und fuhr ohne ein weiteres Wort davon.

Dieser Inuit ging mir wirklich auf die Nerven. Sein ganzes Auftreten, die Art, wie er Fragen ignorierte, seine Überheblichkeit. Ich war mir unschlüssig, ob ich mit diesem komischen Kauz als Führer losziehen sollte, wusste aber nur zu gut, dass diese Erfahrung ein solches Opfer wert war.

Am nächsten Morgen war er um Viertel nach fünf zur Stelle und lachte.

»Du bist zu früh dran«, rief er mir zu.

Obwohl er *mich* abholte und nicht umgekehrt!

»Soll ich einen Karabiner mitnehmen?«

Er lachte erneut.

»Wenn du nicht mit der Harpune jagen willst.«

Sehr witzig.

Wir fuhren los: zweieinhalb Stunden auf dem Schneemobil in der Kälte eines Wintermorgens, zwei davon auf dem endlosen weißen Packeis, auf dem es keinerlei Orientierungspunkte gab. Mir war schleierhaft, wie er sich in diesem Nichts zurechtfand. Ich verstand nicht, warum wir dahin und nicht dorthin fuhren. Alles sah gleich aus. Kurzum, ich verstand überhaupt nichts.

Schließlich hielten wir an. Und tranken erst einmal brühend heißen Tee aus einer Thermoskanne, die in ein riesiges Eisbärenfell gewickelt war. Plötzlich hob er den Kopf und griff zum Fernglas.

»Da ist deine Robbe, da hinten.«

Ein schwarzer Punkt in der Ferne. Er nahm einen Holzrahmen zur Hand, spannte eine Art weißes Bettlaken darüber und gab ihn mir.

»Die Robbe hebt in regelmäßigen Abständen, ungefähr alle drei Minuten, den Kopf, um nachsehen, ob vielleicht ein Bär übers Eis kommt. Dann darfst du keinen Mucks machen, vor allem wenn du ihr schon ziemlich nahe bist.«

Ich stellte keine Frage. Inzwischen glaubte ich diesen verrückten Kerl etwas zu kennen.

Ich machte mich auf den Weg, dem schwarzen Punkt entgegen, der drei oder vier Kilometer entfernt war. Ich war fest entschlossen, mir diese Robbe zu holen, den Hunden zuliebe, mehr aber noch, um dem Inuit den Mund zu stopfen.

Beim Anpirschen verinnerlichte ich den Rhythmus, hinlegen, aufstehen, hinlegen, aufstehen. Zwei Stunden lang in Kälte und Wind.

Als ich mich der Robbe bis auf etwa fünfhundert Meter genähert hatte, zeigte sie bereits deutliche Anzeichen von Unruhe. Sie blieb lange aufgerichtet, gestützt auf eine ihrer Flossen, wie ein Mädchen, das, auf den Ellbogen gelehnt, am Strand liegt. Und sie starrte unverwandt in meine Richtung!

Augenblicke später entschwand sie. Mit einem Schwanzschlag hüpfte sie in das Loch, durch das sie aufs Eis geklettert war, und kehrte in die Tiefen des Ozeans zurück.

»Scheiße!« Tief betrübt kehrte ich um.

Was war das? Ein Schuss? Oder nur das Knacken von Eis, das unter dem Einfluss der Gezeiten geborsten war? Es war ein Schuss gewesen, denn auf dem Schlitten, der an das Schneemobil des Inuit angehängt war, lag eine fette Robbe.

Er ließ mir keine Zeit, von meiner Jagd zu berichten, und erzählte mir nicht von seiner. Er forderte mich auf, rasch auf das Schneemobil zu steigen, denn der aufkommende Wind kündigte ein *Whiteout* an, einen weißen Sturm, bei dem sich der vom Himmel fallende Schnee mit dem vom Boden aufgewirbelten vermischt. Man sieht rein gar nichts mehr und kann sich drei Meter von einem Haus entfernt verirren.

Statt auf direktem Weg heimzukehren, hielt Iruktik auf die Küste zu, an der wir entlangfuhren, als der Sturm schließlich losbrach. Eingemummt in einen riesigen Parka, den er offenbar eigens für mich mitgenommen hatte, war ich auf meinem Sitz hinter dem Fahrer vor dem Wind geschützt. Wir machten einen ziemlich großen Umweg, und die Fahrt wollte kein Ende nehmen. Die Sicht war gleich null, aber Iruktik konnte offensichtlich etwas sehen.

Endlich waren wir am Ziel. Iruktik stopfte Holz in seinen gusseisernen Ofen, der sofort zu bullern anfing. Ich war steif gefroren.

»Mach dir einen Tee.«

Damit verschwand er und kam erst eine Stunde später wieder, mit der Leber der Robbe. Er briet sie, und wir aßen sie zusammen. Keine Frage zu meiner Jagd, kein Wort über seine.

»Morgen wird sich der Sturm gelegt haben, dann holen wir uns noch eine. Bis zu deiner Abreise brauchst du jeden Tag eine für die Hunde.«

Da begriff ich, dass Iruktik das Fleisch der Robbe zerlegt und an die Hunde verfüttert hatte. Ich entschuldigte mich dafür, dass ich ihm nicht geholfen hatte. Es waren ja nicht seine Hunde. Es war seine Robbe, und er hatte im Sturm geschuftet, während ich mich in seinem Haus aufgewärmt hatte. Ich schämte mich und sagte es ihm. Ein leichtes Schulterzucken war seine ganze Antwort. Wozu sich entschuldigen? Iruktik konnte mit solchen Gesten nichts anfangen.

Wir fuhren noch drei Mal hinaus. Ich sah mir genau an, wie Iruktik zu Werke ging. Er erlegte zwei weitere Robben, während ich jedes Mal leer ausging. Kein einziges Mal machte er sich über den bedauernswerten Weißen lustig, der auf dem Packeis völlig aufgeschmissen und unfähig war, seine Hunde zu ernähren. Geduldig brachte er mir auf seine Art etwas über seine Welt bei.

Und ich begann, Zuneigung zu diesem »Blödmann« von Inuit zu fassen. Er war gar nicht so bärbeißig, sondern feinfühlig und selten einfallsreich. In den beiden letzten Tagen wichen wir einander kaum von der Seite, und Iruktik wurde mitteilsam. Der Scharfsinn, mit dem er den Werdegang seines Volkes analysierte, verblüffte mich. Wir begannen zu lachen. Sein Humor war unberechenbar, kam er doch immer dann zum Vorschein, wenn man ihn am wenigsten erwartete.

Auf der Landkarte empfahl er mir eine Route für unsere weitere Reise – wir wollten an der Küste entlang zu den Torngat-Bergen, dann über das Gebirge hinüber und zwei Monate später zur Ungava-Bucht zurück. Er zeigte mir, wo wir uns vor Eisbären in Acht nehmen sollten und wo gute Aussichten bestanden, auf stattliche Robbenherden zu stoßen.

Am nächsten Tag wollten wir in aller Frühe weiterziehen. Am Vorabend fuhr Iruktik ins Landesinnere, um Polarfuchsfallen einzusammeln, die er in der Woche zuvor aufgestellt hatte. Ich war mit meinen Kameraden bis spät in die Nacht mit den letzten Vorbereitungen beschäftigt.

Am nächsten Morgen war fast das ganze Dorf da. Aber kein Iruktik. Während wir die Schlitten beluden und die Hunde anspannten, warf ich immer wieder Blicke in die Runde und hielt nervös nach meinem Freund Ausschau. Aber ich musste mich damit abfinden. Er würde nicht kommen. Ich war ihm gleichgültig und war so dumm gewesen, das Gegenteil anzunehmen.

Kurz vor der Abfahrt – wir hatten uns von den meisten, die uns so freundlich aufgenommen, beherbergt und unterstützt hatten, bereits verabschiedet – erschien Iruktiks Tochter. Ich ging zu ihr hin, um ihr auf Wiedersehen zu sagen und zu danken, während die Hunde, nach fünf Tagen Ruhe erholt und gestärkt von dem vielen guten Fleisch, das sie gierig verschlungen hatten, wie verrückt an ihren Leinen zerrten. Ich gestand ihr, dass ich bitter enttäuscht darüber sei, Iruktik nicht mehr zu sehen. Sie bedachte mich mit einem strahlenden und tiefgründigen Lächeln, das ich bis heute nicht vergessen habe.

»Iruktik ist gestern Abend gegen elf zurückgekommen. Er war die ganze Nacht bei deinen Hunden. Er hat alle Geschirre repariert und verstärkt und die Riemenverbindungen an den Schlitten ausgetauscht.«

Ich schlug die Augen nieder, um meine Rührung und die aufkommenden Tränen zu verbergen. Ich sah mir ein Geschirr an und erkannte die Handschrift Iruktiks. Faden aus Karibusehnen, unglaublich reißfest, ersetzte die alten Nähte. Eine Arbeit von Stunden. Auf Wiedersehen sagen dient zu nichts. Eine gute Reise wünschen auch nicht. Taten statt Worte.

Danke für die Lektion, Iruktik.

Momente höchster Gefahr

IST VON MÖGLICHEN GEFAHREN IM HOHEN NORDEN die Rede, kommen einem sehr schnell wilde Tiere in den Sinn: Grizzly, Eisbär, Wolf, Puma, Luchs.

Wie gefährlich sie sein können, daran erinnern einen alle möglichen Berichte über schockierende Unfälle, die sich alljährlich ereignen und in den Medien gut vermarkten lassen.

Doch eine nüchterne Analyse dieser Unfälle macht klar, dass in neun von zehn Fällen der Fehler beim Menschen liegt. Vorsicht ist vor allem beim Grizzly oberstes Gebot, denn er ist reizbar und potenziell gefährlich. In mehr als neunundneunzig Prozent aller Fälle zieht der Grizzly die Flucht einer Konfrontation vor. Der Mensch muss ihm daher die Möglichkeit zum Rückzug offen lassen. Allerdings zieht sich der Bär nicht zurück, wenn er überrascht wird. Aus diesem Grund wird empfohlen, an Gürtel oder Rucksack Glöckchen zu tragen. In bestimmten Risikozonen der amerikanischen Nationalparks ist das sogar vorgeschrieben.

Folgende zwei Fälle sind denkbar.

Erster Fall: Der Grizzly wird gestört. Wird er beizeiten gewarnt, sucht er das Weite. Wird er hingegen überrascht, wird er Drohgebärden zeigen oder – schlimmer noch – angreifen.

Seit nunmehr fast dreißig Jahren durchstreife ich die Länder des hohen Nordens.

Die fabelhaften Brüder Nanook, Baikal und Torok verdienen Hochachtung. Sie haben Alaska durchquert und den hohen Norden Kanadas von Küste zu Küste, Lappland, die Halbinsel Kola. Sie sind durch die Rocky Mountains getrabt, durch das Yukon Territory, die rumänischen Karpaten, den Jura. Sie haben an großen Rennen teilgenommen, darunter das legendäre Yukon Quest. Zum Spaß habe ich mir einmal ausgerechnet, wie viele Kilometer wir schon zusammen zurückgelegt haben: über vierzigtausend!

Ein eigenes Hundegespann war der Traum meiner Kindheit und Jugend. Wenige Jahre vor meinem dreißigsten Geburtstag konnte ich ihn mir endlich wahr machen. Wenn ich im jungfräulichen Schnee die Piste für die Schlitten spure, fühle ich mich, als wäre ich ganz allein auf der Welt. Die Spur, die ich durch den Schnee ziehe, gleicht dem Bleistiftstrich auf einem schönen weißen Blatt Papier.

Von einem Leithund wird viel verlangt. Er muss Befehle ausführen, sie manchmal im Voraus erahnen, die Initiative ergreifen und Verantwortung übernehmen. Ich erinnere mich besonders an zwei Stadteinfahrten. Bei der ersten, in Quebec *(links oben)*, war Voulk der Leithund. Er besaß ebenso herausragende Qualitäten wie Gao *(rechts)*, der das Gespann bei der zweiten Ankunft bis in die Moskauer Innenstadt führte *(oben)*. Links Torok und Voulk bei einer ihrer Machtkämpfe und im Alter von zwei Monaten.

»Tiefe Stille umgab uns. Nur das leise Klirren von Karabinerhaken war zu hören. Wir bewunderten das Farbspiel am Himmel – grün, blau und malvenfarben. Der Schlitten glitt lautlos auf der Schneepiste dahin. Meine Hunde liefen gut, schön in Reihe und geordnet. Die Leinen waren gespannt, und keiner schwächelte. Man sah, dass ihnen das Laufen Spaß machte. Selten habe ich ein solches Gefühl von Vollkommenheit gespürt.«

Zwei Monate Fußmarsch vom nächsten Dorf entfernt, errichteten wir am Ufer dieses von Bergen umschlossenen Sees die Hütte unserer Träume und lebten dort als Familie zusammen, Diane, Montaine und ich.

Unsere Wahl fiel auf einen traumhaften Platz nahe der Stelle, wo der See in den Fluss mündet, am Rand einer kleinen Bucht.

Fünf Wochen harter Arbeit, die sich gelohnt haben. Noch ehe wir die Fensterscheiben eingesetzt und das Dach abgedichtet hatten, zogen wir um. Vom Zelt hatten wir erst mal die Nase voll – in der Geborgenheit unserer Hütte waren wir die glücklichsten Menschen.

Nicht einmal gegen die bequemsten Betten in der schönsten Suite eines Luxushotels hätten wir unseren Strohsack in dieser kleinen, mit unseren eigenen Händen erbauten Hütte eingetauscht – und das Leben mit unseren treuen Hunden, diesen eigenwilligen Jägern und Raufbolden.

Auch Montaine hatte sichtlich Vergnügen an unserem großen Abenteuer. Mit knapp zwei Jahren hatte sie hinten auf meinem Schlitten bereits Tausende von Kilometern zurückgelegt. Trotz ihres zarten Alters nahm sie regen Anteil und hatte so nie Langeweile – wie einige Jahre später auch ihr Bruder Loup. Auch Côme, der Jüngste, sollte nicht zu kurz kommen.

Unser großer Traum war wahr geworden.
Allein ein solcher Tag lohnt die ganze Reise!

In Sibirien gehören Jakuten-Ponys zum täglichen Leben. Mit ihnen habe ich mitten im Winter über mehrere Monate einen Großteil Jakutiens durchquert, das sich im Norden des Baikalsees erstreckt. Sie sind unglaublich robust und widerstandsfähig.

Auch das Kanu erwies mir als Fortbewegungsmittel nützliche Dienste, besonders bei der Durchquerung Alaskas.

In den gebirgigen Regionen Finnlands und Norwegens wird viel Rentierzucht betrieben. Die Samen halten dort mehrere Hunderttausend Tiere, die sie auf den Hochalmen weiden lassen.

Die Angelrute ist bei jeder Reise dabei. Viele Menschen träumen davon, eines Tages in abgelegenen Regionen Alaskas, Sibiriens oder Kanadas ihre Angel auszuwerfen. Ich habe es oft mehr aus Notwendigkeit als zum Vergnügen getan, denn ich musste mich und meine Hunde ernähren – mit fangfrischem Fisch oder selbst gejagtem Elchfleisch *(rechts unten)*.

Bei der Robbenjagd muss man besondere Vorsicht walten lassen. »Die
Robbe hebt etwa alle drei Minuten den Kopf, um nachzusehen, ob vielleicht ein Bär übers Eis kommt. Dann darfst du keinen Mucks machen,
vor allem wenn du ihr schon nahe bist.« Diesen Ratschlag gab mir Iruktik,
ein Inuit, und ich habe ihn nie vergessen.

Alain *(links)* ist der große Bruder, den ich nie hatte. Trotz aller Unterschiede verbindet uns eine unverbrüchliche Freundschaft, die auch auf gegenseitiger Bewunderung beruht. – Benoît *(rechts)* ist seit unserer Kindheit mein Freund und hat mich auf meinen ersten Reisen begleitet. Er ist ein Optimist, vor allem aber ist auf ihn unbedingter Verlass.

Mit Jérôme *(links)* haben wir viele Abenteuer erlebt. Er gehört zu den treuesten Gefährten, wie Pierre, Thomas, Didier, Emmanuel. – Totoche *(rechts)* begleitete mich bei der Durchquerung Alaskas auf einem selbst gebauten Floß, gehörte später dem Team an, mit dem wir im arktischen Sibirien die Jana hinunterfuhren, und besuchte mich, als ich am Yukon Quest teilnahm. Er war einfach immer da, wenn ich ihn brauchte.

Mit Teamgefährten ist es ein bisschen wie mit Restaurants. Es gibt gute und schlechte, sympathische und überkandidelte, solche, die zunächst viel versprechen, dann aber enttäuschen, und solche, die wenig hermachen, dann aber überraschen... Wolodja *(rechts)*, Geologe, lernte ich kennen, als ich meine erste große Sibirien-Expedition vorbereitete. Er wollte sich unserem Team anschließen, und mir gefiel seine Art, wie er Probleme anpackte. Ich sagte spontan Ja. Anderthalb Jahre blieben wir zusammen.

Mein »Dersu Uzala« Nikolaj *(unten rechts)*. Er lud mich ein, seinen Clan beim Frühjahrsauftrieb zu den Hochalmen zu begleiten, wo sie den ganzen Sommer über umherzogen.

Norman in dem Film *Der letzte Trapper*, in dem er sich selbst spielt. Sein Hund Nanook *(unten)* hat ein ungewöhnliches Schicksal erfahren. Von skrupellosen Besitzern ausgesetzt und vom Tierschutzverein aufgelesen, kam er zu mir und entpuppte sich als unvergleichlicher Schauspieler. Er lebt heute in den Rocky Mountains bei Andrew, der ihn für den Film trainiert hat.

Für den Film stellte Norman nach, wie er auf dünnem, mit Schnee bedecktem Eis einbrach. Schon nach wenigen Sekunden im eiskalten Wasser ließ die Durchblutung der Fingerspitzen nach; Norman konnte sich nicht mehr festhalten. Doch die Hunde hörten die verzweifelten Rufe ihres Herrn, kehrten zu ihm zurück – und retteten ihn.

Der Baikalsee ist ein Juwel, die Perle Sibiriens – und ein riesiges Trinkwasser-
reservoir mit zum Teil über 1500 Metern Tiefe. Ich habe ihm eines Dezember-
morgens mit dem Vorsatz den Rücken gekehrt, nie wieder herzukommen.
Ich möchte ihn so in Erinnerung behalten, wie ich ihn liebe und wie er nie
mehr sein wird.

Das Zurückweichen des Meereises, das Verschwinden der Taiga – dagegen muss man ankämpfen. Es wird Zeit, dass wir endlich Verantwortung für diesen schönen kleinen Planeten übernehmen.

Das Camp des Écorces. Zusammen mit meinem Expeditionsgefährten Alain Brénichot habe ich dieses Camp errichtet, in dem seit fast zehn Jahren meine Hunde leben. Von hier aus organisieren wir sommers wie winters Touren.

Wir müssen uns wieder des Wertes und der begrenzten Verfügbarkeit der Ressourcen bewusst werden und sie so nutzen, dass
auch künftige Generationen in ihren Genuss kommen.

Zweiter Fall: Der Bär hat etwas bei sich, das er verteidigen muss, zum Beispiel ein oder mehrere Junge, oder ein Beutetier, das er gerissen hat und dessen Fleisch er im Allgemeinen angammeln lässt, um sich später mit umso größerem Genuss darüber herzumachen. Ein Mensch, der den Sicherheitsabstand, der je nach Charakter des Bären zwischen fünfzig und zweihundert Meter betragen kann, nicht einhält, kann von diesem angegriffen werden, da er sein Eigentum verteidigen will. Doch entgegen landläufiger Meinung ist das nicht zwangsläufig der Fall. Mir selbst ist es mehrmals passiert, dass ich Grizzlys mit Jungen oder mit einem Kadaver überraschte und sie das Weite suchten. Andere, neugierig oder etwas ungehalten über die Störung, erhoben sich auf ihre Hinterpfoten, um mich besser sehen zu können, brummten ein wenig und trollten sich dann. Wieder andere bauten sich vor mir auf und peitschten mit ihren riesigen Tatzen die Luft – ein untrügliches Zeichen, dass es Zeit wird, sich vorsichtig zurückzuziehen, um aus der Gefahrenzone zu kommen und sicheres Terrain zu erreichen. Beim Rückzug darf man ihm nicht den Rücken zukehren. Man muss ihm weiter das Gesicht zuwenden, sich ohne Hast entfernen, und es kann nicht schaden, mit fester, aber beschwichtigender Stimme auf ihn einzureden.

»Immer mit der Ruhe, mein Freund. Ich habe verstanden. Ich gehe. Reg dich nicht auf. Sieh doch, ich bin schon so gut wie weg.«

Der Bär wird bestimmt noch ein wenig brummen, sich dann aber schnell beruhigen.

Ich erinnere mich an einen großen Brummbär, auf den ich im Sajangebirge unweit der mongolischen Grenze zufällig gestoßen bin. Ich verfolgte Steinböcke, die ich filmen wollte, als ich um einen großen Felsblock bog und ein lautes Brüllen vernahm, ehe ich etwas sah. Vor mir hatte sich ein Braunbär in voller Größe aufgerichtet, und zu seinen Füßen lag ein junger, halb aufgefressener Steinbock. Mir rutschte das Herz in die Hose, und das Adrenalin schoss mir durch die Adern wie Bier aus dem Zapfhahn.

Ich redete sofort mit ihm. »Tut mir leid. Tut mir wirklich leid. Ich wusste nicht, dass du hier bist. Ich verschwinde sofort.« Was ich dann auch tat, ganz langsam, im Rückwärtsgang. Dabei ließ ich ihn keine Sekunde aus den Augen und erzählte ihm unablässig aus meinem Leben, an dem ich so hing! Der Bär hörte sofort auf zu brummen und starrte mich mit einem merkwürdigen Ausdruck an, ärgerlich und verwundert zugleich. Er neigte verdutzt den Kopf, um dieses eigenartige Tier, das ihm vermutlich noch nie über den Weg gelaufen war, besser sehen zu können.

Bären sehen sehr schlecht. Sie sind sogar total kurzsichtig, machen das aber durch einen exzellenten Geruchssinn wett, und was mein ungehaltener Bär roch, kam ihm überhaupt nicht bekannt vor.

Spricht man mit einem drohenden Bären, der noch zögert, einen Menschen – »dieses seltsame Tier, das auf seinen Hinterbeinen steht« – anzugreifen, gewinnt man wertvolle Sekunden, die darüber entscheiden können, ob es zu einem Albtraum kommt oder nicht. Und ein Albtraum ist es allemal. Ich habe einen erlebt.

Es war in den Rocky Mountains von British Columbia. Ich wollte einen befreundeten Sekani-Indianer in Fort Ware besuchen und hatte unterwegs beschlossen, in einem Park in dieser herrlichen Gegend Fotos zu machen. Ich wurde von einem Ranger empfangen, dessen Chef mir freundlicherweise gestattet hatte, mich überall im Park frei zu bewegen.

Am zweiten Tag kam über unser Walkie-Talkie eine Alarmmeldung: »*Grizzly attack!*«

Wir befanden uns ganz in der Nähe des Schauplatzes und eilten hin, während in Prince George sofort ein Hubschrauber startete.

Die üblichen Maßnahmen wurde ergriffen: Absperrung und Sicherung des gesamten Gebiets mittels Funkkette, Hinweisschildern und Straßensperren. Parkwächter warnten die Autofahrer, denen es innerhalb des Gefahrenbereichs verboten war, anzuhalten und aus ihrem Fahrzeug auszusteigen. Grizzlybären sind so gefürchtet, dass solche Empfehlungen nur äußerst selten missachtet werden.

Wir erkundigten uns, was geschehen war. Die Informationen waren vage, und das aus guten Gründen. Ein Autofahrer hatte eine blutüberströmte, zerfleischte menschliche Gestalt auf die Straße zukriechen sehen. Es handelte sich um eine Frau, oder vielmehr das, was noch von ihr übrig war. Der Autofahrer hörte noch, wie sie etwas von einem Grizzly stammelte, ehe sie ohnmächtig wurde.

Wir sahen die Frau. Sie war so schwer verletzt, dass sie mit dem Hubschrauber geborgen werden musste.

Ihr fehlten ein Arm und ein halbes Bein, außerdem hatte sie eine grässliche Bisswunde im Gesicht, die sie vollkommen entstellte, und zahlreiche Kratz- und Bissverletzungen am ganzen Körper. Die Blutungen waren durch Abbinden gestoppt worden. Die arme Frau bekam bereits Infusionen und rang mit dem Tod.

Ihr Mann, der ein Stück weiter lag, hatte nicht so viel »Glück« gehabt. Er war tot. Der Bär hatte sich an ihm ausgetobt.

Wir näherten uns der Unfallstelle mit drei bewaffneten Rangern, entschlossen, den Bären zu töten. Die Erfahrung lehrt, dass ein Bär, der Menschenfleisch gekostet hat, sehr gefährlich werden kann.

Der Bär hatte einen Hirsch gerissen. Wir entdeckten den Kadaver unweit der Stelle, wo der Angriff stattgefunden hatte. Die beiden Spaziergänger, ein frisch vermähltes Paar, hatten sich ahnungslos genähert. Sie waren nicht mit Glöckchen versehen und überraschten den Bären, der plötzlich vor ihnen auftauchte. Sie versuchten zu fliehen. Der Bär jagte ihnen nach wie eine Katze einem Ball. Mit einem einzigen Prankenhieb mähte er den Mann nieder. Dieser hatte zwar versucht, sich zu wehren, aber was kann man schon gegen einen wütenden Bären ausrichten, den der Geruch von Blut erregt?

Die Frau stürzte zum nächsten Baum und kletterte hinauf, musste aber das grausige Schauspiel mit ansehen, wie der Bär den Körper ihres Mannes zerkratzte, ihn umdrehte, damit er ihn mit den Zähnen besser packen konnte, und dann schüttelte wie ein kaputtes Spielzeug.

Als der Mann sich nicht mehr rührte und nur noch eine leblose Masse war, wandte der Bär sein Interesse der Frau zu, die schreiend auf dem Baum saß. Leider war es kein großer Baum, nur eine kleine Kiefer, knapp acht Meter hoch. Ein Klacks für einen Grizzly, der zu Unrecht als schwerfällig gilt und eine erstaunliche Behändigkeit an den Tag legen kann, wenn er auf einen Baum klettern will.

Die Frau schrie in panischer Angst, doch vergebens. Der Bär bekam eines ihrer Beine zu fassen und riss es ihr beinahe aus. Beim Sturz vom Baum verlor sie das Bewusstsein. Das rettete sie! Der Bär verlor das Interesse. Zermürbt von dem Lärm und dieser ganzen Geschichte überdrüssig, machte er sich auf den Weg zurück in die Berge.

Die Frau erwachte. Sie verlor viel Blut. Als Krankenschwester besaß sie die Geistesgegenwart, sich die Arterie abzubinden, dann kroch sie den Fußpfad entlang bis zu der fünfzig Meter entfernten Straße. Dort hatte der Autofahrer sie dann bemerkt. Die junge Frau erlag ihren Verletzungen. Auch der Grizzly starb noch am selben Abend. Er wurde aus einem Hubschrauber der Parkverwaltung, der ihn unweit des »Tatorts« aufgespürt hatte, erschossen.

Am nächsten Tag machte der Vorfall überall in der Presse Schlagzeilen, denn die Leser sind ganz versessen auf solche Geschichten. In Sachen Wildnis sind Gänsehaut und Grusel garantiert. In keinem einzigen Artikel wurde jedoch darauf eingegangen, dass wieder einmal grobes Fehlverhalten vorlag und bei Einhaltung einfacher Vorsichtsmaßregeln der Tod der beiden Spaziergänger und des Bären hätte verhindert werden können. Da das Paar wusste, dass es ein Gebiet mit dichter Bärenpopulation betrat, hätte es sich Glöckchen umhängen müssen. Der Bär wäre gewarnt gewesen und hätte nur drohend gebrummt, als sich die beiden der Grenze näherten, die nicht überschritten werden darf. Sie hätten vorsichtig den Rückzug antreten müssen, anstatt schnell davonzurennen und dem Grizzly den Rücken zuzukehren. Wenn man ihm in die Augen schaut und langsam rückwärts geht, entschärft man in neun von zehn Fällen die tickende Bombe. Wenn man überdies mit ihm spricht, steigert man die Chance, mit heiler Haut davonzukommen, noch einmal um einen halben Punkt!

Alle Psychologen der Welt werden Ihnen bestätigen, dass man im Konfliktfall miteinander reden muss. Wenn Sie also das nächste Mal unverhofft einem Grizzly gegenüberstehen, hier ein guter Rat: Fragen Sie ihn etwas – ob er mit seinem neuen Haarschnitt zufrieden ist, ob er es nicht auch etwas schwül findet. Oder erzählen Sie ihm von dem neuen Holzheizkessel, den Sie in Ihrem Haus installiert haben. Egal was, aber reden Sie mit ihm!

Eisbären sind ein anderes Kaliber. Sie sind noch wilder und ängstlicher als Grizzlys und nehmen in den meisten Fällen schleunigst Reißaus, wenn ein Mensch naht – mit Ausnahme jener Bären, versteht sich, die an die Touristen gewöhnt sind, die den ganzen Tag über mit ihren Teleobjektiven aus eigens dafür umgebauten Omnibussen Jagd auf sie machen.

Ich habe mich immer gefragt, was diese Heerscharen von Amateuren dazu bewegt, Tage damit zuzubringen, diese Tiere zu fotografieren und mit dem Auge am Objektiv zu kleben, statt sie in aller Ruhe zu bewundern. Ebenso gut könnten sie zu Hause bleiben und sich im Fernsehen das Programm eines der vielen Tierkanäle ansehen, die Reportagen in Endlosschleife ausstrahlen. Wenn es nur darum geht, schöne Fotos zu machen, die man sich hinterher ansehen oder Freunden zeigen kann, warum kauft man sich dann nicht einen dieser phantastischen Bildbände eines bekannten Berufsfotografen, deren schlechtestes Foto niemals so schlecht ist wie der beste Amateurschnappschuss? Das Ganze erinnert, wie man leider sagen muss, an das ziemlich krankhafte Vergnügen des Trophäen sammelnden Jägers, der nicht den Wunsch hat, sich einem Revier zu nähern und es zu verstehen, sondern einzig und allein auf Eroberung aus ist. Ähnliches gilt meines Erachtens auch für Leute, die Länder »sammeln«.

Nun lassen sich Eisbären aber nicht so leicht »sammeln«, denn sie sind ängstlich. Robert Brown, ein angesehener englischer Naturforscher und Reisender, urteilte über die sorgsam kultivierten Legenden: »Ich kann mich des Gedankens nicht erwehren, dass das Bild, das wir uns von der Wildheit der Eisbären gemacht haben und für gesichert halten, mehr unserer Vorstellung entspringt, wie es sein *soll,* als dem, wie es *ist.*«

Treffender kann man es nicht sagen. Und dennoch: Im Unterschied zum Grizzly, der niemals auf Menschenjagd gehen würde, wenn ihm der Magen knurrt, steht der Eisbär auf der sehr kurzen Liste jener Tiere auf unserer schönen kleinen Erde, die imstande sind, einen Menschen zu »jagen«, um sich zu ernähren.

Ich kann ein Lied davon singen. Es war auf dem Packeis. Die zwanzig Hunde meiner beiden Quebecer Freunde, mit denen wir seit zwei Monaten unterwegs waren, hatten Hunger nach Fleisch. Sie brauchten eine Energiespritze, denn sie hatten ausschließlich Trockenfutter von mittelmäßiger Qualität bekommen. Es war März, und viele Robben aalten sich in der Sonne wie schöne Mädchen am Strand. Für diese Sonnenbäder klettern die Robben durch ein Loch, das sie sorgsam offen halten, hinauf auf die Eisdecke. Sie bleiben stets in seiner Nähe, damit sie sich bei der kleinsten Gefahr mit einem Sprung ins Wasser in Sicherheit bringen können. Dabei legen sie eine fast schon krankhafte Vorsicht an den Tag, die man allerdings nachfühlen kann, wenn man einmal den blitzschnellen Angriff eines Eisbären gesehen hat. Die Bären pirschen sich kriechend an und achten sogar darauf, dass sie die Sonne im Rücken haben, damit ihre Beute geblendet wird. Der Legende zufolge bedeckt der Bär mit der Pfote seine Nase, das einzige Schwarze an ihm, damit er vollständig mit dem weißen Packeis verschmilzt. Doch die hübschen Damen, die sich in der Sonne braten lassen, schlafen nur mit einem Auge. Alle paar Minuten richten sie sich auf und suchen mit den Augen das Eis ab, um sich zu vergewissern, dass sich in all dem Weiß nicht ein wenig Bärenweiß versteckt.

Ich hätte lernen müssen, es genauso zu machen, denn der Bär, der sich mir auf diese Weise näherte, während ich mich an eine Robbe anpirschte, hätte mich töten können. Wäre er noch sechzig Meter näher gekommen, hätte er sich blitzschnell auf mich gestürzt und mir mit einem einzigen Prankenhieb den Schädel zertrümmert.

Aber ich hatte Glück. Unverschämtes Glück. Zehn Minuten länger, und meine Wenigkeit wäre nicht mehr hier, um die Geschichte zu erzählen.

Die Robbe, auf die ich es abgesehen hatte, war keine zweihundert Meter mehr entfernt. Ich pirschte mich seit Stunden an, tief gebückt hinter dem weiß bespannten Holzrahmen, der mir als Deckung diente, triefend vor Schweiß in der sengenden Sonne, deren Wärme das Eis zurückstrahlte. Ein Eisbär hatte es wahrlich nicht leicht! Die Hunde hatten Hunger, und seit drei Tagen hatte ich keine einzige Robbe vor den Lauf bekommen. Diese schien mir endlich sicher zu sein, doch plötzlich richtete sie sich auf und spähte, auf ihre Flossen gestützt, in meine Richtung. Ich rührte mich nicht, aber sie war unruhig. Im nächsten Augenblick hüpfte sie zur Seite und glitt auf das Loch zu, das sie gleich verschlucken würde. Ich versuchte mein Glück und drückte instinktiv ab, ohne richtig zu zielen, denn dazu blieb mir keine Zeit. Das Projektil flog über die Robbe hinweg. Der Schuss verursachte einen ohrenbetäubenden Lärm in der tiefen Stille, die nur dann und wann vom Knarzen sich ineinander schiebender Eisschollen gestört wurde.

Der Knall rettete mir das Leben, denn der Bär war nicht mehr weit. Ich bemerkte ihn nicht sofort. Mein Tarngestell hinter mir herschleifend, das Gewehr über der Schulter, kehrte ich um, enttäuscht, mürrisch und vor allem ärgerlich, wenn ich an die flehenden Blicke der Hunde dachte, die es gewohnt waren, dass ich von der Jagd Beute mitbrachte, und seien es nur ein paar Schneehühner, die ich als Leckerei verteilte. Doch an diesem Tag hatte ich nichts, wie schon an den beiden Tagen zuvor. Gut sechs Kilometer trennten mich vom Lager. Um mir den mühseligen Marsch durch den verkrusteten, zehn Zentimeter hohen Schnee zu ersparen, ging ich auf meiner eigenen Spur zurück.

Ich war sechzig Meter weit gekommen, als ich auf den Abdruck einer Bärenpfote stieß. Er war so groß, dass er meine beiden Fußstapfen fast komplett zudeckte, und so frisch, dass im leichten Wind noch Schneeflocken über die Eisfläche glitten. Ich weiß noch, wie mir das Adrenalin in die Adern schoss und dass ich einen unglaublichen Satz machte. Fieberhaft entsicherte ich den Karabiner, dann erst wagte ich einen Blick in die Runde. Soweit ich erkennen konnte, war der Bär meiner Spur gefolgt. Das Blut gefror mir in den Adern, als mir klar wurde, wie nahe er mir gekommen war. Seine Spur bog plötzlich von meiner ab – der Augenblick des Schusses – und führte in Richtung offenes Meer, das hinter mehreren im Eis verkeilten Eisbergen in der Ferne zu sehen war.

Als ich mich wieder gefasst hatte, verstand ich, was sich hier abgespielt hatte: Der Bär hatte einen Menschen gejagt, der wiederum eine Robbe gejagt hatte. Der Vorsehung dankend, beschloss ich, der Spur zu folgen.

Ich bekam ihn zu sehen, als ich ganz vorsichtig um den Eisberg herumschlich, an dem die Spur vorbeiführte. Die Spur verriet, dass er bis hierher galoppiert war. Mit einem Vergnügen, das noch von meiner nachträglichen Angst gefärbt war, stellte ich mir vor, wie der Bär bei seiner Pirsch auf mich und in Gedanken an den Festschmaus, der ihn in wenigen Minuten erwartete, bei dem Schuss vor Schreck zusammengezuckt sein musste.

Ich beobachtete ihn lange, diesen Herrn der Arktis, wie er mit kraftvoll gemessenen Schritten, aber ungemein geschmeidigen Bewegungen am offenen Wasser entlangstrich. Irgendwann spähte er aufs Meer hinaus, und ich glaubte einige dunkle Blitze zu bemerken: möglicherweise die Stoßzähne von Narwalen, aber sie verschwanden zu schnell wieder. Im nächsten Augenblick glitt der Bär ins kalte Nass.

Ich ging weiter, verharrte lange am Rand des offenen Wassers und betrachtete das tiefe, endlose Blau des Himmels, dessen weites Gewölbe die Rundung der Erde umschmiegte. Ich bewunderte das dunkle offene Meer, dessen Blau ins Schwarz spielte und das ein riesiger Strand aus Eis säumte, bis ans hintere Ende des Fjords, wo wir unser Lager aufgeschlagen hatten.

Ich hatte keine Lust, sofort zurückzukehren. Ich ließ mir Zeit. Es ging mir gut, denn mich erfüllte eine einfache, anhaltende, wahre Freude. Die Freude, am Leben zu sein.

Auf Jack Londons Spuren

WIR HABEN IN WHITEHORSE IM KANADISCHEN YUKON Territory mehrmals den Winter verbracht: während der Vorbereitungen auf das Yukon Quest, an dem ich zweimal teilnahm, und dann während der Dreharbeiten zu *Der letzte Trapper,* die anderthalb Jahre dauerten.

Beim ersten Mal wohnte ich mit Diane und den beiden Kindern – Loup war damals erst ein paar Monate alt – in einem kleinen Wohnmobil, das mir Frank Turner geliehen hatte. Er war der Rekordhalter des Rennens: 1600 Kilometer in weniger als elf Tagen! Diese Höchstleistung wurde 2007 von Lance Mackey überboten, der in ein und demselben Jahr das Yukon Quest *und* das Iditarod, also die beiden bedeutendsten Rennen der Welt, gewann. Hut ab!

Frank Turner war es auch, der mich auf den Gedanken brachte, an diesem legendären Rennen teilzunehmen, und sich erbot, mir bei den Vorbereitungen zu helfen. Wir bauten für meine Hunde vierzehn Hundehütten, die vor dem Wohnmobil aufgestellt wurden. Am äußersten Ende dieses behelfsmäßigen Zwingers führte eine Schneestraße auf den Yukon River und dann weiter zum Lake Laberge. Von dort aus konnte man auf einer Vielzahl von Pisten in die weiten Ebenen des Yukon Territory oder in die wilden Täler der Rocky Mountains weiterfahren.

Frank trainierte immer auf derselben Piste und wunderte sich darüber, dass ich ständig neue Strecken ausprobierte. Seine Hunde laufen zu lassen war seine ganze Freude. Er hatte nur Augen für sie und seine Stoppuhr, denn er wollte das Durchschnittstempo der verschiedenen Teams ermitteln, die er aus seinen einhundertfünfzig Hunden zusammenstellte.

Dazu benötigte er genaue Bezugspunkte, die ihm als Maßstab dienten. »Siebenundvierzig Minuten bis zur Flussgabelung von Yukon und Fraser River, das sind drei Minuten weniger als mit dem gestrigen Gespann.« Tags darauf fuhr er auf derselben Piste erneut an derselben Stelle vorbei, und zwar mit einem Gespann, das er nach Trainingszeiten und Computeranalysen umgestellt hatte. Das ist der Preis, den man bezahlen muss, wenn man Rennen wie das Yukon Quest oder das Iditarod gewinnen will. Die ersten Plätze sind heute den Profis und ihren Hunden vorbehalten, den Alaskans, die aus wohlbedachten Kreuzungen verschiedener Hunderassen, nordischer und anderer, hervorgegangen sind.

Ich hatte nicht die Absicht, einer von diesen professionellen Mushern zu werden, die mehr als hundert Hunde trainieren, denen man Nummern gibt, weil es schwierig wird, für alle einen Namen zu finden: A1, A2, A3 sind drei Hunde aus einem Wurf ... Ich hatte keine Lust, meine Tage damit zuzubringen, Nummern zu trainieren und endlos auf derselben Rennstrecke meine Runden zu drehen.

Aber ich war auch nicht gekommen, um nur eine Statistenrolle zu spielen. Ich trainierte und bereitete mich in aller Ernsthaftigkeit auf dieses Rennen vor. Ich wollte das Beste aus meinem kleinen vierzehnköpfigen Gespann herausholen. Darum ging ich bei einem der besten Musher und Langstreckenfahrer in die Lehre, begeistert von der Aussicht, an diesem legendären Rennen teilzunehmen, einer der schwierigsten sportlichen Prüfungen der Welt.

Um bei diesem Rennen, bei dem laut Statistik etwa jedes dritte Gespann vorzeitig aufgibt, das Ziel zu erreichen, musste man sehr ernsthaft trainieren. Und das tat ich auch. Wenn ich schon an den Start ging, wollte ich so gut und so schnell wie möglich fahren.

Um überhaupt zum Start zugelassen zu werden, musste ich ein Qualifikationsrennen über eine Distanz von mindestens zweihundert Kilometern absolvieren. Es fand im kältesten Winter bei Rekordtemperaturen bis minus achtundfünfzig Grad statt, was aber weder die Hunde noch mich störte.

Die Strecke von zweihundert Kilometern musste in beide Richtungen durchfahren werden. Ein Dutzend Teilnehmer gingen an den Start. Ich war der Einzige, der ein Gespann mit nordischen Hunden fuhr. Alle Konkurrenten spannten Alaskans an, wahre Rennmaschinen, schlank, schnell, ausdauernd. Danach gab es kein weiteres Qualifikationsrennen für das Yukon Quest mehr, weshalb ich gewaltig unter Druck stand. Es war mein erstes Rennen überhaupt, und alles machte mich nervös. Ich hatte die Startnummer sieben. Gleich zu Beginn schrammte ich knapp an der Katastrophe vorbei. Kaum gestartet, glaubte ich, eine Abzweigung verpasst zu haben, und kehrte um. Ich hatte noch keine hundert Meter zurückgelegt, da sah ich, dass mir ein Gespann entgegenkam, in vollem Galopp, schnell wie eine Kanonenkugel. Kein Wunder: Die Hunde sind beim Start völlig überdreht und beruhigen sich erst nach gut zwanzig Kilometern. Brüllend gab ich Voulk, meinem Leithund, den Befehl, rechts abzubiegen. Er gehorchte und preschte in den Tiefschnee. Die Hunde direkt hinter ihm folgten seinem Beispiel, doch der Rest kam nicht mehr dazu, und die beiden Gespanne rasten auf der schmalen Piste, die kaum breiter war als ein Schlitten, haarscharf aneinander vorbei. Der andere Musher legte sein Gefährt reflexartig auf eine Kufe, um einen Zusammenstoß zu vermeiden. Er rief mir ein Schimpfwort zu, das ich verdient hatte, und fuhr, drohend die Faust schüttelnd, davon. Ich lief nach vorn zu Voulk, um ihm bei einer Kehrtwende zu helfen. Dabei verhedderten sich mehrere Hunde in ihren Leinen, und es kam, wie es kommen musste. Das nächste Gespann – die Teilnehmer starteten im Zehn-Minuten-Takt – flog heran. Der Musher hatte keine Zeit zu bremsen, und in der nächsten Sekunde herrschte ein unbeschreibliches Chaos. Die beiden Gespanne verstrickten sich zu einem wirren Knäuel. Mehrere meiner Hunde – Baikal, der Chef der Meute, sowie Oumiak, Amarok und Kurvik – knurrten und fletschten die Zähne. Es fehlte nicht viel, und es wäre zu einer allgemeinen Rauferei gekommen, bei der die Alaskans den Kürzeren gezogen hätten, denn meine Hunde waren viel kräftiger und rauflustiger. Ich brüllte, um sie zu beruhigen, und schwang einen Stock über ihren Köpfen, bereit, bei der kleinsten Disziplinlosigkeit zuzuschlagen. Sie begriffen, dass es besser war, sich nicht zu mucksen.

Vor allem mussten wir uns beeilen! Gleich würde das nächste Gespann heranfliegen. Dann wären es nicht mehr nur achtundzwanzig Hunde, die ineinander verheddert waren, sondern zweiundvierzig, und bald würden die nächsten vierzehn anrollen. Ich schämte mich zu Tode. Am liebsten wäre ich mitsamt meinen Hunden im Schnee versunken und nicht vor dem Frühjahr wieder aufgetaucht.

Ich weiß nicht, wie es mir gelang, das Chaos zu entwirren und die Hunde zu trennen. Ich weiß nur, dass ich mehrere Leinen mit dem Messer kappte. Der andere Musher konnte sich befreien und auf die Piste zurückkehren, bevor der nächste Teilnehmer kam. Ich half ihm, so gut ich konnte, seine Hunde auszurichten und wieder in Marsch zu setzen.

Sowie er fort war, schob ich meinen Schlitten von der Piste und versuchte, wieder Ordnung herzustellen und die Leinen, die ich zerschnitten hatte, zu ersetzen oder zu flicken. Die Qualifikation hatte ich abgeschrieben, denn ich war mir sicher, dass mich das Kampfgericht wegen des Vorfalls disqualifizieren würde. Schließlich sollten die Teilnehmer bei diesem Rennen ja ihre Tauglichkeit als Musher unter Beweis stellen.

Was das anging, hatte ich mich schon auf dem ersten Kilometer an den Rand der Lächerlichkeit gebracht. Ich hatte mich verfahren und ein Chaos ausgelöst. Ich stellte für die anderen eine Gefahr dar und war innerhalb weniger Minuten um sechs Plätze zurückgefallen! Ich hätte heulen können.

Ich brachte alles in Ordnung und nahm, kurz bevor der letzte Musher heranstürmte, das Rennen wieder auf. Die Hunde galoppierten aufgeregt los, liefen aber nicht so schnell wie das Alaskan-Gespann, das bald zu uns aufschloss. Der Musher forderte mich auf, den Weg freizumachen. Ich hielt sofort an und ließ ihn vorbei. Der Musher bedankte sich mit einem breiten Lächeln, und das gab mir wieder etwas Mut. Ich klemmte mich hinter ihn, und meine Hunde galoppierten, ohne nachzulassen.

So ging es eine Stunde, dann hielt der Musher an, um einen Snack an seine Hunde zu verteilen. In der folgenden halben Stunde überholte ich zwei andere, die gestoppt hatten, um ihren Hunden kleine Schuhe, sogenannte Booties, anzuziehen. Bei einer solchen Kälte neigen Alaskans dazu, sich im Schnee ihre empfindlichen

Pfoten wund zu laufen. Meinen Hunden, die robuster waren, machte das nichts aus.

Die Dämmerung brach herein. Ich hielt kurz an, setzte meine Stirnlampe auf und fuhr weiter. Ich überholte zwei weitere Gespanne. Es waren die beiden, mit denen ich mich verheddert hatte. Ich nutzte die Gelegenheit, mich zu entschuldigen, und erklärte ihnen, dass ich ein falsches Manöver ausgeführt hätte. Als ob sie das nicht schon wüssten! Ich schöpfte wieder etwas Zuversicht. Meine Hunde liefen gut, schneller, als ich erwartet hatte. Wir gingen praktisch dasselbe Tempo wie die meisten Alaskan-Gespanne.

Aber es war nicht von langer Dauer. Inzwischen war die Nacht angebrochen, eine dunkle, kalte und mondlose Nacht. Wir folgten einer Schneestraße, die durch einen Nadelwald führte, als plötzlich ein zugefrorener Bach den Weg versperrte. Bei der Kälte war das Eis dicker geworden, Wasser hatte nach oben gedrückt und die Eisdecke überflutet. Ich versuchte ein Ausweichmanöver, doch die Oberfläche war zu glatt, die Kufenkanten rutschten weg. Auch die Bremse griff nicht, sodass ich das Tempo nicht drosseln konnte. Obendrein hatten die Hunde einen Zahn zugelegt. Sie wollten die schlechte Passage möglichst schnell hinter sich bringen, ohne sich allzu nasse Pfoten zu holen. Ich weiß nicht, wie ich es anstellte. Jedenfalls verlor ich das Gleichgewicht. Mein Fuß rutschte seitlich von der Kufe und blieb an einem Eisblock hängen. Ich wurde zu Boden gerissen, und der Schlitten fuhr, von den galoppierenden Hunden gezogen, ohne mich weiter. Ich hatte einige Mühe, wieder auf die Beine zu kommen. Als ich endlich stand, fand ich mich auf dem Weg wieder, allein in dunkler Nacht. Die Birne meiner Stirnlampe war kaputt gegangen. Die Ersatzbirne befand sich auf dem Schlitten.

»Vouuulk!«

Aber da war kein Voulk mehr, keine Hunde, kein Schlitten.

Ich machte mich lächerlich. Meine ganze rechte Seite war nass geworden und setzte bereits Eis an. Ich überlegte, was ich tun sollte. Sollte ich ein Feuer machen, um mich zu trocknen? Darauf warten, dass ein Musher kam und mir half, mein Gespann einzufangen, das ja noch nicht weit sein konnte? Oder sollte ich mich sofort an die Verfolgung machen?

Das tat ich, denn nach dem, was ich mir beim Start geleistet hatte, wollte ich niemanden um Hilfe bitten. Meine Chancen, das Gespann einzuholen, bevor ein Musher aufkreuzte, standen eins zu tausend, aber einen Versuch war es wert.

Ich lief zu schnell los und geriet rasch außer Puste, was bei minus fünfzig Grad gefährlich ist, denn die kalte Luft greift die Atemwege an. Es war stockdunkel, aber das graue Band des Weges hob sich deutlich vom Schwarz des Waldes ab. Ich sah mich häufig um, ob eine Stirnlampe auftauchte, ohne recht zu wissen, ob ich das hoffen oder fürchten sollte.

Und plötzlich sah ich sie. Meine Hunde lagen am Wegesrand und warteten auf mich. Ich hätte vor Freude weinen können. Ich lief zu ihnen, umarmte einen nach dem anderen, lobte sie und verteilte Lachsscheiben, sodass sie sich fragen mussten, was sie denn so Tolles getan hatten, dass sie so herzlich belohnt wurden.

Ein Licht durchschnitt die Dunkelheit. Ein Musher tauchte auf und fuhr vorbei. Er konnte nicht wissen, was mir zugestoßen war. Ich zog mich um und heftete mich an seine Fersen. Zwei Stunden lang fuhren wir einer hinter dem anderen durch die kalte Nacht. Dann hielt er an. Seit dem Startschuss waren sechs Stunden vergangen, und wir hatten fast hundert Kilometer zurückgelegt. Bis zum Checkpoint waren es noch einmal knapp hundert. Dann ging es wieder zurück, nach der vorgeschriebenen tierärztlichen Untersuchung.

Da meine Hunde gut liefen, fuhr ich noch zwei Stunden weiter. Ich überholte drei Gespanne, die neben der Strecke rasteten. Nach einem langen, beschwerlichen Anstieg ging es über eine Hochebene. Kleine Seen reihten sich aneinander wie eine Perlenkette. Die Piste führte mitten durch sie hindurch und tauchte immer wieder in die kleinen Wälder ein. Am Ende eines Sees erblickte ich den Schein von Lagerfeuern und die Lichtkegel mehrerer Taschenlampen, die zwischen den Hunden und den Schlitten hin und her wanderten. Die vier Musher, die noch vor mir lagen, hatten gemeinsam angehalten. Sie hatten sich mitten auf der Piste niedergelassen, um den Tiefschnee zu meiden, und blockierten sie. Da sie an der Spitze lagen, hatten sie nicht damit gerechnet, dass ein Gespann sie auffordern könnte, den Weg freizumachen. Was ich tat. Murrend parkten sie ihre Schlitten im Tiefschnee. Einer der Musher fuhr mich an:

»Du wirst doch nicht in einem Rutsch bis zum Checkpoint durchfahren wollen. Deine Hunde brauchen eine Pause.«

Ich erwiderte, dass das meine Sache sei und dass ich anhalten würde, wenn ich es für nötig hielt.

Darauf sagte er, es sei ein Fehler, so weit zu fahren, ohne den Hunden etwas Ruhe zu gönnen. Das werde sich rächen. Ich begriff sehr schnell, dass dieser Musher, begierig auf Sieg und Prämie, nervös wurde. Ich versuchte, ihn zu beruhigen, und versicherte ihm, dass ich später anhalten würde. Er hielt das für eine List. Als ich eine Stunde später mitten im Wald anhielt und ein Feuer entzündete, um Wasser zu machen, sah ich ihn kommen. Er war mir also nachgefahren, ohne die vorgesehene Pause einzulegen. *Er* war es, der seine Hunde verheizte!

Das Thermometer sank weiter und näherte sich der Sechzig-Grad-Marke. Zu einem Kälterekord fehlte nicht mehr viel. Nach zwei Stunden Pause, in denen ich mir auf dem Schlitten ein halbstündiges Nickerchen gönnte, fuhr ich weiter. Die drei anderen Musher hatten mich in der Zwischenzeit überholt. Ich hatte also vier vor und sieben hinter mir. Ich hatte Blut geleckt und beschloss, in einem Zug bis zum Checkpoint durchzufahren. Dort würden alle Musher ihren Hunden mindestens sechs Stunden Pause gönnen. Ich hatte ungefähr eine Stunde Rückstand auf die drei Musher, die im Pulk fuhren, und beschloss, mit ihnen zusammen vom Checkpoint wieder loszufahren. Ich visierte einen Platz auf dem Podium an.

Leider konnte ich dieses Vorhaben nicht in die Tat umsetzen. Bei der Ankunft teilte mir der Leiter des Rennens mit, dass die zweite Hälfte der Strecke wegen der extremen Kälte gestrichen worden sei. Ich war wie vor den Kopf geschlagen, denn ich dachte, ich hätte die Qualifikation verpasst. Doch das Kampfgericht gab bekannt, dass jeder Teilnehmer qualifiziert sei, der den Checkpoint in einer vernünftigen Zeit erreicht habe und dessen Hunde noch frisch genug seien, um zurückzulaufen. Dann wurden die Tierärzte um ihr Urteil gebeten. Sie erklärten der Rennleitung, dass meine Hunde von allen noch am fittesten seien. Das bedeutete, dass sie dank ihrer Widerstandsfähigkeit auch bei solchen Kältegraden ohne Probleme laufen konnten. Auf der anderen Seite hatten viele Alaskans aufgrund ihrer empfindlichen Pfoten und ihres zu dünnen Fells Erfrierungen davongetragen oder litten unter Dehydrierung.

Ich war also qualifiziert, und es fand sich kein einziger Musher, der wegen meines Malheurs beim Start Protest einlegte. Die Sache war bereits vergessen.

Damit die Hunde innerhalb von vierundzwanzig Stunden nahezu zweihundert Kilometer zurücklegen können, ist das Training äußerst wichtig.

Es beginnt schon im Juli. Die Hunde ziehen zwischen fünf und sieben Uhr morgens, also in den kühlsten Stunden des Tages, ein Quad, ein vierrädriges Geländefahrzeug, über Forstwege. Dieses Fitnessprogramm, das bis zum ersten Schnee fortgesetzt wird, kräftigt die Muskeln, fördert die Ausdauer und schafft die konditionelle Grundlage für das verschärfte Training im Winter. Dann laufen die Hunde mit dem Schlitten an fünf von sieben Tagen mindestens achtzig Kilometer. Nach einem besonders langen Lauf von mehr als hundert Kilometern dürfen sie sich einmal pro Woche zwei Tage ausruhen.

Bei den Trainingsläufen, die ich vor dem Yukon Quest in dieser Region durchführte, begleitete mich gelegentlich meine Tochter Montaine, die damals vier Jahre alt war. Das war für sie nichts Neues. Als sie noch keine zwei Jahre alt war, hatte sie monatelang hinten auf dem Schlitten gesessen und mit Diane und mir auf der Reise durch den Norden British Columbias und Yukons nach Alaska mehrere Tausend Kilometer zurückgelegt. Für diese Fahrt hatte ich die kleine, schon erwähnte Heizung gekauft, die die norwegische Armee für die Bergung von Verletzten bei extremer Kälte entwickelt hatte. Sie besteht aus einer kleinen, isolierten Dose, in der ein Kohlebrikett langsam verbrennt. Ein batteriebetriebener Ventilator bläst die warme Luft durch tentakelartige Schläuche, die man um den Verwundeten herumlegt. Am äußersten Ende platziert, wo eine Öffnung für Frischluftzufuhr

sorgte, beheizte die kleine Anlage das Innere des Schlaf-
sacks, in dem Montaine lag oder saß, sodass sie es auch
bei den eisigsten Temperaturen wohlig warm hatte.
Selbst bei minus fünfzig Grad konnten wir mit unserem
kleinen Schatz reisen, ohne fürchten zu müssen, nach
ein paar Stunden einen Eisklotz in ihrem Schlafsack vor-
zufinden. Wir brauchten nur hin und wieder nachzusehen, ob die Heizung auch gut funktionierte, und auf ihr
Näschen und ihre Bäckchen zu achten, die sie manchmal
der Kälte aussetzte, wenn sie den Kopf aus dem Schlafsack streckte, um die Landschaft zu bewundern oder »ihren« Hunden bei der Arbeit zuzusehen.

Diese Heizung wurde in Yukon wieder in Betrieb genommen, nachdem es uns gelungen war, einen Vorrat
an Briketts anzulegen, die dort oben nur sehr schwer zu
bekommen sind. Ich brauchte sie für Montaine, die mit
ihren vier Jahren noch zu klein war, um genug Wärme
zu produzieren und der eisigen Kälte zu trotzen, vor
allem aber für den kleinen Loup, ihren fünf Monate alten
Bruder, der bereits in seinem ersten Winter mit mir mehrere hundert Trainingskilometer absolvierte.

Es war immer ein Riesenspaß, wenn wir alle gemeinsam einen langen Ausflug unternahmen. Dabei stellte
sich Diane neben mich hinten auf eine der beiden Schlit-
tenkufen. Sie behielt Loup und Montaine im Auge, die
sich in ihrem warmen, mollig-weichen Nest auf dem
Schlitten eng aneinanderschmiegten, während ich mich
auf die Piste und die Hunde konzentrierte. Wir wählten
leichte, gefahrlose Strecken und fuhren lang gestreckte,
bewaldete Täler hinauf, in denen die Trapper mit Schneemobilen Trails unterhielten, die sich hervorragend als
Trainingsstrecken für die Hunde eigneten. Wenn wir
mehrere Tage unterwegs waren, nahmen wir das Zelt
und den unverzichtbaren kleinen Holzofen aus leichtem

Blech mit, der morgens und abends für leidliche Wärme sorgte. In der Nacht schlief Loup bei mir und Montaine bei ihrer Mutter im Schlafsack. So profitierten die Kinder von unserer Körperwärme. Manchmal benutzten wir auch die Hütte des einen oder anderen Trappers, dessen Trail wir gefolgt waren. So blieb uns das Auf- und Abbauen des Zeltes erspart, vor allem aber durften wir uns auf eine gemütliche Nacht im Warmen freuen.

Bei einer solchen Gelegenheit lernten wir Alex kennen, den dienstältesten Trapper in Yukon, der, bekannt und angesehen, zu den bedeutenden Persönlichkeiten dieser kanadischen Provinz gehört, in der niemand unbemerkt bleibt. Alex war damals achtzig Jahre alt. Sein Vater war während des berühmten Goldrauschs am Klondike nach Yukon gekommen. Als er im August 1897 den Chilkoot-Pass erklomm, tauschte er Tabak mit einem gewissen Jack London, dem er später noch häufiger in einer Bar in Dawson begegnen sollte, wo Alex' Vater Fleisch verkaufte. Das nächste Mal sahen sie sich in einer Hütte wieder, in der Jack London einen Teil des Winters 1898 verbrachte. Alex' Vater hat seinem Sohn oft von Jack erzählt. Der habe eigentlich nicht viel mehr gemacht, als in Bars herumzuhängen. Umso erstaunter sei er gewesen, als ihm einige Jahre später klar geworden sei, dass der vermeintliche Müßiggänger diese großartigen, weltbekannten Bücher geschrieben habe.

Alex besaß noch eine Fotografie von seinem Vater und Jack London. Sie sind darauf mit zwei Freunden zu sehen. Einer der beiden ist Emil Jensen, der dem Schriftsteller als Vorbild für die Figur des Malemute Kid diente, der in mehreren Erzählungen der Kurzgeschichtensammlung *Der Sohn des Wolfes* im Mittelpunkt steht. Auf dem Foto stehen sie an einem Lagerfeuer unweit dieser

Hütte und posieren vor einem Elch, den Alex' Vater ganz in der Nähe erlegt hatte. Sein Urteil über Jack London war ziemlich streng. Er hielt ihn für einen Faulpelz und empörte sich, als er die Jack-London-Biografie eines gewissen Irving Stone las, hielt er doch viele von dessen Geschichten über den Schriftsteller für erfunden. Nach der bekanntesten hat er Goldsuchern das Angebot gemacht, ihre Flöße durch die furchterregenden Stromschnellen von Whitehorse zu lotsen. Laut Irving Stone kostete ihn das mehrere Tage und brachte ihm mehrere Tausend Dollar ein. Doch Alex' Vater reiste in derselben Floßgruppe wie die *Yukon Belle,* Londons Fahrzeug. Sie waren zusammen an den Stromschnellen eingetroffen, hatten sie gemeinsam durchfahren und waren gleich am nächsten Tag weitergefahren. Das ist das Stück Wirklichkeit, das in dieser Legende steckt. Unweit der Stromschnellen, die heute ein Stauwehr bändigt, ist eine Gedenktafel angebracht, die an die vielen Todesopfer und an Jack London erinnert … »für den Mut, den er hier bewiesen hat«.

Jack London war nicht oft auf den Pisten. Er war auch nicht häufig in der Kälte oder auf der Jagd. Er war dort, wo man sich aufhalten musste, wenn man Geschichten über interessante Leute und Heldentaten sammeln wollte. Und wo konnte man das besser als in den Bars? Was er dort über das Drama des Goldrauschs zusammentrug, lieferte ihm Stoff für mehr als ein Dutzend außergewöhnlicher Werke. Ich liebe, wie viele Leser, *Ruf der Wildnis* und *Wolfsblut,* die berühmtesten, begeistere mich aber ebenso für den weniger bekannten Roman *Lockruf des Goldes* und die Kurzgeschichte *Tausend Dutzend Eier,* die leicht verfremdet die wahre Geschichte eines Mannes erzählt, der mit Eiern die weite Reise nach Dawson unternahm, um sie dort für teures Geld zu verkaufen.

Es gab in der Tat viele, die wie Alex' Vater das Wunder glaubten, von dem Zeitungen berichteten: dass dort im Norden tonnenweise Gold herumliege und man nur hinzufahren und es einzusammeln brauche. Zu Tausenden strömten sie in die Stadt, in der es an allem fehlte, an Unterkünften, an Brennholz, an Lebensmitteln, an Frauen und an Arbeit, denn natürlich waren, als die Goldsucher eintrafen, die wenigen ergiebigen Goldadern längst an Yukoner vergeben, die vor allen anderen da gewesen waren. Und das war nur gerecht.

Aber es gab einige clevere Leute, die wie Schachspieler immer einen Zug vorausdachten. Einer von ihnen war der berühmte David Rasmunsen, der sich, statt mit einer Goldgräberausrüstung loszuziehen, sagte, dass all diese Männer Hunger bekommen, dass Mehl und Eier bald knapper sein würden als Gold. Ein anderer namens Ladue ließ Mädchen kommen: Freda, Klondike Kate oder Yukon Belle, um nur die berühmtesten zu nennen. Man überschüttete sie mit Gold, oder besser gesagt, man zog sie aus, indem man das Gewicht der Kleidungsstücke, die sie ablegten, mit Gold aufwog. So geschehen mit Freda, der berühmtesten von allen, am Silvesterabend in der Bar Monte Carlo, in der sie auftrat und arbeitete. Über vier Kilo Gold für ein paar Sekunden Nacktheit – ein ziemlich merkwürdiger »Handel«, da man sich nur das Recht erkaufte, zusammen mit allen anderen eine nackte Frau zu sehen, die man im Übrigen zu einem astronomischen Preis auch ganz für sich allein haben konnte. Aber die Maßlosigkeit in Dawson war ein Spiegelbild des Landes, und die Männer dort konnten sich seinem Einfluss nicht entziehen. Am Ende waren sie wie das Land, extrem in allem.

Mit Floß und Kanu
in Alaska unterwegs

EIN FLUSS IST WIE EINE ROLLTREPPE. BESSER, MAN benutzt ihn nicht gegen die Laufrichtung – beziehungsweise Strömung.

Ich spreche aus Erfahrung.

Als mich die Lust überkam, eine Zeit lang in Alaska zu leben, wollte ich dieses riesige, legendäre Land zuerst einmal in seiner ganzen Breite durchqueren und mir einen allgemeinen Eindruck verschaffen. Die Reise sollte mit dem Floß beginnen, also trommelte ich ein paar abenteuerlustige Freunde zusammen. Mit von der Partie waren Totoche, mein Jugendfreund Benoît, Pierre, mein Onkel und Begleiter auf vielen Expeditionen, und schließlich Jean-Christophe, ein Freund aus der Bretagne, der immer für einen abenteuerlichen Trip zu haben war.

Unser Floß entsprach genau denen, die sich die Goldsucher zur Zeit des berühmten Goldrauschs am Klondike gezimmert hatten. Wir fertigten es in Dawson, jener am Zusammenfluss von Yukon und Klondike gelegenen Goldgräberstadt, die damals beim Ansturm der vielen Tausend Abenteurer aus dem Boden gestampft worden war.

Mit diesem Floß, das wir *Coulapic* tauften, wollten wir über tausend Kilometer den Yukon hinunterfahren bis zu dem Indianerdorf Tanana und anschließend von dort aus mit Kanus den Kantishna River hinauf. Mein Ziel war, die wildesten Gegenden Alaskas zu durchqueren. Ich wollte unbedingt in Gebiete weit abseits jeglicher Zivilisation vordringen. Nicht aus Abneigung gegen die Menschen, denen ich nie völlig zu entfliehen suche, sondern aus Liebe zur unberührten Natur. Ich bin gern in der Abgeschiedenheit, Dutzende Tagesmärsche von der kleinsten Straße, der nächsten Ortschaft entfernt. Was ich dort empfinde, ist unbeschreiblich. Aber die psychologische Seite ist nicht alles. Sich weit abseits von allem zu wissen, ohne jede Absicherung, zwingt zu einer anderen Haltung, zu einem anderen Tempo des Reisens. Man fühlt sich inniger mit dem Land verbunden. Man wird eins mit der Landschaft und den Tieren, die in ihr leben. Man ist nicht mehr nur Zuschauer oder Beobachter, sondern selbst Akteur unter all denen, die in dieser Wildnis am großen Abenteuer des Lebens teilhaben.

Einmal mehr wollte ich tief ins Innere eines Landes vorstoßen, in sein Herz, und ich ahnte, dass das Herz Alaskas genau dort war, in diesem riesigen Niemandsland westlich des Mount McKinley. Beim Blick auf die Landkarte war mir sofort klar, dass diese Gegend alles hatte, um mir zu gefallen.

Das Problem bei einer Anreise auf dem Wasser war, dass dieses Gebiet zwischen dem Yukon-Becken und dem Kuskokwim-Becken liegt. Man musste also den Yukon verlassen, einen seiner Nebenflüsse hinauffahren und die Wasserscheide überqueren, ehe man endlich zum Kuskokwim hinunter konnte, der sich Tausende Kilometer weiter in die Beringsee ergießt.

Im Prinzip gefiel mit der Plan, denn er war mal etwas Neues. Ich hatte keine Ahnung von Treideln und Portagieren. Ich wusste nicht, wie man ein Kanu nach Art der Montagnais-Indianer mithilfe einer Stange gegen die

Strömung voranbrachte. Und ich wusste zu wenig über Strömungen und Gegenströmungen, um einen Fluss richtig lesen und die komplizierten Bewegungen der Wassermassen optimal nutzen zu können, die sich in Windungen einspulen, in Stromschnellen schneller fließen, über Untiefen Wellen und Strudel bilden, die man in der Mitte oder auf einer der beiden Seiten durchfahren muss, von denen eine bekanntlich immer schneller ist als die andere. Im Prinzip war mir das alles aus den vielen Büchern bekannt, die ich gelesen hatte, insbesondere über die Zeit der französischen und englischen Waldläufer, die das Land durchstreift und erkundet hatten. Auf dem Papier war es für mich eine reizvolle neue Erfahrung. Und die Kameraden, die beschlossen hatten, sich mit mir in dieses Abenteuer zu stürzen, teilten meine Begeisterung.

Die Expedition ließ sich gut an. Zu gut. Die vier Wochen, die wir für den Bau unserer *Coulapic* brauchten, waren die reine Freude. Tagsüber arbeiteten wir an dem Floß und nachts vergnügten wir uns in Dawson mit Mädchen und beim Glücksspiel – sofern man in Breiten, in denen im Sommer vierundzwanzig Stunden am Tag die Sonne scheint, überhaupt von Nacht sprechen kann. Meine Freundin war eine junge Studentin aus Vancouver, die den Sommer über im Casino jobbte. Sie war bezaubernd und lebenslustig, und wir hielten wie Pech und Schwefel zusammen. Sie kam oft auf die Baustelle. Ich war einer der wenigen, der bei einer blieb. Meine Kameraden zogen es vor, von Blume zu Blume zu flattern.

Ich spielte viel Roulette und gewann fast immer. Wobei »viel« nicht der passende Ausdruck ist. Ich spielte jeden Abend, aber nur kurz und nach einem simplen, effizienten System. Ich setzte zehn Dollar auf eine Farbe, Schwarz oder Rot, und wenn sie kam, kassierte ich das

Doppelte. Nach dem Gesetz der Wahrscheinlichkeit hätte ich nur jedes zweite Mal gewinnen dürfen. Doch ich lag bei mehr als drei von vier Spielen richtig. Intuition? Wohl eher Glück. Wie auch immer, jedenfalls gewann ich so viel, dass ich meinen Freunden einen ausgeben konnte, und das war die Hauptsache. Wir waren Stammgäste im »Sunlight« und hatten dort unseren festen Tisch. In dieser Zeit kam der Bau des Floßes nicht so zügig voran, wie er sollte. Aber Dawson ist eine Falle, in die man sich ebenso gern locken lässt wie in die Arme eines schönen Mädchens. Warum dagegen ankämpfen?

Weil Alaska auf uns wartete. Wir mussten alles zurücklassen, das Casino, die gute Stimmung im »Sunlight«, die Mädchen und die Freunde. Wir waren eine tolle Clique in Dawson. Am Abend vor unserer Abfahrt kamen alle zu dem Abschiedsfest, das ich mit den achthundert Dollar schmiss, die ich beim Roulette gewonnen hatte. Als alle auf das Floß stiegen, wäre es beinahe gesunken. Ein Deutscher war so betrunken, dass er rücklings ins Feuer fiel. Sein Oberkörper war nackt, denn er war gerade im Begriff, sich auszuziehen, um im Yukon zu baden. Auf den Steinen, die um das Feuer herum aufgeschichtet waren, lag ein altes Grillgitter aus dicken Eisenstäben, die bereits glühten und auf das Fleisch warteten. Der Ärmste verbrannte sich fürchterlich. Auf seinem Rücken zeichneten sich alle Unregelmäßigkeiten unseres Grillgitters ab. Sogar die Schrauben und Nuten waren zu erkennen! Ich vermute, dass er die Narben noch heute hat, während unsere *Coulapic* wohl schon vor einer Ewigkeit gesunken ist.

Am Tag nach diesem denkwürdigen Fest, an das man sich in Dawson bis heute erinnert, fuhren wir los. Angesichts einer Strömungsgeschwindigkeit von zehn Stundenkilometern entschwand der Ort schnell unseren Blicken. Wir glitten auf diesem schönen Förderband aus silbrig glänzendem Wasser dahin, während die Landschaft mit ihren Wäldern und Bergen an uns vorüberzog. Mit einem Ruder an jeder Seite hielten wir das Floß in der Flussmitte, die wir nicht verlassen durften, wenn wir vermeiden wollten, auf eine Untiefe oder eine Sandbank aufzulaufen. Wir hatten Wachen eingeteilt und wechselten uns regelmäßig ab. Jeweils zwei lasen die Karten und steuerten das Floß. Wenn nötig, riefen sie die anderen zu Hilfe, die gerade schliefen, aßen, Poker spielten oder ein Sonnenbad nahmen. Das kam häufiger vor, denn ein mehrere Tonnen schweres Floß ist nicht so leicht zu manövrieren.

Manchmal liefen wir trotz aller Vorsicht doch auf eine Untiefe oder Sandbank auf oder gerieten in einen toten Seitenarm und brauchten eine Stunde oder einen Tag, um unser Gefährt wieder flottzumachen oder auf den richtigen Kurs zu bringen.

Die Proviantbeschaffung war einfach. Wir zogen ein Netz hinter dem Floß her und fingen damit Lachse. Oder wir schossen ein paar Enten oder Gänse, die über uns hinwegflogen. Unser Hund Uno sprang ins Wasser und servierte uns die Mahlzeit im Maul. Es ging uns blendend.

Bis zu jenem Tag einen Monat später, an dem wir das Floß verließen. Doch zu diesem Zeitpunkt waren wir noch froh über die Abwechslung.

Seit einem Monat lebten wir zu fünft auf den sechzehn Quadratmetern dieses wasserdurchlässigen Floßes, und allmählich wurden wir immer ungeduldiger, das Gefährt gegen zwei leichte und handlichere Kanus einzutauschen. Ein Indianer kaufte uns die *Coulapic* ab, um daraus eine Plattform zum Lachsfischen zu machen. Als Stammesangehöriger hatte er das Recht, ein Lachsrad zu bauen und fünfundzwanzig Tage pro Jahr in Betrieb zu halten, was über dreitausend Lachse einbringen kann, wenn man es an einer guten Stelle platziert. Mithilfe des Floßes konnte er es festmachen, wo er wollte. Diese Fangvorrichtung ist ebenso einfach wie genial. Sie besteht aus vier Drahtkörben, die von der Kraft der Strömung angetrieben werden wie das Wasserrad einer Mühle. Die Lachse, die den Fluss hinaufwandern, geraten in einen der Körbe. Sie können nicht entwischen, bis der Korb aus dem Wasser auftaucht. Dann fallen sie auf eine Art Holzrampe und rutschen in einen großen Behälter, aus dem sie der Indianer einmal am Tag lebend herausholt, mitunter sogar öfter, denn es kommt vor, dass der Behälter überläuft, wenn auf dem Höhepunkt der Wanderung sehr viele Lachse flussaufwärts ziehen.

Der Indianer freute sich über dieses Geschenk des Himmels. Er begleitete uns mit seinem Boot bis zum Zusammenfluss von Yukon und Kantishna. Unterwegs bezweifelte er, dass unser Vorhaben überhaupt machbar war. Er stellte infrage, dass wir noch vor dem Winter den Kuskokwim River und dann die Beringstraße erreichten könnten. Zum einen hätten wir noch eine gewaltige Strecke vor uns, zum anderen und vor allem müssten wir gegen die Strömung ankämpfen. Wir antworteten in dieser spöttischen, ebenso selbstgefälligen wie herablassenden Art, die typisch für Weiße ist, die alles besser wissen. Totoche war der Einzige, der zu bedenken gab, dass es vielleicht besser wäre, unsere Ziele herunterzuschrauben und uns per Wasserflugzeug Proviant bringen zu lassen, falls wir das erste Dorf nicht vor Ablauf eines Monats erreichen würden, wie in unserem Etappenplan vorgesehen. Ich wollte nichts davon hören und entgegnete, dass wir unser Pensum auf jeden Fall einhalten müssten, und sei es, dass wir dafür Gewaltetappen einlegen müssten. Dann brachen wir voller Zuversicht auf.

Zwei Tage genügten, um uns klarzumachen, wie naiv wir waren. Wenn wir mit aller Kraft paddelten, konnten wir zehn Minuten lang ein Tempo von dreizehn Kilometern in der Stunde halten. Nun betrug die Strömungsgeschwindigkeit aber zehn Stundenkilometer, sodass wir effektiv nur knapp drei Kilometer in der Stunde vorankamen. Kein Wunder also, dass wir uns Sorgen machten. Die Pausen mitgerechnet, die wir alle zehn Minuten einlegen mussten, um uns zu erholen, schafften wir höchstens zwei Kilometer in der Stunde, also bestenfalls zwanzig Kilometer am Tag. Das war nur die Hälfte von dem, was wir uns als Tagesschnitt vorgenommen hatten.

Also probierten wir es mit anderen Techniken. Staken. Diese altbewährte Technik der Indianer eignete sich auf diesem Fluss nicht besonders. Der Grund war zu schlammig, und die Stange, mit der man das Kanu vorwärts schieben sollte, sank ein. Beim Herausziehen musste man so viel Kraft aufwenden, dass der Schwung völlig verloren ging und die Fahrt des Boots gebremst wurde; das machte es wiederum unmöglich, das Boot genau senkrecht zur Strömung zu halten. Diese Technik taugte nur für sehr kurze Strecken, wenn es galt, Abschnitte mit besonders starker Strömung zu überwinden, oder wenn der Grund, was leider selten vorkam, überwiegend steinig war.

Treideln schien da geeigneter und hatte den Vorteil, dass die Arme entlastet wurden, die beim Paddeln einer harten Prüfung unterzogen wurden. Beim Treideln muss man zu zweit sein. Einer zieht das Kanu vom Ufer aus mithilfe eines Seils. Die Kraft, die er aufwenden muss, um das Boot zu ziehen, ist umso größer, je größer der Winkel zwischen Kanu und Ufer oder Treidler ist. Der andere bleibt im Kanu, um es zu steuern und so weit vom Ufer fernzuhalten, dass es nicht auf Grund läuft oder die Böschung streift. In der Theorie war Treideln für uns genau das Richtige. In der Praxis sah es aber ganz anders aus, denn das Gelände eignete sich nur an ganz wenigen Stellen. Oft waren die Ufer zu steil oder zu schlammig oder so von Gestrüpp überwuchert, dass sie nicht begehbar waren, nicht einmal langsam.

Meist war das Paddeln gegen die Strömung noch das beste Mittel, oder besser gesagt, das »am wenigsten schlechte«. Von Zeit zu Zeit treidelten oder stakten wir ein wenig, aber nie sehr lange. Um bestimmte Schleifen abzukürzen, bei denen der Fluss nach einem Umweg von einem Kilometer praktisch zu seinem Ausgangspunkt zurückkehrte, trugen wir sogar die Kanus und das gesamte Gepäck über Land, aber das kostete uns wahnsinnig viel Zeit.

Wir kamen einfach nicht voran. Nach einem Monat Paddeln, Portagieren, Treideln und Staken hatten wir nicht einmal die Hälfte der Strecke bis zum ersten Dorf unserer Planstrecke geschafft. Der Proviant wurde bedenklich knapp. Zum Glück ist die Natur großzügig, besonders in Alaska. Es ist schwierig, dort zu verhungern, wenn man eine Angelrute und ein Gewehr besitzt, vorausgesetzt, man hat genug Munition. Aber das war bei uns leider nicht der Fall war. Wir hatten sie unserem besten Jäger anvertraut, ihm aber eingeschärft, nur auf möglichst großes Wild zu schießen und auch nur dann, wenn er sich sicher war, auch zu treffen. Für eine hundert Gramm leichte Schnepfe eine Patrone zu verschwenden, kam nicht infrage. Andererseits gab es bei einer dieser schweren, fetten Kanadagänse kein Zögern. Die anderen sammelten Beeren, Pilze und wildes Gemüse oder angelten Hechte, Forellen und Lachse. Wir wussten uns zu helfen, aber das alles erforderte Zeit, in der wir nicht vorankamen. Es war wie die Geschichte von der Schlange, die sich selbst in den Schwanz beißt, oder eben die von den fünf Freunden, die einen Fluss hinauffahren wollen …

Allen Widrigkeiten zum Trotz kamen wir schließlich oben auf dem Berg an. Jetzt brauchten wir nur noch die beiden Kanus und unsere gesamte Ausrüstung auf die andere Seite zu tragen und dabei zehn Kilometer Wald, Geröll und Sumpf zu überwinden. Das war keine Kleinigkeit. Der Kuskokwim River auf der anderen Seite des Berges war kaum breiter als unsere Boote, aber das Wasser floss bis zur Beringstraße endlich in die richtige Richtung! Wir mussten uns sputen, um noch vor dem Winter das Meer zu erreichen, und das taten wir auch.

Als wir nach fünf abenteuerlichen Monaten an der Beringstraße ankamen, gaben wir uns das Versprechen, nie wieder einen Fluss in der verkehrten Richtung zu befahren. Aber wenig später gab ich mir noch ein anderes Versprechen, nämlich dieses riesige verbotene Land zu durchqueren, das auf der anderen Seite der Beringstraße lag.

Über den Baikalsee

DIESER SEE, DER EINEM MEER GLEICHT, NIMMT IN meiner Lebensgeschichte einen ähnlichen Platz ein wie die Stadt Dawson an der Grenze zwischen Kanada und Alaska oder das Dorf Kangiksuaullujuak an der Ungava-Bucht.

Es sind Orte, die ich verlasse ohne den eigentlichen Vorsatz, wiederzukommen, zu denen ich aber immer wieder zurückkehre. Mit Orten ist es wie mit Frauen. Herz und Verstand gehen selten Hand in Hand.

Der Baikalsee ist ein Juwel. Die Perle Sibiriens. Ein eingefasster Diamant inmitten hoher Berge, einer schöner als der andere. Sein kristallklares Wasser ist von einer Reinheit, die an Luft erinnert. Im Boot wird man von Schwindel ergriffen, wenn man sich hinauslehnt und auf den Grund blickt. Er ist deutlich zu sehen und darüber ein paar Fische, die wie in der Luft zu schweben scheinen.

An den Ufern wetteifern elegante Birken mit mächtigen Kiefern, deren Äste wie Arkaden über das Wasser hinausragen. Die Almen schmücken sich im Sommer mit Abertausend Blumen und lodern im Herbst in schillernden Farben. Man sieht dort Rehe, Mufflons und Steinböcke. Im Herbst gesellen sich die großen Maralhirsche dazu, die ihre Kräfte aneinander messen und von der Abenddämmerung bis zum Morgengrauen röhren, während die Bären sich vor dem Winter mit Heidelbeeren vollstopfen. Manchmal sieht man einen dieser großen Braunbären auch am Wasser, wo er behutsam tote Insekten einsammelt, die Wind und Wellen ans Ufer treiben und die für ihn eine kostbare Beute darstellen.

Ich erinnere mich an eine Bärenmutter mit ihren zwei drolligen Jungen. Sie bewies unendliche Geduld und fischte für sie heraus, was sie selbst nicht zu erhaschen vermochten. Diese Angelmethode erforderte eine Geschicklichkeit, die die jungen Teddys noch nicht besaßen, ungeduldig und tollpatschig, wie sie mit ihren viel zu großen Pfoten waren. Auch die flinken Moschushirsche sehe ich noch vor mir, die mit unglaublicher Behändigkeit die steilsten Hänge erklommen. Ich habe so viele Erinnerungen an den Baikalsee!

Schon lange bevor ich das erste Mal hinreiste, übte dieses Süßwassermeer auf mich eine an Besessenheit grenzende Faszination aus. Als Kind und später als Jugendlicher träumte ich oft von ihm wie vom Gral. Mit zwanzig fuhr ich dann hin.

Mit dem Zug, denn ich wollte mich ihm behutsam nähern und das Vergnügen der Vorfreude voll auskosten. Mich mit dem Flugzeug hinkatapultieren zu lassen, kam nicht infrage. Ich hätte das Gefühl gehabt, diesen Ort zu schänden. Ich fuhr von Paris nach Moskau und dann weiter. Ich sah, wie die Landschaft sich langsam veränderte, liebkoste mit Blicken die Taiga. In der Transsibirischen Eisenbahn erzählten mir Russen aus Irkutsk drei Tage lang vom Baikalsee, diesem Meer, von dem sie mit unendlich viel Respekt und Liebe sprachen. Dann kam ich an.

Es war ein schöner Sommerabend. Schon senkte sich etwas Kälte vom Himmel und kühlte das Wasser, das wie feuchte Wäsche dampfte. Hier und dort schaukelten kleine Fischerboote auf den Wellen. Ringsumher, so weit das Auge reichte, der Ozean der Berge, deren Gipfel sich wie riesige Wellen erhoben, bekrönt vom Weiß des ewigen Schnees, der aussah wie Schaum. Überwältigt bewunderte ich die märchenhafte Schönheit dieser weiten Landschaft.

Der See birgt ein Fünftel der Süßwasserreserven unseres Planeten. Wenn man weiß, wie knapp Wasser in Zukunft werden wird, macht ihn die Menge des flüssigen Goldes, das hier lagert, noch kostbarer. Tausende von Gänsen und Enten zogen am Himmel dahin. Ich hielt nach einer dieser berühmten Süßwasserrobben Ausschau, ohne jedoch eine zu entdecken. Diese Robben, von den Einheimischen Nerpa genannt, sind die kleinsten der Welt. Mehr als sechzigtausend Exemplare leben in diesem See der Superlative, dem ältesten und tiefsten der Erde.

In den folgenden Tagen marschierte ich mit dem Rucksack am Ufer entlang. Ich durchstreifte riesige Wälder aus Kiefern, Birken und Espen, in denen ich vor Schreck zusammenzuckte, wenn Auerhähne lärmend von den höchsten Ästen aufflogen. Ich erklomm mehrere Berge, schlenderte durch kleine Dörfer aus Holzhütten mit bunten Fenstern. Ich fuhr mit Fischern hinaus und holte mit ihnen ihr Netz ein, das prall gefüllt war mit Omuls, einer Fischart, die ausschließlich hier lebt. Und dann versprach ich dem See, wiederzukommen, und zwar für länger, um ihn verstehen zu lernen.

Es dauerte einige Zeit, bis ich dieses Versprechen einlösen konnte, denn eine Durchquerung Sibiriens, wie sie mir vorschwebte, war Ausländern damals in den Achtzigerjahren verboten. François Mitterrand hat für mich eine Sondergenehmigung von Michail Gorbatschow persönlich erwirkt, nachdem ich ihn zu einem gemeinsamen Steinpilzsammeln in der Sologne eingeladen hatte.

Ich habe diesen Brief aufbewahrt. Er ist in einer schönen, gut leserlichen Präsidentenhandschrift abgefasst. Ein Freund, dem ich in Château-Chinon begegnet war, hatte für mich den Kontakt hergestellt, und so kam es, dass ich mich 1990 in Sibirien wiederfand.

Unser Team – meine beiden Freunde Benoît und Alain und die beiden Jäger Sascha und Vika vom Volk der Tofolaren – war mit einem Dutzend Pferde von der mongolischen Grenze aus aufgebrochen. Drei Monate lang ritten wir über die Höhen des großartigen Sajangebirges, in dem wir uns mehrmals verirrten, da es zur damaligen Zeit weder detaillierte Karten noch GPS gab. Man musste sich mit Karten im Maßstab 1 : 500 000 behelfen, die auf amerikanischen Luftaufnahmen beruhten und für die Ameisen, die wir am Boden waren, unleserlich waren. Mehrmals blieben wir in unpassierbaren Schluchten oder am Fuß unüberwindlicher Pässe stecken. Wir mussten sehr viele Umwege machen, aber wir schafften es trotzdem bis zu dem großen See.

In einem Fischerdorf kauften wir einen alten Kahn mit schweren Holzrudern (für dreihundert Francs), besserten ihn notdürftig aus und brachen dann zu einer zweimonatigen Fahrt auf, bei der wir nahezu tausend Kilometer zurücklegten und die uns bis in den äußersten Norden des Sees führte. Wir ruderten gemächlich am Westufer entlang und bewunderten in aller Ruhe die Majestät dieser einzigartigen Landschaft, deren verborgenste Winkel wir erkunden und deren Schwingungen wir nachspüren konnten. Und wir lebten mit den Wechselfällen der Jahreszeit. Wurden wir heute von einem Sturm durchgerüttelt, schmachteten wir morgen in der

Gluthitze einer unerbittlichen Sonne, die die Wellen beruhigte und das Wasser glättete. Manchmal abends, in der Mattigkeit eines zu Ende gehenden heißen Tages, wurde der See zum Spiegel der Berge, und Fische kamen zu Tausenden an die Oberfläche, schnappten nach Insekten und impften die Wasseroberfläche mit kleinen, glitzernden Ringen, die rasch wieder vergingen. Es war märchenhaft.

Unsere Mahlzeiten angelten wir uns, Barsche, Forellen und Hechte. Manchmal schossen wir eine Ente, ein Haselhuhn, ein Auerhuhn oder eine Schnepfe. Es fehlte uns an nichts. Die Natur war großzügig. Wir sammelten Beeren, wilden Rhabarber, Pilze …

Die Tage vergingen. Wir waren nicht mehr nur Zuschauer, nicht mehr nur simple Touristen, die staunend vor der grandiosen Schönheit einer Landschaft standen. Wir waren ein Teil von ihr. Es hatte etwas Magisches, auch wenn uns das raue Klima und die Kühle eines verfrühten Herbstes bisweilen Klagen entlockten, die allerdings schnell wieder verstummten.

Ende Oktober machte sich die Kälte empfindlich bemerkbar. Der erste Schnee färbte die Landschaft weiß, die Bären kehrten in ihre Reviere zurück, und auf dem stillen See war nicht das leiseste Quaken einer Ente mehr zu vernehmen. Sie waren alle nach Süden gezogen, getrieben von einem Nordwind, der den Winter ankündigte und sie verjagte.

Im Norden des Sees erstreckt sich ein großes Moor von mehreren Zehntausend Hektar. Dort, auf einer kleinen Insel, richteten wir eine alte, von Fischern erbaute Holzhütte her und warteten geduldig darauf, dass der Winter die Landschaft erstarren ließ. Zwei neue Teamgefährten, mit denen wir nach Norden ziehen wollten, trafen mit unseren vierundzwanzig Schlittenhunden aus Frankreich ein.

Jeden Abend, einerlei wie windig oder wie kalt es war, ging ich für eine Stunde an den See. Ich bewunderte die Robben, die sich zu Hunderten auf den größten, im Wasser treibenden Eisschollen drängten. Ich sah zu, wie der See dampfte, denn er ist so tief, dass es Monate dauert, ehe das Wasser bis in Gefrierpunktnähe abkühlt. Bei schönem Wetter und minus vierzig Grad bietet er ein atemberaubendes Schauspiel. Ich habe selten etwas so Schönes gesehen wie den in der kalten Abenddämmerung dampfenden Baikalsee.

Der Sumpf war nicht so tief und fror lange vor dem See zu. Dort konnten wir unsere Hunde trainieren. Ein paar Trapper lebten rund um das Sumpfgebiet, wo sie Bisamratten und Otter fingen. Mit einem von ihnen, Wolodja, freundeten wir uns an. Er besuchte uns des Öfteren, wenn er aus dem Sumpf zurückkam. Eines Tages brachte er einen jungen Hund an der Leine mit und schenkte ihn mir. Er hieß Otchum – nach einem kleinen, inzwischen verschwundenen Volksstamm, der einst hier lebte. Er war fünf Monate alt und ein Laika, also ein ausgesprochener Jagdhund, der von den sibirischen Jägern darauf abgerichtet wird, im Schnee Pelztieren nachzusetzen. Ein Hund, der nie hätte werden sollen, was er geworden ist: ein Schlittenhund. Mein erster, und einer der besten, die ich je hatte. Der, den ich am meisten liebte.

Aus Spaß spannte ich ihn vor einen Schlitten, und er begann sofort zu ziehen, als habe er sein Leben lang nichts anderes getan. Er sicherte sich auf Anhieb einen Platz in einem der Gespanne, und wir nahmen ihn mit auf diese lange und schwierige Expedition, bei der wir eines der lebensfeindlichsten Gebiete Sibiriens zwischen Baikalsee und Jakutien durchqueren wollten.

Am Ende dieser langen Winteretappe hatte es Otchum zum Leithund gebracht. Während die anderen Vierbeiner nach Frankreich zurückkehrten, blieb er bei mir und begleitete mich fast noch ein ganzes Jahr lang weiter nach Norden.

Es ist nur natürlich, dass ich zum Baikalsee zurückkehrte und das Fischerdorf, in dem wir seinerzeit unseren Kahn gekauft hatten, zum Ausgangspunkt meiner letzten großen Expedition machte, die mich von Sibirien bis nach Moskau führen sollte. Über fünfzehn Jahre lagen zwischen dieser Reise, die an der Südspitze des Sees begann, und der, die ich mit Otchum in den Norden unternommen hatte. Zwei Generationen von Hunden hatten einander abgelöst. Die erste Meute bestand aus den Söhnen Otchums und Skas, einer Grönländerhündin, die zweite aus Kreuzungen mit seinen drei besten Söhnen: Voulk, Baikal und Nanook.

Ich kehrte also mit den Enkeln Otchums an diesen See zurück, von dem ihr Großvater herstammte. Einer von ihnen ähnelte ihm übrigens wie ein Zwillingsbruder. Er hieß Quebec und war ein fröhlicher, unerschrockener Hund, den ich besonders liebte.

An den Ufern dieses einzigartigen Sees verspürte ich Lust, die Augen zu schließen oder zumindest den Blick in die Vergangenheit zu richten. Der See lockt Touristen an, und das weckt bei denen, die von ihnen leben, Begehrlichkeiten. Neben den herrlichen Dörfern mit ihren Holzhütten, die mich an die malerischen Orte in unseren Alpen erinnern, findet sich inzwischen dieselbe Art von Gebäuden, wie sie auch unsere Berge verschandeln und eine Beleidigung sind für die handwerkliche und ästhetische Architektur unserer Vorfahren. Statt mit edlen und geschmackvollen Materialien, die sich in die

Landschaft einfügen, etwas Schönes zu schaffen, klotzt man Wohnkomplexe für Touristen hin, die der Landschaft am Baikalsee schwere Wunden zufügen. Hoffen wir, dass die Touristen, die an den See kommen, um seine Schönheit zu bewundern, bald wegbleiben, weil sie, ohne es zu wissen oder zu wollen, zu seiner Verunstaltung beitragen.

Als ich an einem schönen Dezembermorgen vom See Abschied nehme, fasse ich den festen Vorsatz, nie wiederzukommen. Ich möchte ihn so in Erinnerung behalten, wie ich ihn geliebt habe und wie es ihn bald nicht mehr geben wird. Ich werde nicht zurückkehren, so wie ich auch nicht mehr in bestimmte kleine Alpentäler zurückkehre, die ich als Kind durchwandert habe und die heute durch Hotelburgen entstellt sind nach dem Motto »Bringen wir die Stadt in die Berge«. Das ist gelungen. Restlos gelungen. Bliebe nur noch, diese verflixten Berge plattzumachen, damit man schneller von A nach B kommt, denn sie stören doch ziemlich.

Nikolaj, mein sibirischer Freund

MEINE GANZE KINDHEIT ÜBER LAS ICH ALLES, WAS ICH über den hohen Norden finden konnte, insbesondere über die Indianer und die Inuit. Als ich zu reisen begann, zeigte sich mir die raue Wirklichkeit in ihrer ganzen Unerbittlichkeit. Ich kam voller Träume und vorgefasster Meinungen in die Dörfer, die von Indianern und Inuit bewohnt waren, und natürlich entsprachen sie überhaupt nicht dem Bild, das ich mir von ihnen gemacht hatte.

Es ist keineswegs übertrieben, von Zerstörung zu sprechen, wenn man an die leidvolle Geschichte vom Vordringen der Weißen in den hohen Norden erinnert.* Mit der für sie typischen Arroganz, Überheblichkeit und Blindheit für andere Lebensweisen haben die Weißen alles verwüstet und eine Welt zerstört, deren Regeln auf einer bestimmten Philosophie der Anpassung des Menschen an die Natur beruhen. Ich war immer strikt dagegen, dass meine Kinder in der Schule das schrieben, was sie in den Geschichtsbüchern lasen, denn man muss der Jugend die Wahrheit vermitteln.

»Christoph Kolumbus hat Amerika entdeckt.« Quatsch! Ich ließ sie schreiben: »Christoph Kolumbus war nach den Wikingern – was allzu oft vergessen wird – einer der ersten Weißen, die ihren Fuß auf den Boden

Amerikas setzten, das damals von Menschen bewohnt wurde, die im Einklang mit der Natur lebten.«

Was folgte, ist eine unrühmliche Geschichte. Indianer und Inuit versuchten den Weißen klarzumachen, dass der Mensch nicht der Besitzer eines Landes werden kann, sondern dass es umgekehrt ist. Sie versuchten, ihnen zu sagen, dass die Ressourcen nicht unerschöpflich sind, dass man mit den Bisonbeständen nicht verschwenderisch umgehen darf, indem man die Tiere zum puren Vergnügen abschlachtet und ihre Kadaver in der Prärie verwesen lässt. Sie versuchten, ihnen viele Dinge zu erklären, aber die Weißen zuckten mit den Schultern, schändeten die Erde, die Frauen, verbreiteten ansteckende Krankheiten, die die Ureinwohner ebenso sicher dezimierten, wie ihre Gewehre die Bisonherden vernichteten. Sie hetzten im Interesse ihrer Eroberungsziele Sippen und Stämme gegeneinander auf. Sie tauschten Pelze gegen Alkohol.

Seltene Ausnahmen waren die Weißen, die – wie mein Held in *Gold unter dem Schnee* – dieses Land und seine Menschen mit Respekt behandelten, die von ihnen lernten, statt ihnen ihre Sicht der Dinge aufzuzwingen, sich mit ihnen verbrüderten, statt ihnen Gewalt anzutun, sich wie Gäste benahmen, statt zu rauben.

Ich habe viele Indianer und Inuit gesehen, die in dieser Welt, die nicht mehr ihre ist, nicht mehr zurechtkommen. Alkohol und Drogen richten großen Schaden an. Mancherorts erreicht die Selbstmordrate Rekordhöhen. Kinder kommen mit Missbildungen auf die Welt. Mit Abscheu erinnere ich mich an die langen Warteschlangen, wenn die Indianer am Ersten des Monats ihren Sozialhilfescheck abholten und das Geld umgehend im *Liquor Store* der Gegend in Alkohol umsetzten. An diesem Tag bedienten dort zusätzlich vier Teilzeitkräfte. Die Polizei, abgestumpft, folgte den trinkenden Horden, sammelte die Schnapsleichen ein und steckte sie in Ausnüchterungszellen. Die schwersten Fälle wurden im Krankenhaus behandelt. Dort regt man sich nicht mehr auf über betrunkene weibliche Drogensüchtige, die ein Kind erwarten und in drei von vier Fällen den Vater nicht kennen.

In einigen Dörfern ist Alkohol verboten. Die Unbelehrbaren fahren mitten in der Nacht bei minus vierzig Grad mit dem Schneemobil los, um sich im Nachbarort, wo es noch welchen gibt, volllaufen zu lassen. Ich habe einen dieser Indianer »aufgelesen«. Er war auf der Rückfahrt von der Piste abgekommen. Als ich ihn fand, war er erfroren und hart wie ein Brett. In seinem Bierkasten, der zum Schutz vor der Kälte in einen Schlafsack gewickelt war, fehlten ein Dutzend Flaschen. Ich lud den Mann auf meinen Schlitten. Sein Arm ragte über den Rand hinaus und blieb ständig in den Ästen hängen. So konnte ich unmöglich weiterfahren. Ich versuchte, den Arm zu beugen. Es ging nicht. Ich musste ihn absägen und neben die Leiche legen. Die Hunde fingen zu bellen an, weil sie dachten, ich wollte einen Imbiss verteilen. Sie kannten das Geräusch, wenn ich gefrorenes Fleisch zersägte.

Man kann sich unschwer vorstellen, in welcher Gemütsverfassung ich im Dorf der Indianer ankam, ein Fremder, der einen der Ihren tot auf seinem Schlitten hatte, zu einem Eisblock gefroren und verstümmelt. Doch die Bewohner nahmen mir gleich bei der Ankunft jede Beklommenheit, indem sie mir dafür dankten, dass ich ihn gebracht hatte.

Über Funk wurde die kanadische Polizei, die sogenannten Mounties, verständigt; tags darauf kamen zwei Beamte mit dem Flugzeug. Sie verhörten mich, nahmen meine Aussage zu Protokoll und ließen mich unterschreiben. Wir mussten mit Schneemobilen zur Unfallstelle fahren und die Breite der Piste ausmessen, um glaubhaft zu machen, was ich mit der Leiche getan hatte. Dies alles ging ohne jede Aggressivität vonstatten. Die Mounties machten nur ihre Arbeit. Wie sie mir erklärten, waren solche Unfälle an der Tagesordnung. Dann fuhr ich weiter – nachdem sich die Angehörigen des armen Teufels, die trotz der Umstände sehr freundlich zu mir gewesen waren, noch einmal bei mir bedankt hatten.

Solche Geschichten sind vom Leben Nikolajs gar nicht so weit entfernt, obwohl er über zehntausend Meilen entfernt lebt. Aber Nikolaj ist hinter seiner Zeit zurückgeblieben, sofern man überhaupt von »hinter seiner Zeit zurückgeblieben« sprechen kann, wenn jemand nicht in diesen Automatismus geraten ist, der das Leben der Indianer und der Inuit zerstört. Als Nomade und Rentierzüchter lebte er mit den Seinen im tiefsten Sibirien, einen mehrmonatigen Fußmarsch von jeder Zivilisation entfernt, geschützt durch Hunderte Berge und ebenso viele Hügel.

Im Jahr 1990 überquerte ich sie, um in seine Welt zu gelangen. Ich wusste nichts über diese riesige Gebirgskette und noch weniger über die, die dort lebten, diese zweitausend Ewenen, die in Clans auf ein Gebiet verteilt sind, das doppelt so groß ist wie Frankreich.

Als ich mich über die Generalkarte Sibiriens beugte, um eine Route festzulegen, verfuhr ich wie bei allen meinen Expeditionen: Zunächst suchte ich die wildesten und gebirgigsten Landstriche, die an der mutmaßlichen Hauptroute lagen. In diesem Fall folgte sie einer Süd-Nord-Achse, die von der Mongolei zum Baikalsee und dann weiter bis zum Polarmeer führte. Das Einfachste wäre gewesen, ich wäre der Lena – zu der ich nach einjähriger Reise mit Pferden und Hundeschlitten vorstoßen wollte – bis zum Meer gefolgt. Aber die große, wilde Bergkette des Werchojansker Gebirges zog mich unwiderstehlich an. Ich wollte sie überqueren, und es war mir völlig gleichgültig, dass ich dafür einen Umweg von mehreren Tausend Kilometern in Kauf nehmen musste. Auf die paar Monate mehr kam es mir nicht an. Ob die Expedition anderthalb oder zwei Jahre dauerte, spielte für mich keine Rolle. Schließlich hatte ich damals noch keinerlei Verpflichtungen.

Sowie die Reiseroute feststand, musste ich herausfinden, ob mein Vorhaben realisierbar war. Die Vorbereitung dieser Expedition kostete mich ein Jahr, und diese Zeit war für mich alles andere als ermutigend. »Unmöglich«, bekam ich immer wieder zu hören. Unmöglich, die Genehmigung zu erhalten. Unmöglich für einen Ausländer, hier frei herumzureisen. Unmöglich, so ein Gebirge, so ein Gebiet zu durchqueren.

Ich bin solche Reaktionen und Warnungen gewohnt. Sie kommen im Allgemeinen von Verantwortlichen, die sich vor Ort gar nicht auskennen. Aber man muss sich mit ihnen treffen, bevor man mit Jägern, Trappern und Nomaden spricht, die in der Regel die Einzigen sind, von denen man brauchbare Auskünfte bekommt – vorausgesetzt allerdings, man weiß sie richtig einzuschätzen. Viele geben einem lieber falsche Auskünfte, als zuzugeben, dass sie die Region oder Gegend gar nicht kennen. Diese Phase ist spannend und wartet immer wieder mit Überraschungen auf.

Die Auskünfte, die ich über das Werchojansker Gebirge erhielt, waren überall dieselben und daher auf den ersten Blick glaubwürdig, was ich als beruhigend hätte betrachten können. Doch das war nicht der Fall.

»Die Berge sind unüberwindlich. Da oben lebt kein Mensch bis auf eine kleine Gruppe von Nomaden, die man nie zu Gesicht bekommt und von denen man nie weiß, wo sie sich gerade aufhalten, denn sie sind mit ihren Rentierherden ständig unterwegs. Das sind sonderbare Leute, mit denen man nicht planen kann. Aber sie sind die Einzigen, die diese Berge kennen, deshalb wären Sie ohne ihre Hilfe aufgeschmissen. Sie müssen das Vorhaben aufgeben.« Das sagten alle.

Und es war genau das, was man sagen musste, um meine Neugier zu wecken und mich in meinem Vorhaben nur noch zu bestärken. »Ich werde da hingehen. Egal, was geschieht. Koste es, was es wolle.« Und die Sibiriaken, die mir bei den Vorbereitungen halfen, verdrehten die Augen. »Er ist wirklich verrückt, dieser Franzose!«

Bin ich verrückt? Das habe ich mich manchmal selbst gefragt. Aber ich war nicht verrückt, nur weil ich über diese Berge wollte. Ich wollte diese Welt unbedingt kennenlernen, und meine Hartnäckigkeit wurde belohnt. Ich verlebte dort meine schönsten Tage.

Vor allem dank Nikolaj.

Die Ewenen leben in Clans aus drei bis fünf Familien, das heißt aus dreißig bis fünfzig Personen je nach Größe des Clans. Jede Familie teilt ihr Leben mit einer Herde von über zweitausend Rentieren, mit der sie das ganze Jahr hindurch umherwandert und von einer Hochalm zur anderen zieht.

Ein Hubschrauberpilot aus Jakutsk, der ein krankes Kind ausgeflogen hatte, stellte für mich den Kontakt zu einem dieser Clans her, und die Nomaden erklärten sich bereit, ein Stück von ihrer Frühjahrsroute abzuweichen und mich und meine Begleiter rund hundert Kilometer von der Lena entfernt abzuholen. Wir ritten mit Jakuten-Ponys zu dem vereinbarten Treffpunkt in einem Tal. Leider waren die Ewenen ein paar Tage zu früh gekommen, und wir hatten uns verspätet, sodass wir sie suchen mussten. Die Örtlichkeit war für sie nicht ideal, da ihre Rentiere in dieser Vorgebirgsregion nicht genug Flechten fanden. Darum wanderten sie seit einer Woche unablässig umher und hinterließen ein Wirrwarr von Spuren, denen schwer zu folgen war. Es dauerte mehrere Tage, bis wir sie endlich fanden. Gerade noch zur rechten Zeit, denn sie machten schon Anstalten, wieder zu den Hochalmen aufzusteigen.

Ich erinnere mich noch genau an diese Begegnung, die etwas Unwirkliches hatte. An die ersten Worte und die ersten Blicke, die ausgetauscht wurden. Sie hießen Karl und Sergej. Sie waren stolz, aber nicht hochmütig, hatten viel Humor und lachten über alles, als sei das Leben nur ein Spiel, als sei die Ungeschicklichkeit des einen nur dazu da, den anderen zum Lachen zu bringen. Sie hatten es eilig. Sie waren zu weit von zu Hause fort, von diesen Bergen, die wir in der Ferne sahen. Sie waren wie Fische auf dem Trockenen. Oder wie Vögel ohne Flügel.

»Dawai! Dawai!« Schneller, als man es erzählen kann, zeigten sie uns, wie man zwei Rentiere führt und vor einen Holzschlitten (ein wahres Wunderwerk) spannt, wie man bremst und wendet.

»Dawai! Dawai!« Wir brachen auf. Mit unserem Rentierschlitten sahen wir aus wie Weihnachtsmänner, aber wir waren eher wie Kinder, denen man das schönste Geschenk gemacht hat. Es war phantastisch. Wir fuhren mehrere Täler hinauf, eines wilder als das andere, überquerten einige Pässe. Unsere Schlange aus dreißig Rentieren, die paarweise vor fünfzehn Schlitten gespannt waren, glitt geräuschlos bis auf das Getrappel der Hufe, das Knirschen des Leders und das Knarren des Holzes durch die verschneiten Weiten.

Von Zeit zu Zeit hielten wir an, um in einem See zu angeln oder in einem kleinen Wald Hasen zu jagen. Wir lagerten mal hier, mal da, scheinbar zu keinem anderen Zweck als dem, im Einklang mit den Bergen zu leben. Die Ewenen lachten viel mit uns, amüsierten sich über alles, über unsere Ungeschicklichkeit, unsere Fragen, unsere Unwissenheit.

Aber sie machten sich nie über uns lustig.

Wir halfen ihnen, ihre Rentierherden zusammenzutreiben, die sich während ihrer Abwesenheit in den Bergen verstreut hatten, dann machten wir uns auf den Weg zu dem kleinen Dorf Sebjan-Kjujel. Dort begegnete ich meinem »Dersu Uzala«: Nikolaj, der ausnahmsweise für ein paar Tage ins Dorf gekommen war. Da meine Route nicht weit an seinem Gebiet vorbeiführte, schlug er mir vor, seine Familie beim Frühjahrsauftrieb zu den Hochalmen zu begleiten, wo sie den ganzen Sommer umherwanderten. Anschließend wollte er mich bis zu den Quellen der Jana begleiten, einen guten Wochenmarsch von dort entfernt, wo wir uns zu dem Zeitpunkt befinden würden. An den Quellen dieses Flusses war ich mit dem Team verabredet, mit dem ich per Boot bis zum Nordpolarmeer fahren wollte. Ich hoffte, das Meer noch zu erreichen, bevor sich zu viel Eis auf dem Fluss gebildet hatte. Aber es war erst Anfang April, und so blieben mir mindestens noch drei Monate, denn das Treffen war für Anfang Juli angesetzt.

Wir verließen also das Dorf zusammen mit Nikolaj und einigen Rentieren und machten uns auf in das Gebiet seines Clans. »Du wirst sehen, es ist die schönste Gegend in diesen Bergen.«

Er hatte recht. Hinter einem Hochpass, den wir fast eine Stunde lang zu Fuß erklommen, lagen die Weidegründe Nikolajs und der Seinen. Sie hatten alles, was ich liebe. Hohe und schroffe Berge, auf die Hochplateaus folgten, gesprenkelt mit Seen, die durch ein Netz von Bächen und Flüssen miteinander verbunden waren. Und es wimmelte nur so von wilden Tieren: Mufflons, Elchen, Moschushirschen, Hasen und Vögeln aller Art. Ich war überwältigt und voll Bewunderung, und Nikolaj freute sich sichtlich darüber.

Die Familien, aus denen Nikolajs Clan bestand und die reich an Kindern waren, empfingen mich wie selbstverständlich. Sie waren weder besonders überrascht noch sonderlich überschwänglich. Dann begann eine der schönsten Zeiten meines Lebens. Dort fand ich, was ich unbewusst auf allen meinen Reisen gesucht hatte: Menschen, die mit der Erde, der sie gehören, im Einklang leben.

Eine tiefe und zuverlässige Freundschaft wuchs zwischen Nikolaj und mir, ohne Künstelei, frei von der Bewunderung und törichten Ergebenheit, die Menschen aus westlichen Ländern häufig dem »Wilden« entgegenbringen. Ich war immer entsetzt über das Getue westlicher Touristen, die, kaum dem Flugzeug entstiegen, über den exotischen Charme der Indianer oder Inuit in Entzücken geraten und jedes Verhalten, selbst das dümmste, interpretieren, als sei es ein Beleg für den außerordentlichen Reichtum indianischer Kultur. Selbst wenn sich ein Indianer betrinkt, gibt es immer jemanden, der den tollen, naturwüchsigen Charakter seines Gestenspiels bewundert. Selbst wenn ein Inuit Dinge sagt, die an Dummheit kaum zu überbieten sind, findet sich immer jemand, der sie so umdeutet, als bewiesen sie den außergewöhnlichen Humor, den analytischen Verstand und die Intelligenz des Sprechers. Lächelt ein Indianer einen Westler dümmlich an, so wird der ihn, stolz über diese Sympathiebekundung, wie einen sehr guten Freund behandeln.

Ich habe einem Inuit gegenüber nicht mehr Vorurteile als einem Franzosen oder Amerikaner gegenüber. Nikolaj war alles andere als ein Dummkopf, aber er war durchaus imstande, sich dumm zu benehmen. Das ist das Privileg intelligenter Menschen. Ich liebte seinen Humor, seine Art, sich mit gespielter Boshaftigkeit, die seine tiefe Menschlichkeit verbarg, über andere lustig zu machen. Ich liebte seine ungeheuere Anpassungsfähigkeit, seinen Scharfsinn und seinen Mut. Wir fanden schnell Gemeinsamkeiten. Ich stellte ihm ebenso viele Fragen über seine Welt wie er mir über meine. Unsere Gespräche waren wie ein Pingpong-Spiel. Wer eine Frage beantwortete, erwarb das Recht, selbst eine zu stellen. »Und gibt es in diesem Paris, von dem du sprichst, auch noch Holzhäuser?« »Wie viele Rentiere reißen Wölfe jedes Jahr?« Nikolaj wollte alles über das Leben in diesen Großstädten, die ich ihm beschrieb, wissen, und ich wollte sein Nomadenleben besser verstehen lernen.

Jeden Morgen nahmen wir das Gespräch dort wieder auf, wo wir es am Vorabend abgebrochen hatten, und als diese Themen erschöpfend behandelt waren, begannen wir, über Kanada zu sprechen, über das Drama der Indianer und Inuit. »Du musst mir alles ganz genau erzählen, damit wir nicht dieselben Fehler machen.« Denn Nikolaj ahnte es, und ich bestätigte ihn darin. Die Welt würde ihn bald einholen. Die Zeichen waren da.

Seit zwei Jahren schickten die Japaner Hubschrauber in die Berge, um den Nomaden in der Zeit des Geweihabwurfs Rentiergeweihe abzukaufen. Sie zermahlen sie zu Pulver und verkaufen sie in Form kleiner Pillen als Aphrodisiakum. Die Ewenen kassieren Dollars für die paar Hundert Bastgeweihe, die sie zersägen und bündelweise wie Brennholz verkaufen. Und diese Dollars stellen ein kleines Startkapital dar, mit dem sich jeder Clan den Anfang von dem kaufen kann, was auf Dauer in Abhängigkeit führt.

Nehmen wir als Beispiel einen Geländewagen. Ich spreche nicht von einem schicken Offroader für Städter, mit dem man über den Bordstein rumpeln kann, sondern von einem richtigen Geländewagen sowjetischer Bauart, der überall durchkommt und mit dem ein Ewene in die Tundra fahren könnte. Man stelle sich den Zeitgewinn für den glücklichen Besitzer eines solchen Wunderwerks der Technik vor. Er könnte es mit allem beladen, was die Rentiere auf ihrem Rücken schleppen. Es wäre nicht mehr nötig, Säcke anzufertigen, das Gepäck gleichmäßig auf sie zu verteilen, die Rentiere zusammenzutreiben, sie zu gurten, zu satteln. Auf der anderen Seite braucht man für das Auto Benzin, Ersatzteile. Man muss Wege beschottern, um von einem Tal ins andere zu gelangen, Brücken bauen, kurzum, dem Fahrzeug viel mehr Zeit als den Rentieren widmen, sodass man womöglich bald das Reiten verlernt.

»Und warum sollte der Ewene die Rentiere nicht gegen einen schnelleren Geländewagen eintauschen, in dem er durch die Fensterscheiben vor den Stechmücken geschützt wäre, durch die Klimaanlage vor der Hitze, durch die Heizung vor der Kälte?«

»Weil nicht sicher ist, dass euch das dem Einzigen, was zählt, näher bringt: dem Glück. Die Geschichte beweist eher das Gegenteil.«

Und darüber sprachen wir stundenlang. Wir dachten zusammen über diese wichtige Frage nach, mit der wir uns im Grunde nie wirklich beschäftigen, da wir von dem Gedanken des »immer mehr und besser« beherrscht sind. Wir fühlen uns davon angezogen wie Motten vom

Licht. Aber warum zum Licht fliegen, wenn man sich dabei die Flügel verbrennt?

»Wozu solltest du dir denn ein Quad, einen Geländewagen oder ein Satellitentelefon anschaffen? Um mit dem Helikopter zu telefonieren, der dir das Benzin bringt? Du wirst mehr Rentiere brauchen, um das alles bezahlen zu können. Du brauchst mehr Weideland, du musst schneller wandern und weiter. Du musst alles rentabel machen und optimieren. Du hast keine Zeit mehr, dich in der Tundra in die Sonne zu legen, um die große Herde zu bewundern oder die Wolken zu beobachten, wie sie gemächlich am Himmel dahinziehen. Du hast keine Zeit mehr, auf die Jagd zu gehen, man bringt dir deine Lebensmittel zusammen mit dem Benzin …«

Nikolaj hörte zu, nahm meine Worte auf und schüttelte ernst den Kopf.

»Gehen wir angeln!«, sagte er schließlich fröhlich. »Wir reden morgen weiter.«

Und wir gingen angeln. Wegen des schwarzen Torfs, der sich in der Sonne aufheizte, begann das Eis an den Ufern zu schmelzen. Ein schmaler Streifen offenen Wassers hatte sich gebildet, und die Forellen schnappten nach allem, was sie an der Oberfläche fanden. Wir fingen ein gutes Dutzend, lauter Prachtexemplare, annähernd ein Kilo schwer. Wir brachten sie ins Lager und teilten sie mit den anderen. Die Sonne stand tief über dem Horizont. Ein schönes Licht ergoss sich über die Alm, auf der die große Herde ruhte, unweit der Zelte, zwischen denen Kinder spielten und lachten. Nachdenklich nahm Nikolaj unser Gespräch wieder auf. Unsere Blicke begegneten sich. Ich deutete mit einer ausladenden Geste auf die weite Tundra. »Was will man mehr verlangen?«

Ich erzählte ihm von den Indianern, den Inuit, vom Verfall ihrer Kultur, von ihrem Niedergang, für den wir verantwortlich sind, von ihren gegenwärtigen Bemühungen, ihre verlorene Würde wiederzufinden, die sie für eine Welt aufgegeben haben, die definitiv nicht für sie gemacht ist. Nikolaj lauschte aufmerksam.

»Du hast mich in deine Welt eingeladen. Jetzt musst du kommen und dir meine ansehen. Ich werde mich um alles kümmern, so wie du dich für mich um alles gekümmert hast. Ich werde dir einen Pass besorgen, ein Flugticket.«

»Werde ich dann in die Stadt kommen, von der du mir erzählt hast, dieses Paris?«

»Ja.«

»Gibt es in Paris einen Berg?«

»Nein, nur Gebäude, Häuser mit vielen Etagen, sehr hohe.«

»Nach meiner Ankunft würde ich gern auf das höchste steigen, um mir einen Überblick zu verschaffen, bevor ich sie betrete.«

Es war nur allzu verständlich, dass ein Mann der Berge etwas Unbekanntes von oben begreifen wollte. Trotzdem musste ich lachen.

»Machst du dich über mich lustig?«

»Nein, Nikolaj. So werden wir es machen. Du hast ganz recht.«

Ich konnte es kaum erwarten, diese Reise mit ihm anzutreten, ihm mein Land zu zeigen, meinen Bauernhof, meine Wälder.

Nach langen Monaten, die wir gemeinsam verbracht hatten, nahte der Tag des Abschieds. Meine Freunde erwarteten mich an den Quellen der Jana. Nikolaj erbot sich, mich hinzubringen. Aber vorher wollte er mir noch etwas zeigen …

Der Mammutfriedhof in der Tundra

hatte mir nicht sagen wollen, wohin. Es sollte eine Überraschung werden.

Das Tal, durch das wir ritten, wimmelte von Hasen. So viele hatte ich in meinem ganzen Leben nicht auf einem Haufen gesehen. Otchum scheuchte sie scharenweise aus den Erlengehölzen auf, mitunter fünf oder sechs auf einmal. Er fing viele und tötete sie aus Spaß, ohne sie zu fressen. Das machte mich zornig, aber was sollte ich tun? Ich schimpfte ihn aus, aber das hielt nicht lange vor. Ihn anbinden war unmöglich, denn die Vegetation war sehr dicht, und die Leine wäre überall hängen geblieben und hätte den armen Otchum gewürgt. Außerdem hätte er nicht verstanden, warum man ihm das Vergnügen, herumzutollen und zu jagen, versagen wollte. Zum Glück ging es am Ende des Tals bergauf, und mit zunehmender Höhe wurden die Langohren rarer. Wir bemerkten ein paar Mufflons und sogar drei Wölfe, die ihnen nachstellten, allerdings nur halbherzig, wie mir schien. Sie machten den Eindruck, dass sie ihnen nur folgten, weil sie nichts Besseres zu tun hatten. Die Mufflons selbst trauten dem Frieden nicht recht und kletterten ohne übertriebene Hast in die Felsen, wo sie, wie sie wussten, nichts zu befürchten hatten. Wir beobachteten sie noch eine Weile, bis sie hinter einem Kamm verschwanden. Ich strahlte übers ganze Gesicht.

»Du magst diese verflixten Wölfe«, sagte Nikolaj, und es klang eher wie eine Feststellung als eine Frage.

»Ja, sie begeistern mich. Und du hasst sie, weil sie deine Rentiere fressen?«

Er zeigte dieses versonnene Lächeln, das typisch für ihn war und zum Ausdruck bringen sollte, dass die Frage eine differenzierte Antwort verdiente.

»Ich hasse sie nicht. Das kann man nicht sagen, selbst wenn ich manchmal verabscheue, was sie mit meinen Rentieren machen. Ich bewundere diese Raubtiere wie du, aber mir ist es lieber, sie sind weit weg von meiner Herde.«

Ich antwortete ihm, dass ich ihn sehr gut verstehen konnte.

Wir ritten zwei Tage lang über die Hochalmen, ehe wir auf einen Pass gelangten, der einen weiten Blick über ein sumpfiges Hochplateau bot, das unglaublich viele Watvögel, Enten und Gänse beherbergte und Raubvögel, die ohne Unterlass Jagd auf sie machten.

»Da unten ist es«, sagte Nikolaj und deutete auf einen Sumpf, durch den sich ein Fluss schlängelte. Ich wusste noch immer nicht, worum es sich handelte. Nikolaj lächelte wie ein Vater, der seinen Sohn mit einem Geschenk überraschen will, und wartete gespannt auf die Freude, die gleich in meinen Augen aufblitzen würde. In dem Sumpf standen drei Elche. Nikolaj bedauerte, dass wir so weit vom Lager entfernt waren, sonst hätte er versucht, den jungen Bullen zu erlegen. Elchfleisch ist sehr nahrhaft und bei den Ewenen hoch geschätzt, denn sie haben nicht oft Gelegenheit, etwas anderes als Rentier zu essen.

Wir wateten ein Stück in den Sumpf hinein und dann an dem Fluss entlang bis zu einem kleinen Kreidefelsen, auf dem Kolkraben nisteten. Nikolajs Ziel lag hinter dieser Erhebung. Der Fluss hatte sich in die bröckelige Erde gegraben und den Permafrostboden freigelegt, der durch das relativ warme Wasser aufgetaut wurde. Hier und dort waren Holzstücke zu sehen, die nicht in diese baumlose Landschaft gehörten und wohl von einer früheren Epoche zeugten, als hier noch Wälder standen. Zu diesem Schluss kam ich jedenfalls.

Aber es waren keine »Holzstücke«. Es war Elfenbein. Mammutstoßzähne!

Jetzt begriff ich, warum es hier so viele Raben gab. Sie ernährten sich von dem Mammutfleisch, das der Fluss freilegte. Wie viele lagen hier?

Viele. Ich näherte mich respektvoll dem Friedhof. Nikolaj sagte nichts. Er beobachtete mich mit diesem undefinierbaren Ausdruck in den Augen, den ich für eine Mischung aus Stolz und Neugier hielt.

Ich trat zu mehreren Stoßzähnen, strich mit der flachen Hand darüber und wischte einen sauber, der voller Schlamm war. Er begann, in der Sonne zu glänzen. Ich stellte mir den Ort von diesen mächtigen Dickhäutern bevölkert vor. Was hätte ich darum gegeben, sie lebendig sehen zu können. Ich dachte an all die Arten, deren Aussterben wir momentan beschleunigen.

Eine ganze Weile wanderte ich zwischen den Überresten der Mammuts umher und gesellte mich dann zu Nikolaj. »Das darfst du niemandem zeigen, Nikolaj. Niemals. Du hättest es nicht einmal mir zeigen dürfen.« Er sah mich fragend an. Ich erklärte ihm, was ich meinte.

»Die Stoßzähne stellen ein Vermögen dar. Das hier ist eine Goldmine, die so mancher gern ausbeuten würde.

Wenn das bekannt wird, setzt hier ein Ansturm ein wie bei einem Goldrausch. Der Friedhof wird geschändet. Mit Maschinen wird man der Erde und dem Eis das gesamte Elfenbein entreißen. Man wird hier in der Nähe Baracken für die Arbeiter bauen, einen Flugplatz. Und dann alles als Ausgangsbasis für Touristen nutzen. Man wird euch bitten, aus dem Elfenbein Gegenstände zu schnitzen, die sich verkaufen lassen.«

Ich kannte die Geschichte in- und auswendig. Sie hat sich überall auf der Welt wiederholt. »Dann willst du das also nicht filmen? Ich dachte, das würde dich interessieren.« »Nein, ich werde es weder filmen noch fotografieren. Und ich werde niemandem davon erzählen, frühestens in fünfzehn Jahren, und auch dann nur so, dass niemand diese Stelle finden kann. Man soll die Mammuts und die Ewenen in Frieden lassen.«

Mit dürren Zweigen von Krüppelerlen, die hier und dort in dem Sumpfgebiet wuchsen, entzündeten wir ein kleines Feuer und machten Tee. Unsere beiden Rentiere begannen, Flechten zu äsen und sich langsam vom Fluss zu entfernen. Wir saßen lange schweigend da und blickten auf den Sumpf, der für mich ein heiliger Ort geworden war. Und das sollte er bleiben. Dann sprachen wir miteinander. Lange. Es war kurz nach zehn Uhr abends, als wir wieder aufbrachen. Die Kolkraben begleiteten uns ein Stück Wegs, dann kehrten die Wächter des Heiligtums nach Hause zurück.

In dieser Nacht, als ich langsam hinter Nikolaj durch die Tundra ritt, wurde die Geschichte meines Romans *Gold unter dem Schnee* geboren.

Im Jahr 2007 sah ich seinen Sohn Anatol wieder, der ebenfalls von dem Mammutfriedhof wusste, und fragte ihn, ob das Geheimnis gut gehütet sei. Er bejahte, fügte aber fatalistisch und ein wenig verlegen hinzu:

»Aber weißt du, hier verändert sich alles.«

Als wollte er sich schon damals dafür entschuldigen, was die Seinen heute tun: Sie verkaufen Rentiergeweihe an die Japaner, sie verkaufen ihre Dienste als kundige Jagdführer an Europäer, sie verkaufen Touristenausflüge in die Berge. Sie verkaufen alles, was sie können, und vielleicht werden sie eines Tages, wie viele andere vor ihnen, auch ihre Seele verkaufen. An diesem Tag werden sie mit Sicherheit auf dem Mammutfriedhof die Stoßzähne ausgraben.

Es sei denn, die Ewenen schlagen nicht denselben Weg wie alle anderen ein. Ich bezweifele es.

Zweierlei Arten der Mufflonjagd

DIE FOLGENDE GESCHICHTE ERZÄHLE ICH OFT, BESON-
ders Jägern, denn sie zeigt, wie tief der Graben ist, der die
Weißen von den Naturmenschen trennt. Auf der einen
Seite eine Haltung der Respektlosigkeit, die in der Natur
nur einen unerschöpflichen Vorrat an verfügbaren Ressourcen sieht, und auf der anderen eine Philosophie, die
in der Natur eine nährende Mutter sieht, der man das
Leben verdankt und Achtung schuldet.

Ich weilte bei meinen Freunden, den Ewenen, im Werchojansker Gebirge. Jenseits des Polarkreises, in der Abgeschiedenheit Nordsibiriens, Wochenmärsche von jener
Zivilisation entfernt, die den meisten Ewenen unbekannt
ist.

Es war Spätsommer. Die Jahreszeit, in der sich die
Pflanzenwelt in lodernden Farben präsentiert. Wir hatten
den Sommer auf den Hochplateaus verbracht und die
große Herde auf den Flechtenalmen weiden lassen. Jede
Woche zogen wir mit der Herde weiter und verlegten das
Lager. Dazu mussten über hundert Rentiere mit dem
gesamten Hausrat der Familien und ihrer vielköpfigen
Kinderschar bepackt werden. Das bedeutete jedes Mal
fünf Stunden Arbeit: abbauen, verschnüren, verpacken,
verladen. Und jede Woche begann das Ganze von vorn,
und man zog wieder ein Stück weiter.

Eine lange Schlange von bepackten Rentieren wand sich durch die Tundra. Kleinkinder und Säuglinge waren, in Decken gewickelt, an den Sätteln festgezurrt. Die kräftigsten Rentiere schleppten die Zeltstangen und schleiften sie über den Boden. Die anderen trugen Zeltbahnen, kleine Holzöfen aus Blech, niedrige Tische, Stühle, Lebensmittel und Werkzeug.

Um den Stechmücken zu entgehen, ritten wir in den kühlsten Nachtstunden – sofern man überhaupt von Nacht sprechen kann, denn so hoch im Norden wird es auch im Frühherbst noch nicht wirklich dunkel. Ich liebte dieses Nomadenleben. Ich fand es herrlich.

Bevor die Ewenen im Herbst in die Täler zurückkehren, wo die große Herde an den windgeschützten und sonnigsten Hängen überwintert, gehen sie auf Mufflonjagd. Die Gruppe besteht aus vier bis fünf Erwachsenen und ihren Rentieren, zwei pro Person, denn sie sollen auf dem Rückweg das Fleisch tragen. Ins Lager geht es erst zurück, wenn die zehn Rentiere voll beladen sind, also mit ungefähr zehn jungen, ein- oder zweijährigen Mufflons, die das zarteste Fleisch haben.

Ausgewachsene Mufflons werden verschont. Ihr Fleisch ist zu fest und zu zäh, außerdem sorgen sie für die Fortpflanzung. Man muss sie am Leben lassen, wenn man den Bestand sichern will. Es ist immer dieselbe Geschichte. Man darf das Huhn nicht schlachten, wenn man die Eier essen will.

Die Ewenen wissen das, genau wie die Indianer und die Inuit. Sie kennen die Großzügigkeit der Natur, die dem Menschen alles geben kann, vorausgesetzt, er gebraucht seinen Verstand und lebt von den Zinsen und nicht vom Kapital. Ein banaler, elementarer Grundsatz, den die Menschheit jedoch vergessen zu haben scheint. Wie könnte ein Ewene so dumm sein und mehr Mufflons töten, als das von ihm bejagte Rudel alljährlich hervorbringen kann? Wovon sollte er sich im Jahr darauf ernähren? Dezimiert ein strenger Winter das Rudel, wird er entsprechend weniger Tiere schießen. Das Umgekehrte tut er, wenn sich im Frühjahr zeigt, dass den Mutterschafen viele kräftige Lämmer folgen. So ist das Leben zwischen den Ewenen und den Mufflons, die den Jahren trotzen und die unangefochtenen Herren dieser großartigen Bergwelt bleiben, als deren Symbol sie gelten.

Ein Symbol freilich, das Begehrlichkeiten weckt, denn gewisse Jäger sind Trophäensammler. Und das Mufflon besitzt eine imposante Trophäe: ein langes und dickes, mit »Jahresringen« versehenes Gehörn, das sich schneckenartig um die Augen windet.

In jenem Herbst 1992 befanden wir uns tief im Werchojansker Gebirge. Boris hatte mich eingeladen, mich seiner kleinen Jagdgruppe anzuschließen, zu der noch Jewgenij, Sergej und Wladim gehörten. Ich hatte die Einladung mit Freude und Stolz angenommen. Sie war ein Vertrauensbeweis und ein Zeichen der Anerkennung.

In den ersten Tagen hatten wir wenig Glück. Es war sehr neblig, und die wenigen kleinen Rudel, die wir aufspürten, hielten sich an unzugänglichen und gefährlichen Stellen auf. Nach fünf Tagen hatten wir gerade mal ein einziges Mufflon aus einem siebenköpfigen Rudel erlegt, dem wir auf einem völlig in Nebel gehüllten Pass plötzlich unverhofft gegenüberstanden. Wladim nutzte den sehr kurzen Überraschungsmoment, brachte das Gewehr in Anschlag und nahm ein Tier aufs Korn, bevor es flüchten konnte. Innerhalb von zwei Tagen hatten wir es komplett aufgegessen. Wir hatten also nichts, was wir ins Lager mitnehmen konnten, und mussten wieder bei null anfangen. Außerdem kündigte sich Schnee an.

Dann wendete sich das Blatt. Der Himmel riss ein wenig auf, und wir entdeckten ein großes Rudel von über fünfzig Tieren, in der Hauptsache Mutterschafe und Junge, begleitet von Ein- und Zweijährigen, denen unser ausschließliches Interesse galt. Auch ein paar große Widder waren dabei, wahrhafte Patriarchen mit imposanten, überdimensionalen Gehörnen, die sich um ihre Augen ringeln und ihnen ein unglaubliches Aussehen verleihen. Sie standen oberhalb der Herde in den Felsen, über die wir uns an sie anpirschen konnten. Ich kam bis auf fünfzig Meter heran und konnte in aller Ruhe die Majestät dieser Tiere bewundern, von denen eine unglaubliche Kraft und Stärke ausgeht. Keineswegs wollte ich von so einem Widder auf die Hörner genommen werden!

Einer von ihnen schlug Alarm und löste eine panikartige Flucht aus. Damit hatten wir gerechnet und einige Fluchtwege rings um das Rudel bereits besetzt. Der Großteil der Tiere floh durch eine Schlucht, in der niemand postiert war, aber es gelang uns, ein paar zu erlegen, ehe sie sich in ihrer Kopflosigkeit hinter dem älteren weiblichen Leittier versammelt hatten.

Auch der folgende Tag war von Erfolg gekrönt. Allerdings hatte uns das Anpirschen durch ein Tal in das nächste einen siebenstündigen Marsch abverlangt, fünf davon durch dichten Wald.

Wir zerlegten gerade die beiden Jungtiere, die wir bei dieser langwierigen Jagd erbeutet hatten, als wir einen Hubschrauber hörten. Er donnerte über uns hinweg, kam zurück, flog von Gipfel zu Gipfel, landete mal hier, mal dort. Aus der Ferne drangen gedämpfte Schüsse an unser Ohr, dann flog er wieder davon.

Meine Freunde wussten nicht, was er hier zu suchen hatte. Sie zuckten mit den Schultern, um zu zeigen, dass es ihnen egal sei. Wir wendeten uns wieder unserer Beschäftigung zu, dem Zerlegen der Tiere.

Das Tier wurde komplett verwertet mit Ausnahme der Hörner, die wir auf dem Boden liegen ließen und die bald von Nagetieren angeknabbert werden würden. Alles andere nahmen wir mit: das Fleisch selbstverständlich, aber auch die Innereien, Darm, Leber, Herz, Knochen und Sehnen. Wir packten alles sorgfältig in die Haut, die wie ein Sack zugenäht wurde.

Am nächsten Tag hatten wir acht solche Pakete, und da Boris noch am Abend mit Schnee rechnete, beschloss er, auf dem Weg über die Bergkämme zurückzukehren. Der war zwar länger, ersparte uns aber mühsame Auf- und Abstiege.

Ein paar Stunden später bemerkten wir einen Schwarm Kolkraben. Wir bogen in ihre Richtung ab, und bald darauf entdeckten wir das Objekt ihrer Begierde. Den Kadaver eines großen Mufflonwidders, dem der Kopf abgetrennt worden war. Meine Freunde, die Ewenen, umringten schweigend den leblosen Körper. Sie betrachteten ihn mit düsterem Blick, zunächst fassungslos, dann empört, als sie, im gleichen Moment wie ich, begriffen, was sich hier abgespielt hatte. Ich schämte mich und spürte Mordlust in mir aufsteigen. Zum Glück kam der Hubschrauber in diesem Augenblick nicht zurück.

Ich betrachtete wieder den Kadaver des geköpften Widders. Wie bezeichnend! Das Einzige, was der Ewene der Natur überließ, nahm der Weiße als Trophäe mit.

Bei meiner Rückkehr nach Jakutsk einen Monat später zog ich Erkundigungen ein. Es handelte sich um einen Franzosen, der in Jägerkreisen sehr bekannt war, in Jagdzeitschriften von seinen Großtaten berichtete und sich in der High Society wichtig machte. Ich würde mir wünschen, dass dieser Jäger, der viele bewundernde Blicke einheimst und den eine Aura des Ruhmes umgibt, einmal nur wagen würde, einem meiner Ewenen-Freunde unter die Augen zu treten.

Ein Bein für Boris

DIE KLEINEN EWENEN KÖNNEN SICH AUF EINEM REN-
tier halten, bevor sie laufen können. Bereits im Alter von
sechs Monaten reisen sie bei längeren Wanderungen
nicht mehr auf dem Rücken der Mutter, sondern auf
einem Rentier. Sie werden in Decken gewickelt und auf
dem Sattel festgebunden. Die Decken bilden eine Art
Nest, in dem sie sitzen können.

Auf dem Rentierrücken das Gleichgewicht halten zu
können ist angeboren und für einen jungen Ewenen so
natürlich wie atmen oder trinken. Schon als Dreijährige
können sie Trab reiten.

Als ich sie so gemütlich auf einem Rentier sitzen sah
wie in einem Autositz, dachte ich, das sei leicht. Das war
ein Irrtum. Ich hatte schon ganze Monate auf Pferde-
rücken zugebracht und glaubte, einen guten Gleichgewichtssinn zu haben. Als ich das erste Mal auf ein Rentier
stieg, blieb ich gerade mal sechs Sekunden oben und ern-
tete von den Ewenen spöttische Blicke.

Ärgerlich stieg ich wieder auf. Ich presste die Ober-
schenkel zusammen und nahm das Rentier fest zwischen
die Beine. Das Tier setzte sich in Bewegung, und ich
rutschte erneut auf der Seite herunter. Die Haut des Rentiers sitzt nämlich nicht fest am Körper. Anders als beim
Pferd nützt es deshalb überhaupt nichts, wenn man die

Beine zusammenquetscht. Es kommt ausschließlich darauf an, das Gleichgewicht zu halten. Man muss jede Bewegung des Tiers mitmachen, als sei man ein Anhang seines Körpers, eine Art Gliedmaße, deren Aufgabe es ist, die Hüftschwünge des Tiers auszugleichen. Außerdem muss man das Gelände lesen können und wissen, wie das Rentier schwierige Stellen angeht, damit man sich darauf einstellen und ihm, was noch wichtiger ist, helfen kann.

Als es mir endlich gelang, mich auf dem mir zugeteilten Rentier zu halten, ritt ich oft mit ihm aus. Nur eines verstand ich nicht: Donald, wie ich das Tier nannte, zeigte jedes Mal nach der Hälfte der Strecke Ermüdungserscheinungen. Ich musste das letzte Stück jeweils zu Fuß gehen, um meine Freunde nicht allzu sehr aufzuhalten. Obwohl sie häufig schwerer waren als ich, ritten sie fröhlich weiter, ohne dass ihre Tiere schlappmachten. Ich war Ballast und hinderlich, während ein Ewene mit seinem Tier eins wird und ihm hilft, sein Gleichgewicht zu halten. Mein Ren hatte mich nicht besonders gern auf seinem Rücken.

Meine Reitkünste wurden zwar etwas besser, aber die Leichtigkeit und Lockerheit der Ewenen erlangte ich nie.

Boris war Nikolajs Bruder. Er wog über achtzig Kilo. Ein Muskelpaket und einer der besten Jägers des Clans. Durch Verschulden eines Hubschrauberpiloten, der wegen schlechten Wetters nicht starten konnte, hatte er ein Bein verloren. Der Mann war betrunken gewesen. Er spielte mit Boris' Jagdwehr herum, lud die Waffe durch, ohne sich dessen bewusst zu sein, und legte zum Spaß auf Boris an. Dann betätigte er den Abzug und rief »Peng!« Der Schuss traf Boris oberhalb des Knies und zerschmetterte ihm das Bein. Um sein Leben zu retten, musste man ihm das Bein abbinden und das, was noch von ihm übrig war, abnehmen. Zum Ausbrennen der Wunde wurde ein großes, glühendes Messer benutzt, mit dem die Ewenen normalerweise die Lendenstücke eines Elchs herauslösen. Um ihn zu betäuben, flößten sie ihm den restlichen Wodka des Piloten ein. Boris überlebte.

Ich traf ihn ein paar Monate nach dem tragischen Vorfall. Er erklärte mir, auf einem Rentier könne er nicht mehr das Gleichgewicht halten. Er sei nutzlos geworden, falle dem Clan nur zur Last und werde deshalb bald die große Reise antreten, von der niemand zurückkomme.

Ich bat ihn, damit noch zu warten: In Frankreich stelle man Prothesen her, mit denen Menschen gehen könnten. Ich versprach, ihm eine zu bringen. Er glaubte mir.

Es war einfach, ihm diesen Vorschlag zu machen. Weniger leicht war es, ihn in die Tat umzusetzen.

Unmöglich, beschied man mir angesichts der Fülle von Problemen, die wie üblich für unüberwindlich erachtet wurden. Weil man einen Abdruck des Stumpfes brauchte und der nur von einem Fachmann genommen werden konnte, der in Sibirien nicht aufzutreiben war. Weil man eine provisorische Prothese anfertigen und anpassen musste, bevor man darangehen konnte, die endgültige herzustellen. Weil man eine Einfuhrgenehmigung benötigte, die für diese Art von medizinischem Gerät in Russland nicht erteilt wurde. Weil dies alles sehr teuer war und ich damals nichts auf der hohen Kante hatte.

Dass ich nacheinander alle Schwierigkeiten aus dem Weg räumen musste, war nicht das Schlimmste. Viel schlimmer war, dass ich den Spezialisten und die Prothese nicht begleiten konnte. Aus Geldmangel. Ich hatte alles finanziert, und Geld angelt sich nicht so leicht wie eine Forelle in einem Bergsee. Mir blieb nichts anderes übrig, als den Spezialisten und seinen Assistenten allein zu schicken und mich mit ihrem Bericht über die Reise zu begnügen. Die beiden waren feine Kerle. Sie verlangten kein Honorar und stellten nur die Bedingung, dass ich alles organisierte und ihre Reisekosten übernahm. Die nötige Ausrüstung besorgten sie sich kostenlos oder jedenfalls fast.

»Aber ich warne dich, dein Ewene wird enttäuscht sein. Das Wunder, auf das er wartet, wird möglicherweise gar nicht eintreten. Meist ist ein langer Gewöhnungsprozess erforderlich, bis man das Gleichgewicht halten und wieder gehen kann.«

»Hauptsache, er schießt sich nicht eine Kugel in den Kopf, wie er es vorgehabt hat. Den Rest braucht ihr ihm nur zu erklären. Er wird es verstehen.«

Die Reise durch Russland war, wie immer, lang und kompliziert. Die Zöllner machten ihrem Ruf alle Ehre und rückten unter dem Vorwand, irgendein Formular sei nicht ordnungsgemäß ausgefüllt, das Material nicht heraus. Sie forderten eine Gebühr, zahlbar in bar und in Dollar. Das Übliche. Dass es sich um eine humanitäre Mission handelte, spielte keine Rolle. Westler müssen, ganz unabhängig vom Grund ihrer Reise, immer gerupft werden. Keine Frage.

Noch 2005, zu Beginn meiner Sibiriendurchquerung vom Baikalsee nach Moskau, musste ich zweitausend Dollar berappen, um meinen Schlitten beim Zoll auszulösen! Genauso viel, wie der Schlitten gekostet hatte! Ohne ihn war ich aufgeschmissen, und die Zöllner, nicht auf den Kopf gefallen, wussten das. Bei der Ausreise dann dasselbe Theater mit den Hunden. Die Zöllner erfanden ein Formular, um die Zahlung einer Geldsumme zu verlangen. Ich weigerte mich zu zahlen. Wenn es um meine

Hunde geht, hört bei mir der Spaß auf. Ich beschwerte mich an höherer Stelle. Die Zöllner schoben sich gegenseitig den Schwarzen Peter zu, als der Nachweis erbracht wurde, dass die Ausfuhrpapiere vollständig und ordnungsgemäß ausgefüllt waren. Unterdessen saßen die Hunde in Moskau fest und waren zu untätigem Warten verdammt, obwohl sie eine Phase des »Abtrainierens« benötigten, die mindestens ebenso wichtig ist wie das Training selbst. Jeden Tag wurde versprochen, dass die Hunde am nächsten Tag weiterbefördert werden könnten. Der französische Botschafter Jean Cadet und seine Frau waren prima und ließen sie in ihren Garten, wo sie wenigstens etwas Auslauf hatten.

Dann platzte mir endgültig der Kragen. Ich wandte mich an den russischen Botschafter in Frankreich und verlangte die sofortige Freigabe der Hunde. Der für den Zoll zuständige Minister schaltete sich ein. Die Hunde durften endlich nach Hause. Solche Methoden korrumpieren das Land. Sie sind der Grund, warum ich zögere, meinen nächsten Film *Loup* dort zu drehen. Ich möchte nie wieder als Geisel genommen werden von diesen mafiosen Beamten, die ich unerträglich finde und die all denen einen Bärendienst erweisen, die sich für das Wohl dieses großartigen Landes einsetzen.

Trotz alledem kommen schließlich die Orthopäden und ihre Prothese in den Bergen an. Als der Hubschrauber landet, ist der gesamte Clan versammelt – und enttäuscht, weil ich nicht dabei bin.

»Er hat doch versprochen zu kommen.«

»Nein«, korrigiert der Arzt. »Er hat ein Bein versprochen. Hier ist es!«

Die Ewenen, unter ihnen auch Boris, nehmen es prüfend in Augenschein, geben Kommentare ab, skeptisch und zweifelnd, aber neugierig.

Die beiden Ärzte verlieren keine Zeit. Sie quartieren sich in einem der beiden Räume der Dorfschule ein und untersuchen den Stumpf, von dem sie in Frankreich per Post einen Abdruck erhalten haben. Sie haben alles dabei, was sie brauchen, um die Prothese zu korrigieren und anzupassen. Sie arbeiten von morgens bis abends, und am nächsten Tag findet ein erster Gehversuch statt.

»So etwas habe ich noch nie erlebt«, wird mir einer der beiden Ärzte später berichten.

Die Prothese wird angesetzt. Mithilfe seiner neuen Freunde steht Boris auf. Er stützt sich auf das künstliche Bein, findet sein Gleichgewicht und verlangt, dass man seine Hand loslässt. Der Arzt schüttelt den Kopf und fordert die Dolmetscherin auf zu übersetzen.

»Man braucht mehrere Tage Übung. Zunächst versucht man, an einem Geländer entlangzugehen. Das müssen wir also erst noch bauen.«

Boris legt dem Arzt die Hand auf die Schulter und macht sich sanft, aber bestimmt von ihm los. Er tut einen Schritt. Die beiden Ärzte sehen verwundert zu. Boris wankt ein wenig wie ein Kind bei seinen ersten Gehversuchen.

Ein zweiter Schritt. Ein dritter. Er findet sein Gleichgewicht, geht weiter. In wenigen Minuten gelingt ihm, wozu normalerweise mehrere Wochen erforderlich sind. Er geht.

»Unglaublich!«

Nicht unbedingt, wenn man den außergewöhnlichen Gleichgewichtssinn der Ewenen kennt. Ein paar Tage später stieg Boris auf ein Rentier und kehrte mit seinem Clan in sein Dorf zurück.

Ich bin sehr glücklich darüber, dass ich ihm diesen Dienst erweisen konnte, aber ich sehe darin nichts Besonderes. Ich fühlte mich tief in der Schuld der Ewenen und dieses Clans; sie hatten mich wie einen der Ihren bei sich aufgenommen. Nikolaj und Wassilij waren mehrmals von ihrer Wanderroute abgewichen, um mich irgendwo abzuholen oder hinzubringen. Sie haben mir diese Welt erschlossen, die mir die Augen geöffnet und mich tief und nachhaltig geprägt hat.

Ein Indianer in der Stadt

NACH MEINER RÜCKKEHR AUS SIBIRIEN WURDE Otchum zu einem »Indianer in der Stadt«. Am Baikalsee geboren und in Freiheit aufgezogen, hatte er mich eineinhalb Jahre lang auf einer Expedition begleitet, die ihn überhaupt nicht auf das Leben in der Stadt vorbereitete.

Als wir aus dem Flugzeug stiegen, entdeckte Otchum Paris mit denselben Augen wie meine Tochter Montaine, als wir nach unserem Jahr in den Rocky Mountains mit ihr in die Zivilisation zurückkehrten. Mit Neugier, manchmal Staunen, häufig auch Entsetzen in den Augen.

Zuerst musste ich ihn an die Leine gewöhnen oder vielmehr ihm klarmachen, dass es sich nicht um eine Zugleine handelte, an der es mit aller Kraft zu ziehen galt, wie er es monatelang mit seinen vierbeinigen Gefährten vor dem Schlitten getan hatte. Das war keine Kleinigkeit. Oft war es eher so, dass wir an der Leine gingen, gezogen von Otchum. Aber zumindest konnten wir von Zeit zu Zeit versuchen, ihn zu bremsen, indem wir uns bei mehr oder weniger kontrollierten Rutschpartien die Schuhsohlen auf dem Asphalt abwetzten, an dem Otchum schnüffelte, verstört über die vielen Hundegerüche.

Das ist das Problem: Für Otchum gibt es nur vier Typen von Hunden. Die *Mickerlinge,* Kläffer aller Art, die nichts weiter als Snacks sind, eine Art Hase oder

Kaninchen, dem man locker die Gurgel durchbeißt. Die *Konkurrenten.* Das sind alle Rüden über zehn Kilo, die seinen Weg kreuzen. Diese Gruppe zerfällt wiederum in zwei Kategorien: in diejenigen, die sich *sofort unterwerfen* – die knurrt er, wenige Millimeter über ihrer Gurgel, lediglich an, bis das zu Tode erschrockene Opfer an allen Gliedern schlottert. Und in diejenigen, die sich *nicht unterwerfen.* Die stellen ein Riesenproblem dar, denn im Unterschied zu all diesen Stadthunden hält sich Otchum nicht an die städtische Gepflogenheit, erst einmal ausgiebig zu knurren, bevor man eventuell miteinander rauft, nach dem Motto »Haltet mich zurück, sonst mach ich ihn kalt«. Otchum gehört nicht zu dieser Sorte. Wenn sich ihm ein Hund widersetzt, geht er sofort auf ihn los, ohne ihn vorher über seine Absichten zu informieren. Der Widersacher kommt gar nicht dazu, in Abwehrstellung zu gehen. Bevor er weiß, wie ihm geschieht, hat er eine zerfleischte Schulter oder zerfetzte Ohren. Zum Überraschungsmoment kommt die Technik. In Sibirien hat Otchum in jedem Dorf, durch das wir kamen, mit Hunden gekämpft – und die waren von einem anderen Kaliber als die in der Stadt –, und in diesen Dutzenden von Kämpfen ist er nahezu unbesiegbar geworden. Er ist nicht nur mit unglaublicher Kraft und Wendigkeit ausgestattet, sondern auch mit einer echten Begabung, einer ausgeprägten Kampfintelligenz. Kein Stadthund, so groß er auch sein mag, kann es mit ihm aufnehmen. Wenn wir nicht blitzschnell und energisch eingreifen, hat der Kontrahent in weniger als einer Minute das Zeitliche gesegnet.

Und dann gibt es noch die *Damen.* Auch bei ihnen unterscheidet Otchum zwei Kategorien: die *Nichtläufigen,* denen er völlige Gleichgültigkeit entgegenbringt, freilich nicht ohne vorher eine nicht gerade höfliche

Überprüfung vorzunehmen, indem er ihnen die Schnauze zwischen die Hinterläufe steckt oder sogar ungehalten knurrt, wenn die »Damen« sich zieren. Und natürlich die anderen, die *läufigen Hündinnen*. Auch sie stellen ein großes Problem dar, denn Otchum ist mit einem außergewöhnlichen Geruchssinn ausgestattet. Erinnern wir uns, dass er ein Laika ist, ein Jagdhund, der von den Sibiriaken seit Generationen dafür gezüchtet wird, im Schnee Pelztiere zu verfolgen. Er hat also eine feine Nase.

Aus den vielfältigen Gerüchen der Stadt filtert er den richtigen heraus und ist dann nicht mehr zu halten. In Sibirien kannte ich keine, die ihm widerstanden hätte. In jedem Dorf beehrte er eine oder mehrere Hündinnen so gewiss, wie er die möglichen Rivalen ausschaltete. Die Besitzer dieser Hündinnen waren immer auf der Suche nach frischem Blut und freuten sich deshalb über diesen unverhofften Glücksfall. Ich hätte für die Dienste meines »Zuchthengstes«, der jedermanns Bewunderung erregte, sogar Geld verlangen können: Er strotzte vor Gesundheit und sah prächtig aus mit seinem dichten, glänzenden Fell, unter dem stahlharte Muskeln spielten. Ganz objektiv gesehen, war Otchum ein großartiger Hund, nach dem man sich umdrehte, ob man Hundeliebhaber war oder nicht.

Aber was macht man mit einem solchen Hund in der Stadt? Es war eine Katastrophe. Wir mussten zu zweit sein, um ihn zu bändigen. Dann setzte er, sehr demonstrativ, den Blick eines geprügelten Hundes auf, was vollkommen verständlich war. Zwei Jahre lang hatte er ein freies, draufgängerisches Hundeleben geführt, und jetzt sollte er plötzlich Manieren lernen. Absolut lächerliche Regeln: Warum sollte er all diese Hündinnen nicht bespringen? Warum sollte er all diese männlichen Konkurrenten nicht anknurren und ihnen eine Abreibung verpassen? Warum sollte er nicht ein paar von diesen appetitlichen Tieren anknabbern? »Weil man das nicht tut« ist einem Hund wie Otchum, ehrlich gesagt, nicht leicht beizubringen.

Diese Gewohnheiten waren bei weitem nicht die einzigen, die einer Korrektur bedurften. Otchum hatte sein Geschäft immer dort verrichtet, wo ihn das Bedürfnis überkam. Der erste Schritt seiner Erziehung für ein Leben in der Stadt bestand also darin, ihm klarzumachen, dass das Wohnzimmer eines Gastgebers nicht der geeignete Ort war. Auf frischer Tat ertappt, sah mir Otchum mit einem unschuldigen Blick in die Augen, als wollte er sagen: »Na und?« Darauf zeigte ich ihm das Corpus Delicti und führte ihn nach draußen. Komplizierter wurde es beim kleinen Geschäft, denn das wurde nicht auf einmal abgesetzt wie ein Kothaufen. Urin ist für einen Hund ein knappes, kostbares Gut, das er in kleinen Mengen dazu verwendet, hier und dort sein Revier zu markieren und seine Anwesenheit kundzutun. Nun fühlt sich Otchum aber überall zu Hause. Wie ein absoluter Monarch macht er sich das Gebiet, das er betritt, untertan und begießt ungeniert dessen Grenzen. Er pinkelt also überall, an jede Hausecke, an jeden Laternenpfahl, jedes Mal, wenn er die Gegenwart eines »anderen« riecht, was häufig vorkommt, so häufig, dass Otchum schnell die Munition ausgeht und er die ganze Zeit Durst hat.

Und schließlich noch die Sache mit dem Fressen. Hier gilt dasselbe wie für eine Hündin: Es ist für ihn da, und versuchen Sie mal, ihm das Gegenteil klarzumachen! Ach! Die schönen, verlockend duftenden Fleischauslagen in den Einkaufsnetzen der Passantinnen, all diese Köstlichkeiten, direkt vor seiner Nase und so viele auf einem Haufen, wie er es sich nie hätte träumen lassen.

Ein wahres Paradies, diese Stadt! Glauben Sie nicht, Otchum sei über seine Verschleppung aus Sibirien unglücklich gewesen. Er ist von Paris hellauf begeistert. All die Hündinnen, die Leckereien, so viel Neues, das es zu entdecken gibt. Einfach toll.

Ich kann seine Gedanken lesen: »Was ist nur in Nicolas gefahren? Wieso verbietet er mir plötzlich alles, was das Leben lebenswert macht: fressen, rammeln, raufen! Was hat er denn nur?«

Als er einen Satz macht und nach der Einkaufstasche einer Dame schnappt, die gerade vom Markt kommt, bildet sich sofort ein Menschenauflauf, denn ich habe Mühe, sein Maul aufzustemmen, und die arme Dame ist verständlicherweise entsetzt.

»Aber das ist ja ein ganz Wilder, Ihr Hund!«

»Sie wissen gar nicht, wie recht Sie haben, Madame!«

Das Fernsehen rettet mich. Ein Mann aus der Menge erkennt mich und erinnert sich sogar an den Namen des Hundes. Er erzählt, und alles kommt wieder ins Lot. Etwas schwieriger wird es auf dem Boulevard Saint-Germain. Ich übersehe einen Pudel, der gerade aus einer kleinen Seitenstraße kommt. Otchum stürzt sich sofort auf ihn. Bevor ich reagieren kann, ist der Pudel schon leicht ramponiert. Zum Glück habe ich einen guten Freund, den Tierarzt Michel Klein. Er ist ein feiner Kerl. Er flickt den Hund wieder zusammen und hilft mir wieder einmal aus der Patsche.

Ich glaube nicht, dass Otchum in seinem einfachen Hundehirn diese kleinen Vierbeiner mit Hunden in Verbindung bringt. Für ihn gehören sie in die gleiche Kategorie wie Kaninchen, Schneehuhn oder Taube.

Apropos Tauben! Die erste, die Otchum sieht, löst bei ihm denselben Reflex aus, den er bei Federwild immer zeigt. Er duckt sich, wird zur Katze, kriecht Zentimeter für Zentimeter vorwärts, zitternd vor Angst bei der Vorstellung, dass der Vogel entfleucht, bevor er nahe genug heran ist, um ihn anzuspringen. Die Pariser Tauben haben auf dem Gebiet wenig Erfahrung, sodass er sie nach Belieben fängt.

Aber Otchum begreift schnell, wie die Dinge hier laufen. Und da er weiß, dass es hier überall Tauben gibt und wir ihm verbieten, sie zu fressen, tut er so, als ob sie ihn überhaupt nicht interessierten. Er trabt gleichgültig dahin, sodass unsere Wachsamkeit erlahmt. Da er an den Tauben vorbeiläuft, ohne sie auch nur eines Blickes zu würdigen, tun sie das, was sie bei jedem Hund tun. Sie gehen nur ein paar Meter auf Distanz. Aber dieser Sicherheitsabstand, den sie instinktiv danach berechnen, was sie über Hunde wissen, reicht bei Otchum nicht. Wenn wir gerade überhaupt nicht damit rechnen, ist er mit einem Satz bei der Taube und fängt sie unter den entsetzten Blicken der Passanten mit einem gezielten Biss im Flug. Die Leine ist mir entglitten, und bis ich sie wieder zu fassen bekomme, liegt Otchum bereits auf dem Vogel und rupft ihm die Federn aus, um ihn zu fressen. Ich lasse ihn gewähren.

Das ist mit Sicherheit nicht die beste Erziehungsmethode, aber zu meiner Schande muss ich gestehen, dass ich einen gewissen Spaß daran habe. All die Leute um mich herum, die aufschreien wie schockierte Anstandstanten, gehen mir langsam auf die Nerven. Hat Otchum denn nicht das Recht, eine Taube zu fressen? Gibt es ein Gesetz, das ihm das verbietet?

Da ich in solchen Fällen ziemlich albern werde, setze ich noch einen drauf. »Passen Sie auf Ihren Hund auf. Meiner hat heute Morgen zehn Tauben gefressen, und wenn er bei der Zahl angelangt ist, fängt er normalerweise an, ein paar Hunde zu verspeisen!« Die Schnauze verschmiert vom Blut seines Opfers, erinnert Otchum mehr an einen Wolf als an einen Hund. Der Kreis um das Raubtier weitet sich, und man beäugt ihn mit einer Mischung aus Respekt, Furcht und Bewunderung.

Ich nehme meinen Wolf wieder an die Leine, wickele sie mir ums Handgelenk und gehe weiter. Hinter mir wird getuschelt. »Es gehört verboten, dass solche Hunde ohne Maulkorb ausgeführt werden.«

Der Mensch hat ja recht, aber ich kann mich nicht dazu durchringen. Zum Glück für Otchum und mich – »Wilde« alle beide – wohne ich nicht in der Stadt und nicht einmal in einem Dorf. Ich lebe auf dem Hof meines Großvaters mitten im Wald, mehrere Kilometer von der nächsten Ortschaft entfernt. Meine Nachbarn sind Rehe und Hirsche, und dorthin gehe ich nun gern mit Otchum nach diesem unvermeidlichen Kurzaufenthalt in der Stadt der Verrückten.

Wie immer, wenn ich nach langer Abwesenheit in meine Sologne zurückkomme, empfinde ich auch nach diesen anderthalb Jahren Sibirien eine unermessliche Freude. Häufig werde ich gefragt, wie es für mich ist, wenn ich nach einer langen Reise aus dem hohen Norden nach Hause komme.

»Ist es denn nicht sehr schwierig, wieder in das Leben hier zurückzukehren, sich wieder an ein normales Leben zu gewöhnen?«

Ich antworte darauf immer: »Ich packe ebenso gern meine Koffer, um in den Norden zurückzukehren, wie ich sie wieder auspacke, wenn ich nach Hause komme, dorthin, wo ich aufgewachsen bin und wo meine Liebe zur Natur geweckt worden ist.«

Ohne dieses Zuhause, den Wald in der Sologne, wo ich mit großer Freude im Herbst dem Röhren der Hirsche lausche, mich im Sommer an die Wildschweine auf den Feldern heranpirsche, im Frühjahr den Rehkitzen zusehe und im Winter die Wildenten auf den zugefrorenen Teichen zähle, wäre ich wohl irgendwo in Sibirien geblieben bei den Rentierzüchtern oder in meiner einsamen Hütte mitten in den Rocky Mountains.

Und ich wäre nicht so glücklich, wie ich es heute bin, denn ein Mann ist wie ein Baum. Er braucht Wurzeln, sonst verdorrt er, verliert seine Blätter und fällt irgendwann um. Zwischen dem Norden, wo ich mehr als mein halbes Leben verbracht habe, und diesem Hof in der Sologne, wo ich mein Leben begonnen habe und wo ich es zweifellos auch beschließen werde, habe ich mein Gleichgewicht gefunden. Das gestattet mir, fortzugehen und gern wiederzukommen, zu bauen, eine Familie zu gründen, etwas an meine Kinder und diejenigen weiterzugeben, die mich als Freunde begleiten. Dort, in meinem kleinen Arbeitszimmer, das auf die Felder und den Teich in der Ferne hinausgeht, schreibe ich, plane meine Reisen, denke mir meine Filme aus. Doch es vergeht kein Tag, an dem ich nicht, meist begleitet von einem meiner Kinder, mit dem Fernglas die Wälder, Brachen und Heiden durchstreife.

Hier kenne ich im Wald jeden Baum. Ich kann sogar die Rehe auseinanderhalten, ihre Jungen, die Fasanengelege, die Rebhuhnketten, die Hasen oder die großen Hirsche.

Wenn ich nach langer Abwesenheit zurückkomme, hat sich viel verändert. Die Wildschweinrotten sind nicht mehr dieselben. Die Bäume im Wald sind größer geworden. Manche sind abgestorben, das Heidekraut hat sich ausgebreitet. Der Hirsch hat seinen Kopfschmuck erneuert und trägt ein Geweih mit mehr Enden. Oder er hat es zurückgesetzt – wie man sagt, wenn ein älterer Hirsch ein Geweih mit verminderter Endenzahl, geringerem Gewicht und Volumen ausbildet.

Nichts auf der Welt liebe ich mehr als diesen ausgedehnten Spaziergang, den ich mache, wenn ich nach langer Abwesenheit nach Hause zurückgekehrt bin. Ich genieße jeden Laut, den Gesang der vielen Tausend Vögel im Frühling; jeden Geruch, den des Waldes, der Teiche, der frisch gepflügten Felder. Ich berausche mich an den Farben: dem Rot des Sommerflieders, dem Gelb des blühenden Ginsters und Rapses, dem Blau und Violett so vieler bekannter und unbekannter Blumen, dem des Himmels zwischen dem Grün der hohen Bäume.

Als ich mit Otchum, der mich gut kannte, nach Hause kam, spürte er meine Erregung und meine Freude. Er begann, vor Zufriedenheit zu bellen, galoppierte im Kreis und sprang mich immer wieder an, wobei er mich jedesmal mit Absicht knapp verfehlte und zum Spaß nur Zentimeter von meinem Gesicht entfernt die Kiefer aufeinanderschlug. Ein Spiel, das der Briefträger, der es gewohnt war, mir guten Tag zu sagen, gar nicht lustig fand. Er trat eilends den Rückzug in sein Auto an und rief mich an, um mir mitzuteilen, dass ihn ein wildes Tier angegriffen habe.

Auch Diane wurde ein Opfer dieser etwas »speziellen« Sympathiebekundung. Hatte Otchum den Sprung zu knapp berechnet oder hatte Diane sich bewegt? Wie auch immer, jedenfalls rammte er sie aus vollem Lauf mit aller Wucht. Beide gingen zu Boden. Otchum rappelte sich schneller wieder auf und leckte, zerknirscht und unglücklich winselnd, seiner Herrin das Gesicht. Diane, die ein paar Sekunden lang ohnmächtig war, kam mit ein paar blauen Flecken davon.

In der Sologne war Otchum in seinem Element. Die Kaninchen und die Fasane hatten ein wenig darunter zu leiden, aber Otchum war glücklich.

Dann kam der Herbst, und mit ihm die Eröffnung der Jagdsaison, die jedes Wochenende scharenweise Pariser anlockt. Sie reisen wie zu einer Kirmes in schicken Geländewagen an und bringen Damen mit federgeschmückten Hüten mit, die von den mit ihren schönen Jagdgewehren so männlich wirkenden Herren ganz hingerissen sind.

Die im Voraus unterrichteten Jagdhüter lassen die *Cocottes*, wie man sie hier nennt, frei: Fasane, Rebhühner und Enten, die eigens dafür gezüchtet werden, als Zielscheibe zu dienen bei diesen Pseudojagden, wahren waidmännischen Lustbarkeiten, die, je nach Blickwinkel, der Stolz oder die Schande der Sologne sind. Die Frau des Jagdhüters bewirtet an diesen Tagen fürstlich, denn die Herren essen gern und viel. Die gesamte Wirtschaft der Sologne profitiert davon, also drückt man ein Auge zu, und der Rummel geht weiter, obwohl viele richtige Jäger verbieten lassen wollen, dass nach Eröffnung der Jagdsaison noch Federwild freigelassen wird. Seit zehn Jahren wünsche ich mir ein solches Gesetz. Da Geduld nicht meine Stärke ist, beginne ich zu verzweifeln.

Otchum hört um neun Uhr am Sonntagmorgen die ersten Gewehrschüsse, genauer gesagt, das ununterbrochene Geknatter einer Veranstaltung, die man hier »Teichleerung« nennt: Zehn bis zwanzig Jäger postieren sich rund um den Teich, auf dem die Enten gezüchtet worden sind. Schließlich fliegen ein paar Vögel davon, dazu genötigt von Treibern, die sich ihnen in einem Kahn oder in Watstiefeln nähern und in die Hände klatschen oder mit dem Ruder aufs Wasser schlagen. Dann treten die Gewehre in Aktion. Die Enten sind an den Menschen gewöhnt, der sie gezüchtet und jeden Tag gefüttert hat, und auf Schüsse nicht gefasst. Das gesamte Federvieh erschrickt und sucht schleunigst das Weite. Dabei wird es unter Beschuss genommen. Bei den »besseren« Jagden haben die Schützen zwei Gewehre dabei und einen Helfer an ihrer Seite, der das eine nachlädt, während sie mit dem anderen feuern. Gelegenheit dazu gibt es reichlich, denn die Enten sind verwirrt, kennen keinen anderen Ort, fliegen im Kreis und kommen zurück. Viele, die nur angeschossen sind, werden woanders verenden. Andere fallen trudelnd aus großer Höhe herab. Man applaudiert. Man lacht. Man amüsiert sich prächtig und beglückwünscht den Besitzer, der vor freudiger Erregung und Stolz auf die Qualität seiner Jagd errötet. Am Abend wird die Strecke gelegt – Hunderte von Enten in Zehner- oder Zwanzigerreihen, die von ganzen Meuten von Labradoren eingesammelt werden, während die Jäger beim Essen sitzen. Denn das geschossene Wild einsammeln ist weder sehr unterhaltsam noch sehr vornehm.

Dies ist der Moment, in dem unser Otchum, angelockt durch den Lärm, beim Nachbarn und Veranstalter der »Teichleerung« auf der Bildfläche erscheint. Er findet dort einige Labradors und einen oder zwei Springer Spaniels mit ihren Besitzern vor, denen sie die Enten apportieren. Otchum stürmt in vollem Galopp heran und fährt zwischen die Hunde wie eine Bowlingkugel zwischen die Kegel. Erschrocken über das dominante Auftreten dieses Rüden von imposanter Statur, legen sich die Hunde platt auf den Boden und zeigen so, dass sie sich unterwerfen.

Otchum schreitet von einem zu anderen, schnuppert, knurrt ein wenig, ehe er, zufrieden, eine Ente verspeisen geht. Der Jagdhüter des Nachbarn weiß, um wessen Hund es sich handelt. Er beruhigt die anderen, die beim Einsammeln des Wildes helfen, und ermutigt sie, weiterzumachen. Otchum beobachtet die anderen Hunde. Und dann macht er sich zur großen Überraschung des Jagdhüters ebenfalls an die Arbeit. Er schnüffelt, spürt Enten auf und bringt sie den Männern, die sich sagen, dass ich ihn wohl in Sibirien darauf abgerichtet habe. Dazu muss man wissen, dass ein professioneller Abrichter mindestens tausend Euro dafür verlangt, einem Hund in zehn Tagen das Apportieren beizubringen, was beweist, wie schwierig das ist. Das Apportieren ist nicht angeboren, wenn man einmal von bestimmten Rassen wie dem Labrador Retriever oder dem Épagneul Breton absieht. Aber Otchum kann es auf Anhieb und zeigt dabei eine gewisse Herablassung, als wollte er sagen: »Jetzt erklärt mir mal, was daran schwierig sein soll, eine Ente zu apportieren …«

Er hat oft durch seine Fähigkeit verblüfft, Dinge mit einer Selbstverständlichkeit zu tun, als hätte er sein Leben lang nichts anderes gemacht, einfach indem er andere nachahmt.

Auf diese Weise ist er geworden, was er eigentlich nie hätte werden sollen: ein Schlittenhund.

Einige Wochen später nimmt er, dem Beispiel der Hatzhunde folgend, die in den Wald geschickt werden, um Wildschweine und Rehe aufzuscheuchen, die Verfolgung auf. Er geht sogar noch weiter, packt einen Rehbock bei den Hörnern und hält ihn fest, bis ich zur Stelle bin. Der arme Bock, dessen Gehörn das Gebiss des Hundes wie ein Schraubstock festhält, kann sich nicht rühren und wimmert wie ein Kind, verzweifelt und völlig verängstigt. Otchum sieht mich mit listigen, triumphierenden Augen an, als wollte er sagen: »Die anderen haben nur hinter ihm hergebellt, aber ich habe ihn gekriegt, wie du siehst!«

Er betrachtet mich mit einer Mischung aus Unverständnis und Missbilligung, als ich ihn mit einer Hand festhalte und den Rehbock freilasse.

Ähnliches geschah bei einer der drei großen Wildschweinjagden, die wir jedes Jahr organisieren, um die zahlreichen Rotten aus unserem Wald zu vertreiben, in dessen Umgebung sie alle Felder verwüsten. Kaum losgelassen, fiel Otchum über die Schwarzkittel her, packte einen und biss ihm kurzerhand die Gurgel durch, zum größten Leidwesen der Jäger, die sich ihres Wildes beraubt sahen. Wozu jagen, wenn der Hund alles allein macht? Dies war Otchums vorletztes Jagderlebnis auf französischem Boden, bevor er einige Monate später bei meinem Freund Jérôme im Jura das Kunststück wiederholte und mit zweien seiner Söhne einen wahrlich kapitalen Keiler zur Strecke brachte.

Damit wir uns keine Sorgen mehr zu machen brauchten, bauten wir ihm und seiner Meute – acht seiner Söhne – einen großen Zwinger. Trotzdem gelang es ihm, ich weiß nicht wie, einen Auerhahn zu reißen, der die Unvorsichtigkeit begangen hatte, sich dort niederzulassen. Jérôme fand nur den Schnabel, die Federn und die Krallen dieses wunderbaren Vogels, der ein weniger unrühmliches Ende verdient gehabt hätte.

Zum Glück brachen wir – Jérôme, Pierre Michaut, Otchum, Skao, seine Gefährtin, ihre gemeinsamen acht Söhne und ich – ein paar Monate später zu einer Reise nach Lappland auf, ein kaltes Land im hohen Norden, in dem es ebenfalls viele Auerhähne und andere Waldhühner gibt. Ein Land, wie geschaffen für Otchum, meinen Schneekönig.

Durch Lappland zur Halbinsel Kola

ANFANG DER NEUNZIGERJAHRE WOLLTEN WIR EINMAL ganz zwanglos reisen, ohne festes Programm, nur zu unserem Vergnügen, so hatten Jérôme, Pierre und ich beschlossen. Wir wollten einfach nur mit den Hunden zusammen sein und mit ihnen die weißen Weiten durchstreifen. Keine Verpflichtungen, keine Medien, keine Sponsoren. Da wir alles aus eigener Tasche bezahlten, hatten wir uns für jenen Teil des hohen Nordens entschieden, der am leichtesten zu erreichen und folglich am billigsten war. Das war Lappland. Und dank einiger einflussreicher Russen, die ich von meiner eineinhalbjährigen Expedition durch Sibirien kannte, hatten wir die Erlaubnis erhalten, mit unseren zwanzig Hunden – Jérômes und meinen – die Grenze zu passieren und die Halbinsel Kola zu bereisen, eine Gegend, die ich unbedingt kennenlernen wollte.

Wir hatten uns einen Lastwagen besorgt, in dem wir die Hunde, die beiden Schlitten, die ich aus Sibirien mitgebracht hatte, die Ausrüstung, Hundefutter und Proviant (über eine halbe Tonne für einen Monat) und das übrige Gepäck transportieren konnten. Von Deutschland aus ging es mit der Fähre über die Ostsee nach Schweden. Die Ostsee, ein wahrhaft totes Meer – tot durch die Einleitung von Nitraten aus der Landwirtschaft, tot durch Überfischung seitens der Anrainerstaaten. Wie kann man nur das Huhn schlachten, das die Eier legt? Wie werden künftige Generationen über unseren Egoismus urteilen, über unseren verschwenderischen und zerstörerischen Umgang mit der Natur, darüber, dass wir anstelle der Meere, der Felder und der Wälder nur unfruchtbare Wüsten hinterlassen? Ich fürchte, dieses Urteil wird ebenso ausfallen wie unseres über jene Könige, die Festgelage feierten, während das Volk hungerte, und die Revolution nicht kommen sahen, die sie in den Kerker oder aufs Schafott bringen sollte. Sind wir nicht wie diese Könige, die verprassen, was ihnen nicht gehört? »Wir haben die Erde nicht von unseren Eltern geerbt, sondern von unseren Kindern geliehen.« Dieser Satz, der Saint-Exupéry zugeschrieben wird, aber von den Indianern entlehnt ist wie viele andere auch, sollte unser Leben leiten. Aber wir tun nichts oder nur sehr wenig. Innerhalb weniger Jahrzehnte haben wir die Biomasse der Ozeane auf ein Zehntel – jawohl, auf ein Zehntel! – reduziert. Das ist grauenerregend. Daran denke ich, als ich an Deck der großen Fähre stehe, die außer unserem Lastwagen und unseren Hunden noch über 600 Passagiere befördert.

Wie jeder andere dieser 660 Passagiere ahne ich nichts von dem Drama, das sich schon bald darauf abspielen wird. Der Zustand der Fähre ist nicht der allerbeste. Bei der nächsten Fahrt der »Estonia«, im Jahr 1994, wird die Bugklappe abreißen, und von den 989 Menschen an Bord werden 852 den Tod finden.

Zu dem Zeitpunkt, als wir nach Norden fuhren, Lappland, meiner ersten Liebe im hohen Norden, entgegen, wussten wir davon nichts. Und als die Katastrophe dann geschehen war und ich davon hörte, tat es mir leid um den sympathischen Kapitän und einige seiner Männer, die sehr freundlich waren und sich förmlich zerrissen, um den Hunden die Überfahrt so angenehm wie möglich zu gestalten. Und das, obwohl wir sie bei der Einschiffung angelogen hatten, was ihre Zahl anging, da wir wussten, dass pro Person nur zwei Hunde im Ladedeck erlaubt waren. Wir hatten vierzehn zu viel! Wir hatten uns erkundigt und gewusst, dass wir keine Sondergenehmigung erhalten würden. Also hatten wir beschlossen, es darauf ankommen zu lassen, und gebetet, dass sie beim Einschiffen unsere Ladung nicht überprüften und dass die Hunde sich ruhig verhielten und nicht zu heulen anfingen, was sie nur allzu gern machten.

Alles ging glatt, und sowie wir auf See waren, fragten wir das Bordpersonal, ob wir die Hunde auf dem Fahrzeugdeck ausführen könnten. Ohne ihre genaue Zahl zu nennen, versteht sich. Man muss das Gesicht des Mannes gesehen haben, als er unser Spiel durchschaute, jeweils sechs Hunde, zwei pro Person, herauszuholen und, sobald sie zwischen den Personwagen, Bussen und Lastern gepinkelt hatten, unauffällig durch andere zu ersetzen. Er begriff sehr schnell, und die Hunde halfen ihm dabei, indem sie in den Käfigen vor Ungeduld bellten und knurrten. Der Kapitän des Fährschiffs wurde informiert und hielt uns eine Gardinenpredigt, die aber recht kurz ausfiel. Er verlangte, die Hunde und die Schlitten zu sehen, erkundigte sich nach der Route, die wir durch Lappland nehmen wollten, und versprach uns, dafür zu sorgen, dass wir auf der Rückreise die Hunde ganz legal und ohne zusätzliche Kosten an Bord nehmen könnten.

Eine Rückreise mit dieser Fähre sollte es jedoch nie geben.

Nachdem wir in Schweden an Land gegangen waren, fuhren wir in den Norden und warteten, während wir die Hunde trainierten, geduldig auf den Winter.

Die Strecke, auf der wir zur Halbinsel Kola fahren wollten, führte durch die gebirgigsten Regionen Finnlands und Norwegens, wo viel Rentierzucht betrieben wird. Die Samen halten dort mehrere Hunderttausend Tiere, die sie auf den Hochalmen weiden lassen. Im Gebirge wachsen die saftigsten Flechten. Den ganzen Winter über fahren die Samen mit Schneemobilen umher, um ihre Herde zu überwachen und darauf zu achten, dass sie innerhalb des Gebiets bleibt, das ihnen von der Rentierzüchtergenossenschaft bewilligt wurde, und um zu verhindern, dass sie sich mit der des Nachbarn vermischt. Es gibt eine Vielzahl regelmäßig von ihnen benutzter Pisten, was Hunden und Mushern beste Bedingungen bietet.

Hin und wieder trafen wir auch auf mürrische Rentierzüchter, doch die meisten erkannten, dass wir unsere Hunde im Griff hatten und sie keine Angst um ihre Rentiere zu haben brauchten. Manchmal schenkten sie uns eine Keule oder ein Gerippe für die Hunde. Oft nannten sie uns eine Hütte, in der wir übernachten konnten, was uns das Aufbauen des Zeltes ersparte. Wir legten ein flottes Tempo vor und gönnten den Hunden jeden dritten oder vierten Tag eine Pause. Die Gespanne wurden mit jedem Tag besser. Auf meine Hunde war ich besonders stolz. Ihre Leistung erstaunte mich. Sie liefen viel schneller als Jérômes Grönländer und konnten über lange Distanzen ein Tempo von über 15 Stundenkilometer halten.

Meine Freude war unbeschreiblich. Endlich lenkte ich ein eigenes Gespann. Endlich konnte ich mir erlauben, die Hunde zu lieben. Diesmal wartete am Ende der Reise nicht die Trennung auf uns, denn sie gehörten mir. Torok, Baikal, Nanno und Voulk, die vier Brüder aus dem ersten Wurf, beeindruckten mich besonders. Sie waren perfekt gebaut, kräftig und ausdauernd, und unter ihrem herrlichen Fell spielten Muskeln, die mit jedem Tag dicker und geschmeidiger wurden. Ich spürte, dass ich mit ihnen Großes vollbringen konnte! Und mein Kopf steckte voller Pläne. Ich besprach sie mit Pierre, meinem Freund und Mitabenteurer, mit dem ich bei der Durchquerung Alaskas so viel Spaß gehabt hatte.

Ich erzählte ihm von meinem Vorhaben – das er ein bisschen verrückt fand –, zusammen mit Frau und Kind ein Jahr lang in den Rocky Mountains zu leben und anschließend durch das Yukon Territory nach Alaska zu reisen. Pierre sollte mich beim Erkunden der Reiseroute begleiten und mir bei der Beschaffung der Jagd- und Angelgenehmigungen, die die Indianer für das von ihnen kontrollierte Gebiet ausstellten, behilflich sein. Mit dem Wasserflugzeug meines Freundes Denis wollten wir das Gebiet überfliegen und aus der Luft versuchen, eine Strecke festzulegen, der wir zu Pferd von der letzten Ortschaft bis zu dem See folgen konnten, wo ich unsere Hütte bauen wollte.

Über dieses und viele andere Projekte sprachen wir abends am Lagerfeuer oder in unserem Zelt. Wir achteten darauf, dass wir stets an einem schönen Platz mit toller Aussicht kampierten, an einem See oder Fluss. Wir reisten so, wie ich es liebe: Wir standen sehr früh auf, bei Tagesanbruch, damit uns die ganze zweite Hälfte des Nachmittags blieb, um das Lager aufzuschlagen. Und das ging schnell vonstatten, hauptsächlich dank Pierres Hilfe, der in dieser Hinsicht ähnlich gepolt ist wie ich. Dagegen konnte einen Jérôme mit seiner Langsamkeit zur Verzweiflung bringen. Nicht dass er faul gewesen wäre, überhaupt nicht, aber Schnelligkeit war einfach nicht sein Ding. Wenn wir haltmachten und ich bereits alle meine Hunde ausgespannt und den Schlitten entladen hatte, stand er noch immer unschlüssig herum und suchte nach einer Stelle, wo er sein Stake-out (die Kette, an der die Hunde festgebunden werden) spannen konnte.

Warum war das so? Weil ich, wenn wir dort angekommen waren, wo wir das Zelt aufschlagen wollten, nur eine Minute brauchte, um einen Platz für meine Hunde zu finden. Dann ging ich mit der Kette, die ich griffbereit in einer Tasche auf dem Schlitten aufbewahrte, zu dem Baum, den ich mir ausgesucht hatte. Dabei trampelte ich einen Pfad durch den tiefen Schnee, befestigte die Kette an dem Baum, ging dann zurück und verbreiterte dabei die Spur bis zum Schlitten. Zuvor hatte ich im Schnee markiert, wo ich den Schlitten, der mir als zweiter Verankerungspunkt dienen sollte, parken wollte. Dann gab ich den Hunden den Befehl, die wenigen Meter bis zu der Stelle vorzurücken, was sie mit Freuden taten, denn sie wussten, dass es gleich etwas zu fressen geben würde. Anschließend sicherte ich den Schlitten mit dem Anker. Dann spannte ich die Kette mithilfe des Karabinerhakens, der die Zugleine mit dem Schlitten verband. Jetzt brauchte ich nur noch das Gespann abzuschreiten, den Hunden das Geschirr abzunehmen und sie an ihren Platz an der Kette zu führen. Auf diese Weise ersparte ich mir unnötige Wege und gewann wahnsinnig viel Zeit.

Anders Jérôme. Er stoppte das Gespann, setzte den Anker, ging nach vorn zu den Hunden und lobte sie, wobei er gleichzeitig die Landschaft bewunderte. Dann begab er sich auf die Suche nach seiner Kette, die er ganz unten im Schlitten »verräumt« hatte, dort, wo er am Morgen alles wahllos hineingestopft hatte, weil er sich »beeilen« musste und wir es leid waren, auf ihn zu warten.

»Wo habe ich sie denn nur hingetan?« Er kramte das Zelt und den Ofen hervor, schob den Schlafsack beiseite und wühlte unter den Säcken mit dem Hundefutter, bis er sie endlich fand. Die Kette hatte sich an den Zähnen der Säge verhakt, auf die Pierre schon eine ganze Weile wartete, denn er wollte im Wald Holz machen.

Außerdem hatte sich die Kette verknotet, weil Jérôme sie nicht ordentlich aufgerollt hatte. Nachdem er das Knäuel entwirrt hatte, schaute er sich nach zwei Bäumen um, fand aber keine im richtigen Abstand. Also begab er sich auf die Suche nach Pierre, der gerade damit beschäftigt war, im Wald einen abgestorbenen Baum zu fällen. Er borgte sich von ihm die Säge, da er nicht wusste, wo er seine Axt hingetan hatte, und sägte sich eine Stange zurecht, die er dazu benutzen wollte, seine Kette zu spannen.

Pierre kam mit einem schönen, abgestorbenen Baum zurück. Wir begannen, das Zelt aufzubauen. Unterdessen rang Jérôme noch mit sich und seiner Unentschlossenheit. Er hatte einen Baum gefunden, dann aber einen noch besseren entdeckt. Eine erste Linie hatte er bereits gezogen, jetzt zog er eine zweite. Er spannte die Kette. Um den Pflock in den gefrorenen Boden rammen zu können, brauchte er die Axt, konnte sie aber nicht finden. Schließlich fiel ihm ein, dass er sie unterwegs benutzt und dann in der hinteren Tasche verstaut hatte.

Pierre und ich hatten Stangen für das Zelt zurechtgesägt und bauten es jetzt auf. Während er die Planen spannte und den Ofen aufstellte, ging ich zum Fluss und holte Wasser. Ich nutzte die Gelegenheit, um das Trockenfutter quellen zu lassen, das ich später an die Hunde verteilen wollte.

Mittlerweile hatte Jérôme seine Kette gespannt. Da die Stelle ziemlich weit von den Hunden entfernt war, musste er einen nach dem anderen holen und dabei jedes Mal über zwanzig Meter zurücklegen. Nach einer weiteren Viertelstunde waren die Hunde endlich untergebracht!

Das Zelt stand, der Ofen bullerte, und das Wasser darauf war schon heiß. Meine Hunde hatten gefressen und schliefen wohlig in den letzten Sonnenstrahlen. Jetzt musste nur noch ein stattlicher Vorrat Brennholz herbeigeschafft werden, was Jérôme übernahm. Natürlich tat er das von Herzen gern, aber eben in seinem Tempo ...

Damit kein Missverständnis aufkommt: Auch wenn ich mich augenzwinkernd über Jérôme lustig mache – unter Freunden ist das erlaubt –, habe ich ihn doch sehr gern. Und er weiß das. Seiner mitunter nervtötenden Langsamkeit könnte man meine berühmt-berüchtigte Ungeduld gegenüberstellen, die mich häufig dazu verleitet, Dinge zu schnell zu tun, auch solche, die es verdient hätten, dass man ihnen mehr Zeit widmet. Dadurch bringe ich mich um manches Vergnügen. Mit zunehmendem Alter scheint diese Ungeduld etwas nachzulassen, die mit meinem unersättlichen Hunger zu tun hat, so viel wie möglich zu unternehmen. Aber das heißt noch lange nicht, dass es Jérome und mir irgendwann einmal gelingen dürfte, dieselben Dinge in der derselben Zeit zu tun. Davon sind wir noch Welten entfernt.

Pierre hingegen hat diese seltene Eigenschaft, die ich sehr schätze: Er ist gleichzeitig pünktlich und tüchtig. Abfahrt um sechs Uhr bedeutet bei ihm nicht halb sieben. Pierre gehört zu denen, die gern zügig an die Arbeit gehen, um dann die gewonnene Zeit zu nutzen. In Lappland nutzten wir sie, um etwas Essbares zu jagen.

Wie meist hatten wir Trockengemüse mitgenommen, das wir als Beilage zu dem aßen, was wir unterwegs fanden. Aber Wild aufzustöbern war nicht so einfach, wie man meinen könnte. Es ist eine weitverbreitete irrige Vorstellung, dass es in der Wildnis von Wild nur so wimmele wie in einem Garten Eden. Dass man die Qual der Wahl habe wie in einem Supermarkt. Dem ist nicht so. Gewiss, es kommt gelegentlich vor, dass man mehr oder weniger zufällig auf größere Populationen von Vögeln oder Säugetieren stößt, meist jedoch ist der Bestand dünn, da das Nahrungsangebot mager ist. Die Tiere sind auf ein großes Gebiet verteilt, und die Biomasse ist viel geringer als in unseren Breiten. In Frankreich beobachtet man Populationsdichten von über dreißig großen Säugetieren – Hirschen, Rehen, Wildschweinen – auf hundert Hektar. Im hohen Norden ist die zehnfache Fläche erforderlich, um gerade mal zehn Tiere zu ernähren! Darum ist es schwieriger, welche zu finden, zumal sie sehr ungleich auf das Gebiet verteilt sind.

Zum Glück kann man im Schnee wie in einem offenen Buch lesen und so die Plätze finden, die von Vögeln, Hasen oder größeren Säugetieren und ihren natürlichen Feinden wie Luchsen, Wölfen oder Vielfraßen aufgesucht werden. Es macht mir Spaß, Spuren zu lesen und zu erraten, um welches Tier es sich handelt. Mein Großvater hat mir das auf den Waldwegen in der Sologne beigebracht. Heute unterweise ich meinen vierjährigen Sohn Côme in dieser Kunst. Loup mit seinen zehn Jahren kann schon zwischen Keiler und Bache, Hirsch und Hirschkuh und Rehbock und Geiß unterscheiden. Montaine, die sich in ihrem Alter inzwischen für andere Dinge interessiert, hat es möglicherweise vergessen. Aber sie konnte es und wird sich später wieder daran erinnern.

Ich werde oft gefragt, ob ich mir wünsche, dass meine Kinder in meine Fußstapfen treten. Natürlich nicht. Ich möchte, dass sie ihren eigenen Weg gehen, und ich werde sie auf dem Weg, den sie einschlagen, ermutigen und ihnen in jedem Fall zur Seite stehen, ob sie nun in die Buchhaltung oder in die Datenverarbeitung gehen oder sich für eine Laufbahn entscheiden, die meinen eigenen Ambitionen näher ist. Ich tue nichts dafür, dass sie mir nachfolgen. Das möchte ich nicht. Ich habe mein Leben, sie sollen ihres haben. Wenn ich sie auf Reisen mitnehme, dann nur, um mit ihnen schöne Augenblicke zu erleben und damit sie besser verstehen, was ihr verrückter Vater für ein Mensch ist und was ihn antreibt.

Im Übrigen finde ich, dass sie sehr unverkrampft mit all dem umgehen. Sie sind von einer entwaffnenden Natürlichkeit, wenn man ihnen Fragen stellt wie zum Beispiel: »Montaine, erinnerst du dich noch an deine Reise?« »Und du, Loup, liebst du Hundeschlitten? Wirst du Rennen fahren wie dein Vater?« Sie zucken mit den Achseln, murmeln eine höfliche Antwort und lenken das Gespräch auf ein anderes Thema.

Nein, Montaine erinnert sich an nichts. Sie war noch zu klein, und ihre Erinnerungen werden nur durch den Film, die Bücher und die Fotos lebendig gehalten, die sie sich hin und wieder anschaut, meist zusammen mit ihrem kleinen Bruder, dem sie von ihrer großen Reise erzählt.

Doch sie hat sehr viele andere Erinnerungen. An andere Reisen mit dem Hundeschlitten in den Bergen von Quebec oder Yukon, die noch nicht so lange zurückliegen. Darunter auch welche mit Loup, mit dem sie in Alaska an Rennen teilgenommen hat. Erinnerungen an Erlebnisse, wie wir sie bald auch dem Jüngsten ermöglichen wollen, der nicht zu kurz kommen soll.

Einen Monat lang fuhren wir in unserem Rhythmus und vor allem im Rhythmus der Hunde der Halbinsel Kola entgegen. An der russischen Zollstation wurden wir bereits erwartet. Jeder Zöllner – es waren zwölf – wollte sich mit den Hunden und mir fotografieren lassen. Dann stießen wir miteinander an, wie immer. Einer wohnte im nächsten Dorf und lud uns zu sich nach Hause ein. Ein anderer, der etwas weiter weg auf unserer Route wohnte, machte uns dasselbe Angebot. Pierre, der zum ersten Mal in Russland war, konnte es nicht fassen, zumal wir soeben mehrere Wochen bei den Finnen verbracht hatten, deren beste Charaktereigenschaft die Gastfreundschaft nun wahrlich nicht ist.

Auf den Vorschlag »Besuchen Sie mich doch zu Hause« muss man in Finnland erwidern: »Und wie viel soll es kosten?«

Ganz anders in Russland. Der Gegensatz ist frappierend. Schon allein dafür liebe ich dieses Land. Außerdem liebe ich es, weil es, so paradox das auch klingen mag, ein freies Land ist, und zwar frei in dem Sinn, dass das verrottete System alles erlaubt. In Kanada, Lappland oder Alaska ist alles reglementiert und wird überwacht, bis hin zur Größe der Schlingen, mit denen man Hasen fängt, oder der Stärke der Angelschnur, mit der man Lachse fischt. Solche gesetzlichen Vorschriften, die bisweilen übertrieben, aber grundsätzlich notwendig sind, um Auswüchse zu verhindern, gibt es in Russland nicht. Zumindest hält sich niemand daran. Über alles lässt sich reden. Um alles wird gefeilscht und gehandelt. Das ist der Grund, warum das Land so marode und die Tierwelt – ohne Schutz – so bedroht ist, aber es ist auch der Grund, warum Reisende wie wir sich sehr frei fühlen. Hier kann man überall Bäume fällen, angeln, jagen, jeden Landstrich durchqueren. Hier gibt es keine Schutzgebiete oder Verbotszonen, die einen aufhalten. Als Sondererlaubnis gilt ein Geldschein, der in einen Pass gelegt wird. Wir erlegen uns selbst Regeln auf, die uns selbstverständlich verbieten, egal was und egal wo zu jagen oder zu fischen. Das erklären wir dem Jagdhüter, der zwei Tage später zu uns stößt und uns einen Jagdausflug in das Naturschutzgebiet vorschlägt, das er eigentlich überwachen soll.

Er versteht unsere Reaktion nicht. In seinen Augen ist ohnehin alles im Eimer. Die Auerhähne, die er schützen soll, sind zum Untergang verurteilt. Hochgestellte Persönlichkeiten jagen sie ganz ungestraft im April, wenn die Vögel ihren Balztanz aufführen und ihren Gesang anstimmen, also in einer Zeit, in der sie besonders leicht aufzuspüren und zu erlegen sind.

»Wenn das so weitergeht, gibt es in fünf Jahren keine mehr«, klagt er, obwohl er bereit ist, uns gegen ein oder zwei Geldscheine dasselbe machen zu lassen. Wir lehnen sein Angebot ab, willigen aber ein, ihn zu einer der Wildhüterhütten zu begleiten, die er uns zur Verfügung stellen will.

Ich spreche mit ihm darüber, was das Gebiet retten könnte und was dessen Seele ausmacht: diese großartigen Auerhähne, deren Gesang jedes Frühjahr die Wiederkehr des Lebens in der russischen Taiga feiert.

»Wir bräuchten richtige Gesetze, die von allen respektiert werden. Abschreckende Geldstrafen. Wir bräuchten ein ordentliches Gehalt, das wir nicht aufbessern müssen, um über die Runden zu kommen. Mir geht die Familie über alles. Auch über die Auerhähne.«

Wie sollte man das nicht verstehen? Er führt mich zu ihnen, damit ich sie mir ansehen kann. Wir wandern auf Holzskiern, wie die Sibiriaken sie benutzen, unter großen Kiefern. Tatsächlich bemerken wir überall Spuren der großen Vögel im Schnee, und bald entdecken wir welche in den Wipfeln der höchsten Bäume. Sie fliegen weg, als wir uns nähern. Wegfliegen ist allerdings nicht das treffende Wort, denn bevor sie fliegen, lassen sie sich in die Tiefe fallen. Dann erst öffnen sie die Flügel und gleiten ein Stück durch die Luft, wie um zu testen, ob die sie auch trägt, dann erst fliegen sie davon, immer noch schräg nach unten.

Wir kehren erschöpft in die Hütte zurück. Auf dem Rückweg schießen wir ein paar Schneehühner. Sie sind nicht gefährdet. Es gibt Hunderte, Tausende. Wie es heißt, sind sie den Russen keine Patrone wert. Vom Auerhahn kann man das leider nicht behaupten. Ausgestopft, um das Innere einer Datscha zu schmücken, bringt er einen guten Preis. Wird dem Elefanten das Elfenbein seiner schönen Stoßzähne zum Verhängnis, so dem Auerhahn sein prächtiges Federkleid.

Der Jagdaufseher begleitet uns zwei Tage lang, denn er hat sonst nichts Wichtiges zu tun. Und er mag diese komischen Franzosen, die seine Auerhähne nicht töten wollen. Beim Abschied gibt er uns eine Liste von Freunden, an die wir uns in den Dörfern wenden können, durch die wir voraussichtlich noch kommen werden. Sobald man sich in Russland etwas von den großen Städten entfernt, findet man überall Freunde. Man muss nicht auf Empfehlung von jemandem kommen, um mit offenen Armen aufgenommen zu werden.

Nach einigen Tagen, in denen wir mehr oder weniger einer Schneestraße folgen, die zu mehreren Dörfern und Gehöften führt, stoßen wir in das Hügel- und niedere Bergland dieser wunderschönen Region vor. Wir genießen das herrliche Wetter, und jeder Tag ist eine Freude.

Wenn wir uns einen Ruhetag genehmigen, fahre ich am Abend oder am frühen Morgen oft mit einem leeren Schlitten und sechs Hunden die schön vereiste Spur vom Vortag entlang. Dieses Vergnügen ist ansteckend, und die Hunde spüren genau, dass wir kein Ziel haben, an keinen Zeitplan gebunden sind und kein Pensum zu absolvieren haben. Sie wissen, dass wir nur »zum Spaß« unterwegs sind. Ich treibe sie an, schnell zu laufen, doch sie fallen fast von allein in Galopp. Ich liebe es, wenn mir Torok mit einem Ruck fast den Schlitten aus den Händen reißt und dabei ein genüssliches Knurren von sich gibt. Ein Knurren, das die anderen dazu animiert, es ihm nachzutun. Ein munterer Wettstreit entbrennt, der mir Freudenschreie entlockt: »Los, meine Hundchen! Vorwärts!«

Nanook dreht sich im Laufen um, als wollte er sagen: »Jetzt pass mal auf.« Und ab geht die Post. Sie galoppieren, meine Champions, und der Fahrtwind pfeift mir so um die Ohren, dass ich die Fellklappen meiner Schapka herunterklappen muss.

So geht es fünf bis zehn Minuten, dann fallen sie wieder in Trab, verschnaufen ein wenig und ziehen beim kleinsten Anlass wieder an. Die Kilometer fliegen nur so vorüber. Ich kann einfach nicht umkehren. Ich bin wie ein Kind. Ich gebe mir selbst Versprechen.

»Noch einen Kilometer, dann fahre ich zurück. Versprochen.« Aber ich finde immer eine Ausrede: »Ich fahre noch bis zum Fuß des kleinen Hügels dahinten, nur um mich dort noch mal umzusehen, und dann kehre ich um. Ehrenwort.«

Am Fuß des Hügels finde ich einen Fluss und offenes Wasser. Ich tränke die Hunde. Wir ruhen uns aus, und wenn wir wieder losfahren, tue ich so, als könnte ich mich an mein Versprechen nicht erinnern.

Wieder im Lager, wage ich Jérôme nicht zu sagen, wie viele Kilometer wir zurückgelegt haben. Die Hunde verblüffen mich. Ich komme aus dem Staunen nicht mehr heraus. Einige Jahre später, auf der Piste des Yukon Quest, bei dem wir an zehn Tagen hintereinander jeweils fast zweihundert Kilometer zurücklegen, werde ich schmunzelnd an meine erste Lappland-Reise zurückdenken. Ich werde mich erinnern, was für ein schlechtes Gewissen ich manchmal hatte, weil ich Etappen von nahezu achtzig Kilometern zurücklegte.

Damals kannte ich noch nicht die unglaubliche Ausdauer der Schlittenhunde und die meiner Hunde im Besonderen. Meine Erfahrung beschränkte sich auf die, mit denen ich bis dahin zu tun gehabt hatte – kräftige Hunde, aber aus heutiger Sicht für mich zum Verzweifeln langsam. Und ich hatte fälschlicherweise angenommen, dass meine Hunde vom gleichen Schlag seien.

Obwohl sie das Zeug zu Champions hatten und es bereits bewiesen haben, indem sie, obwohl kaum ein Jahr alt, mehr Kilometer machen wollten, zögerte ich lange, sie laufen zu lassen. Weder sie noch ich konnten damals ahnen, dass wir gemeinsam mehrere Zehntausend Kilometer zurücklegen, einige Meisterleistungen vollbringen und mehrere Rekorde aufstellen sollten, was mich bis dahin nie interessiert hatte.

Coyote – ein Schlittenhund
aus dem Tierheim

UNTER DIESEM NAMEN KENNT IHN NIEMAND AUSSER
den Mitarbeitern des Tierschutzvereins Gennevilliers,
die ihn einst aufgelesen haben wie so viele andere Schlittenhunde vor ihm. Es ist immer dieselbe Geschichte. Ein
gewissenloser Züchter züchtet eine Husky-Linie mit
blauen Augen, die, nebenbei bemerkt, bei Schlittenhunden lange als Manko galten, da helle Augen das glei-
ßende Licht, das der Schnee reflektiert, schlecht vertra-
gen. Aber gut, diese Hunde sind ja für eine städtische
Kundschaft »produziert« worden, die sich bekanntlich
für das Wilde und das Niedliche gleichermaßen leicht
begeistert. Der Züchter führt die goldigen kleinen Woll-
knäuel mit den blauen Augen, die an Jack Londons
»Wolfsblut« oder Steven Spielbergs »Balto« erinnern,
einem Interessenten vor, und der Handel ist unter Dach
und Fach – oder vielmehr das Hündchen im Kofferraum
des Autos. Sobald der Scheck unterzeichnet ist, kann der
glückliche Besitzer fahren.

Alles lässt sich gut an. Der junge Hund ist süß, die Kinder lieben ihn, die Eltern zeigen ihn herum und erklären:
»Das ist ein Husky aus Alaska, ein Wolfsjäger, dessen
Urgroßeltern Jack London gekannt haben.« Man pfeift
bewundernd. Nur leider wird das niedliche Plüschtier
größer und fordert bald Auslauf. Viel Auslauf. Da man

ihm den bis auf sehr seltene Ausnahmen nicht in dem Maße geben kann, wie es seine Natur verlangt, wird der Hund langsam durchdrehen. Der frustrierte Kerl weiß nicht, wohin mit seiner überschüssigen Energie. Und es kommt noch schlimmer, denn nun werden ihm die grundlegenden Benimmregeln des häuslichen Lebens beigebracht. Man kratzt nicht mit den Krallen am Teppich. Man hängt sich nicht an die Vorhänge. Man hüpft nicht in die Badewanne, wenn die Kinder gerade darin baden. Man springt nicht auf den Esszimmertisch. Man bellt nicht um die Wette. Man heult nicht abends zur Wolfsstunde ... Nichts von alledem. Man bleibt brav in seinem Körbchen liegen und wartet, bis man Gassi geführt wird, natürlich an der Leine, an der man nicht zu kräftig ziehen darf – ebenso könnte man von einem Fisch verlangen, kein Wasser zu trinken! Das Resultat: Er dreht vollends durch. In einem Augenblick, in dem man es am wenigsten erwartet, explodiert der Schnellkopftopf.

Eines Tages werden die netten Besitzer des süßen Huskys nach Hause kommen und das reine Chaos vorfinden: Möbel umgestoßen, die Vorhänge heruntergerissen, die Teppiche zerfetzt. Der Garten verwüstet, der Rasen umgepflügt, die Blumen ausgegraben. Man wird ihn kräftig ausschimpfen, man wird ihm verzeihen. Einmal. Zweimal. Dann, von einem Tag auf den anderen, das Unvermeidliche. Der Hund muss aus dem Haus. Man versucht es mit einer Mail an Nicolas Vanier oder an andere potenzielle Adoptiveltern in der Hoffnung, dass sie den wild gewordenen Hund aufnehmen. Man gibt ein paar Annoncen auf, die zwischen anderen derselben Art erscheinen, dann redet man sich ein, dass ein freies Leben im Wald den Schneejäger glücklicher machen wird. Bei einem Spaziergang setzt man ihn aus, und anschließend schwört man seinen Kindern, dass er sich verlaufen habe. Der Tierschutzverein sammelt ganze Wagenladungen solcher Huskys ein, die im Alter von einem Jahr ausgesetzt werden.

Auf diese Weise landete unser Coyote in Gennevilliers. Man suchte für ihn einen neuen Herrn, doch die Leute vom Tierschutzverein, die sich auskennen, warnten: Wer einen Husky halten will, braucht einen großen, einen sehr großen Garten, oder Zeit, viel Zeit für lange Spaziergänge oder Ausflüge, bei denen man ihn beispielsweise vor ein Fahrrad spannt und so rennen lässt. Kandidaten, die diese Voraussetzungen erfüllen, sind dünn gesät und entscheiden sich dann klugerweise doch für einen anderen Hund. Es gibt genug Rassen, die sich perfekt dem müßigen Leben in einer Wohnung anpassen können.

Folglich müssen die »Coyotes« lange, häufig zu lange, warten, sodass der Tierschutzverein sich manchmal zu einem Schritt gezwungen sieht, den er mit allen Mitteln zu vermeiden sucht: Er muss den Hund einschläfern lassen.

Als ich von dem Fernsehmoderator Laurent Ruquier zu seiner Sendung »On a tout essayé« (»Wir haben alles versucht«) eingeladen wurde, wollte ich dies alles darlegen.

»Passen Sie auf! Lassen Sie sich nicht drankriegen. Kaufen Sie keines von diesen niedlichen Wollknäueln und versuchen Sie nicht, einen Stadthund aus ihm zu machen. Es wird Ihnen nicht gelingen, es wird Folgendes passieren …«

Um mein Anliegen zu verdeutlichen, hatte ich den Tierschutzverein gebeten, mir einen ausgesetzten Husky zu bringen, und versprochen, bei dieser Gelegenheit zu versuchen, über France 2 einen neuen Herrn für ihn zu finden.

»Wir bringen dir Coyote. Er ist goldig, du wirst sehen. Wunderschön und sehr anhänglich.«

Ich komme ins Studio. Coyote ist bereits da, in Begleitung eines dieser tollen, engagierten Helfer vom Tierschutzverein. Ich nähere mich dem Hund, knie mich hin, um ihn zu beruhigen, und lasse ihn an meiner Hand riechen, die er beschnuppert und zärtlich leckt. Er sieht mich mit seinen intelligenten Augen an und lässt meinen Blick nicht mehr los. Ich schaue ihn an, lächele ihm zu.

Um uns herum herrscht Lärm, alles rennt durcheinander: Einer sucht einen Gast, ein anderer stellt einen Scheinwerfer an einen anderen Platz, wieder ein anderer stattet einen Betreuer mit einem Mikrofon aus, aber der Hund kümmert sich nicht darum. Er sieht mich an und erwidert, auf seine Art, mein Lächeln. Es ist, als wolle er mir für mein Kommen danken. Als sei ihm der Nutzen meines Vorhabens für ihn und seine Rasse bewusst. Ich spreche mit ihm. Ich erkläre ihm, was wir tun werden. Ich streichele und beruhige ihn, denn die Bühne, auf die ich ihn gleich führen werde, ist alles andere als eine ideale Umgebung für einen Hund – die vielen Scheinwerfer, das laute Publikum, die Kameras überall. Er versteht natürlich nicht die Worte, die ich gebrauche, aber er versteht die Absicht und macht sich mit meiner Stimme vertraut.

Bald ist es so weit. Ich nehme ihn an der Leine, streichele ihn noch einmal und ermuntere ihn, mir zu folgen, was er ohne Zögern tut, als wollte er sagen: »Ich habe Vertrauen zu dir, führe mich, ich folge dir.« Wir treten auf. Die Zuschauer klatschen sehr laut, die Scheinwerfer verströmen eine drückende Hitze. Coyote muss trotzdem dableiben, und er tut es, als sei er hier Stammgast. Er verblüfft mich.

Mein Auftritt verläuft ausgesprochen gut. Coyote fühlt sich an meiner Seite wohl. Ich bringe meine Botschaft an den Mann. Unter dem Beifall des begeisterten Publikums kehren wir in die Kulissen zurück. Ich bin wieder mit Coyote allein. Ich gebe ihm zu trinken und finde ein paar Fleischreste, die er vorsichtig aus meinen Fingern frisst. Dann kommt der Augenblick des Abschieds.

»Ich bin überzeugt, dass du einen Herrn finden wirst.« Und ich füge hinzu: »Das schwöre ich dir. Wenn nötig, werde ich mich persönlich darum kümmern. Du wirst nicht mehr wochenlang in deinem Käfig schmoren.«

Er sieht mich an. Sein Blick bringt mich aus der Fassung. Ich umarme ihn und gehe. Zehn Minuten später – ich fahre gerade mit dem Motorroller durch Paris – halte ich an und zücke mein Handy. »Sie brauchen für Coyote niemanden mehr zu suchen. Ich habe einen Herrn für ihn gefunden. Einen, der sich mit Schlittenhunden gut auskennt und keinen Wohnungshund aus ihm macht. Das garantiere ich Ihnen.«

»Prima. Darf man den Namen erfahren?«

»Ich bin es selbst.«

Und so kam es, dass Coyote und ich zusammen im Flugzeug nach Kanada saßen. Unser Ziel: das Camp des Écorces, mein Zuhause im Norden von Quebec, wo mein Schlittenhundeteam lebt, seit Alain und ich uns hier niedergelassen haben, ganz am Ende dieses Wegs, einer der letzten Straßen nach Norden. Hinter dem Camp beginnen die endlosen weißen Weiten. Wenn man das Camp verlässt, kann man bis zum Nordpol marschieren, ohne auf eine einzige Straße zu stoßen.

In jenem Sommer hatten Alain und ich beschlossen, mit dem Kanu den Fluss Manouane hinunterzufahren. Coyote sollte uns bei dem Abenteuer begleiten.

Er erstaunte mich immer wieder aufs Neue. Er begriff alles schnell und mühelos. War immer zufrieden und zutraulich. Zufrieden im Flugzeug, zufrieden im Auto. Überall, vorausgesetzt, er spürte meine vertraute Nähe. Es war eine wahre Freude, mitzuerleben, wie er in die Wildnis rund um unser Camp eintauchte, das zwanzig Kilometer nördlich der allerletzten Farmen liegt. Man muss gesehen haben, wie er durch den Wald galoppierte, mit einem Sprung über Bäche setzte, durch die Sümpfe watete. Es gab so vieles zu entdecken, und er tat es mit dem Elan eines begabten und wissensdurstigen jungen Schülers. Er blieb erst stehen, wenn ihm die Zunge heraushing, und jeden Morgen hatte er Muskelkater von den Anstrengungen des Vortags.

Innerhalb weniger Tage machte er eine Verwandlung durch. Beim Kontakt mit den anderen Hunden kam sein dominanter Charakter zum Vorschein. Er trug den Kopf jetzt hoch, blähte die Brust, lernte, die Zähne zu fletschen und das Rückenfell zu sträuben. Seine Nase, strapaziert von den künstlichen Gerüchen, denen er ausgesetzt gewesen war, öffnete sich jetzt den Düften des Waldes und des Wildes. Man konnte beobachten, wie er mitten im Lauf plötzlich stehen blieb, schnupperte und die Duftspur untersuchte, die ein Schwarzbär, ein Elch, ein Kragenhuhn oder ein Schneehuhn hinterlassen hatte. Man muss gesehen haben, mit welcher Begeisterung er sich an die Spur eines Hasen heftete, ihn schließlich aufstöberte und wie das Langohr dann in vollem Tempo vor ihm Reißaus nahm. Sein Jagdinstinkt erwachte mit allem anderen. Mit unglaublicher Energie und maßlosem Appetit genoss er dieses Leben, das wie für ihn gemacht war, lief von Entdeckung zu Entdeckung, als sei ihm bewusst, dass er mit einem Leben, das nicht seines war, viel Zeit vergeudet und viel nachzuholen hatte.

Ich begann, Coyote mit den Grundregeln des Kanufahrens vertraut zu machen. Der Husky begriff das Wichtigste schnell, nämlich wie man beim Einsteigen ein Kentern verhindert. Er setzte sich schön gerade in den Bug des Bootes, und wenn wir an Land gehen wollten, wartete er auf meinen Befehl zum Aussteigen, ehe er sich erhob. In Allgemeinen ist das der Augenblick, in dem Anfänger ins Wasser fallen. Der Wunsch, die vom langen Sitzen schmerzenden Muskeln zu lockern, verleitet zu überstürzter Hast, was vor allem dann böse Folgen haben kann, wenn zwei im selben Moment eine falsche Bewegung machen. Daher bringe ich den Hunden bei, sich zu gedulden und zu warten, bis ich ausgestiegen bin und das Kanu festhalte. Dann erst sollen sie zügig ans Ufer springen.

Nach einem halben Übungstag hatte Coyote seine Lektion gelernt. Wir waren bereit, und er bellte vor Ungeduld. Ich hatte auf einem See mit ihm geübt. Wie aber würde er sich in reißender Strömung, in den Stromschnellen eines Flusses verhalten? Mir war ein wenig bang davor.

Dann kam der Tag der Abfahrt. Am ersten Tag paddelten wir über einen großen, lang gestreckten See, aus dem der Fluss Maouane entspringt. Wir hielten an, um auf einer bewaldeten Landzunge, die ein schöner, spitz zulaufender Sandstrand säumte, unser Lager aufzuschlagen. Knapp einen Kilometer weiter verengte sich der See und wurde von einem kleinen Gebirgszug in die Zange genommen, den der Fluss dann durchquerte. Mit angeschwemmtem Treibholz entzündeten wir ein schönes Feuer, an dem wir Zander brieten, die wir im Lauf des Tages gefangen hatten. Coyote bekam seinen Anteil. Es war ein Bild für die Götter, wie er an dem Fisch kratzte, ihn umdrehte, ratlos die Nase krauste und dabei ein leises, hilfloses Winseln von sich gab. Das Ding roch so gut, aber wie konnte man es fressen? Er stellte sich so ungeschickt an, als sei der Fisch eine Konservendose, an deren Inhalt man ohne menschliche Hilfe nicht herankam.

»Nein, Coyote, das ist keine Dose. Das ist ein Fisch, und du wirst das schon schaffen!«

Er legte den Kopf auf die Seite und sah mich mit großen, erstaunten Augen an. Mit diesem Blick versuchte er mich immer zum Nachgeben zu bewegen, wenn er etwas von mir wollte. Aber ich blieb hart.

Darauf stieß er ein Knurren aus und begann, an dem Zander zu knabbern und ihn in die Luft zu schleudern. Dabei geriet er so in Wallung, dass er ihn mit den Fangzähnen schließlich aufbrach. Das weiße, köstliche Fleisch kam zum Vorschein. Ein Wunder! Darauf zerriss Coyote den Fisch mit einem geschickten, herzhaften Biss. Er knurrte vor Vergnügen. Ein herrlicher Anblick, wie er sich den Bauch vollschlug und darüber freute, allein mit einem solchen Problem fertig geworden zu sein! Im Nu hatte er den Fisch verdrückt. Nur das Skelett, ein paar Hautfetzen und die Kiemen blieben im Sand übrig.

Nachdem wir zu Ende gegessen hatten und bereits das malvenfarbene, rosige Licht des Abends den Himmel färbte, ging ich wieder angeln. Ich fing ein paar kleine Forellen und warf Coyote die noch zappelnden Fische hin. Mit einem Biss brach er sie auf und verschlang sie begeistert und dankbar.

Es war spät geworden, und ich begab mich zu Alain ins Zelt. Coyote heulte draußen, aber ich ließ mich nicht erweichen, und schließlich fand er sich damit ab.

Als ich bei Tagesanbruch aufstand, schlief Coyote noch, zu einer Kugel zusammengerollt, unter einer Tanne, deren untere Äste er abgerissen hatte, um sich ein weiches und bequemes Bett zu machen. Ein richtiger Wolf! Er lernte schnell.

Dann kamen die ersten Stromschnellen und seine große Bewährungsprobe. Man hörte sie in der Ferne grollen, und Coyotes beunruhigte Blicke verrieten, dass er sich Fragen stellte. Im Klartext lauteten sie: »Was ist denn das?« Ich redete ihm gut zu. Und er beruhigte sich. Zurück blieb nur eine merkwürdige Mischung aus Erregung und unterdrückter Besorgnis.

»Du rührst dich nicht, Coyote, klar? Du rührst dich nicht.« Wir sahen in der Ferne den weißen Schaum der Wellen in der Flussmitte, die wir meiden mussten. Während ich das Boot steuerte, sprach ich weiter unablässig mit dem Hund, der sich zusammengekauert und die Ohren angelegt hatte. Die Ufer rasten an uns vorbei. Das Kanu wurde durchgerüttelt, von den Wellen hin und her geworfen, vom Kurs abgebracht. Ich musste kräftig paddeln, um die ruhigere Gegenströmung zu erreichen, die uns aus den Stromschnellen und dem Wildwasser herausführte.

»Schon gut, mein Coyote, schon gut.«

Sein Schwanz, den er vor Angst zwischen die Hinterläufe geklemmt hatte, fand ein wenig von seinem Stolz wieder. Und kaum hatte er das Kanu Alains entdeckt, der an einer großen Insel angelandet war und auf uns wartete, wedelte er mit ihm wie verrückt.

»Hier gibt es jede Menge junge Gänse«, sagte Alain, als wir bei ihm waren, »Versuchen wir, ein oder zwei fürs Abendessen zu erwischen.«

Coyote nutzte den Augenblick, als wir die Kanus aufs Trockene zogen, um in das Weiden- und Erlengestrüpp einzudringen, in dem sich die jungen, noch nicht flüggen Gänse verkrochen hatten. Wir hörten sein wütendes Gebell, als er sie aufstöberte. Unter Führung ihrer Mutter stürmten die jungen Vögel halb flatternd, halb laufend zum Wasser, um sich vor dem Jäger zu retten. Zu unserer großen Überraschung erwischte Coyote ein Junges, bevor es das Ufer erreichte, und biss ihm ohne Zögern die Gurgel durch. Mit stolzer Siegermiene kehrte er zu uns zurück, die Beute im Maul, die Lefzen mit dem Blut seines Opfers verschmiert, das Fell voller ausgerissener Flaumfedern, ein verschmitztes Funkeln in den Augen. Sein früheres Leben als Wohnungshund lag in diesem Moment schon weit hinter ihm!

Nach diesem netten Sommerausflug wurde es Zeit, dass Coyote das Leben eines Schlittenhundes kennenlernte. Kaum erstrahlten die kanadischen Wälder in den Feuerfarben des Herbstes, begannen die Hunde im Camp des Écorces – meine und die Alains –, eine gewisse Ungeduld, ja sogar Erregung zu zeigen, die Coyote überhaupt nicht verstand. Dies erreichte seinen Höhepunkt, als wir daran gingen, Geschirre und Zugleinen hervorzukramen. Die sechzig Hunde spielten verrückt. Sie bellten wie wild, kratzten die Rinde von den Bäumen, zerrten an ihren Ketten, hüpften herum und kletterten auf ihre Hütten. Coyote reagierte verblüfft und verstört auf diesen Ausbruch kollektiver Hysterie. Er schmiegte sich an mich, und ich versuchte, ihn zu beruhigen. Einmal mehr.

Wir legten mehreren Hunden aus der Gruppe, die als Erste ins Training einsteigen sollten, Geschirre an. Dieses erste Gespann und einige andere liefen ohne Coyote los. Dann kam er an die Reihe. Er machte einen Buckel, als ich ihm das Geschirr überstreifte, widersetzte sich aber nicht, teilweise aus Nachahmungstrieb, denn seine Nachbarn ließen es mit sichtlicher Freude geschehen. Wir spannten ihn neben Abache an, einem gutmütigen Kerl, der ihm seine Unwissenheit und Ungeschicklichkeit verzeihen würde. Was man von einem Nachbarn wie Churchill nicht behaupten kann, der es nicht duldet, wenn ein Hund, selbst wenn er noch Anfänger ist, zaudert, sich in den Leinen verheddert und das Gespann aufhält. Bei ihm muss geradeaus und schön in Reihe gelaufen werden. Churchills Vorstellungen sind also nicht gerade das, was man bei der Erziehung eines jungen Hundes braucht. Der Neuling darf bei seiner ersten Erfahrung keinen Schock erleiden. Im Gegenteil, er muss Spaß haben, sich so gut wie möglich amüsieren. Die Erziehung, die Gewöhnung an gewisse Regeln, das etwas mühsame Erlernen bestimmter Techniken, das alles kommt später.

Coyote beobachtet etwas verwirrt und leicht verächtlich das Verhalten seiner Teamgefährten, die jede Zurückhaltung aufgegeben haben und, völlig aus dem Häuschen, Luftsprünge vollführen, bis sich das Quad in Bewegung setzt, das sie nun jeden Morgen bis zum ersten Schnee ziehen werden.

»Los, meine Hunde ...« Die Hand an der Bremse, fahre ich langsam los, um ihm Zeit zu geben, sich an die Zugleine zu gewöhnen, die ihn in der Achsrichtung des Gespanns hält und seine Bewegungsfreiheit einschränkt. Er zieht, wie böse Zungen sagen würden, »nach hinten«, merkt aber schnell, dass ihm das nichts nützt, und ordnet sich brav an Abaches Seite ein. Das Training verläuft ohne besonderen Zwischenfall. Coyote läuft mit, ohne wirklich zu ziehen. Das überlässt er den anderen, die er etwas herablassend beobachtet, als wollte er sagen: »Und deswegen habt ihr so ein Theater gemacht? Ehrlich gesagt, ihr benehmt euch lächerlich, meine armen Freunde.«

Am nächsten Tag dieselbe Reaktion. Während alle anderen Hunde nachdrücklich ihre Lust am Laufen bekunden, bleibt Coyote kühl und reserviert und zuckt mit den Schultern. Er lässt sich dazu herab, mit den anderen zu laufen, scheint sogar ein gewisses Vergnügen daran zu finden, aber er zieht nicht.

Er wird niemals ziehen. Für einen Schlittenhund ist das ein Manko. In anderen Zeiten und unter anderen Umständen wäre so ein Hund sogar an die anderen verfüttert worden. Bei den Inuit belastet man sich nicht mit einem solchen Tier. Ein Keulenschlag auf den Kopf, und der Fall ist erledigt.

Aber Coyote ist mein Freund, und ich bin kein Inuit. Ich beurteile Hunde nach anderen Kriterien. Nach einigen Versuchen, ihn an der Spitze laufen zu lassen, die auch nicht sehr überzeugend waren, musste ich mich damit abfinden und den Tatsachen beugen. Coyote mochte ein Husky sein, aber er würde nie ein guter Schlittenhund werden. Schlittenhund wird man nicht. Man wird als einer geboren. Dann muss der Musher die Freude am Ziehen und Laufen, die der Hund im Blut hat, nur fördern – jedenfalls im Prinzip.

Damals war ich mit den Vorbereitungen für die Dreharbeiten zu *Der letzte Trapper* beschäftigt. Zusätzlich zu dem Gespann, das ich für den Film aus eigenen Hunden zusammenstellen musste, brauchte ich einen Star, einen Hund, dessen Schicksal es war, mitten in der Geschichte zu sterben. Diese Rolle sollte Coyote übernehmen. Sie war ihm wie auf den Leib geschrieben war, so lernbegierig, wie er war.

Das war auch nötig, denn eine lange und anstrengende Dressur erwartete ihn. Er musste lernen, sich von einem bestimmten Punkt zu einem anderen zu begeben, auf Kommando zu knurren, vor Zufriedenheit zu kläffen oder kaum sichtbaren Markierungen auf dem Boden zu folgen, zu sterben … Der Tierdresseur Andrew, der auf einem schönen Anwesen in den Ausläufern der Rocky Mountains lebte, sollte seine Ausbildung übernehmen. Er wollte ihn acht Tage zur Probe nehmen. Nach Ablauf dieser Zeit würde er mir sagen können, was mit ihm anzufangen sei. Also flog unser Coyote nach Vancouver.

Lang, lang waren sie her, die immergleichen Tage beim Tierschutzverein Gennevilliers, die er damit zugebracht hatte, in einem Käfig zu versauern. Ob er sich noch an sie erinnerte? Wenn man sah, welche Lebensfreude er ausstrahlte, hätte man wetten mögen, dass er sie nicht vergessen hatte.

Das Resultat dieser Probewoche übertraf meine Hoffnungen. »Dieser Hund ist klasse«, bestätigte Andrew, der schon mit Dutzenden gearbeitet hat.

Nanook war also gefunden. Alle Menschen, die *Der letzte Trapper* gesehen haben, kennen ihn unter diesem Künstlernamen: Schon in den ersten Einstellungen des Films sieht man ihn an der Seite meines Freundes Norman, der sich selbst als Trapper spielt.

Nanook war der Herausforderung mehr als gewachsen. Für ihn war es eine unglaubliche Erfahrung. Er durchstreifte die Rocky Mountains im Sommer neben seinem berittenen Herrn, dann im Winter vor einen Schlitten gespannt. Er fuhr in einem Birkenrindenkanu die reißenden Flüsse von Yukon und Alaska hinunter und begegnete in der Arktis Herden von mehreren Tausend Karibus. Er suchte Zuflucht in einem Iglu, während draußen ein Schneesturm heulte, erlebte Temperaturen von minus fünfundfünfzig Grad, bestaunte die Nordlichter und heulte mit den Wölfen, mit denen er auf Tuchfühlung ging.

Was für ein Werdegang für einen ehemaligen Zögling des Tierschutzvereins! Die Geschichte dieses Hundes klingt wie ein Märchen. Noch in hundert Jahren werden

Hundegroßmütter den Welpen diese Geschichte erzählen. Gelegentlich war ich, vor allem in der Provinz, bei Vorführungen des Films dabei. Hinterher kamen immer wieder Kinder zu mir und stellten mir eine Frage, die ihnen auf den Nägeln brannte: »Ist Nanook wirklich tot?«

Natürlich nicht! Nanook erfreut sich bester Gesundheit. Er lebt jetzt in den Rocky Mountains bei Andrew, der mich fragte, ob er ihn nach den zwei Jahren, die sie miteinander verbracht hatten, nicht behalten könne.

»Ich gebe ihn dir gern. Coyote ist kein Schlittenhund. Bei dir wird er glücklicher sein.«

Seine Freunde sind die Wölfe und die Grizzlys, und die Gitterstäbe seines Käfigs sind jetzt die verschneiten Berge, deren Gletscher an sonnigen Tagen glitzern und sich vom satten Grün der ausgedehnten Nadelwälder abheben. Nanook durchquert diese schönen Wälder im Herbst, um auf die Hochalmen zu gelangen, wo er gern Hasen jagt. Sein bester Freund ist ein großer Wolf, den er mir vorgestellt hat, als ich ihn im letzten Herbst besuchte.

Voulk, Taran, Baikal, Gao & Co.

GAO IST DER GEBORENE LEITHUND. ER IST FÜR DIESE verantwortungsvolle Aufgabe wie geschaffen. Bereits als Welpe suchte er den Kontakt zu den Menschen, zog Blicke auf sich und hielt sie fest, die Augen voller kleiner Fragezeichen, die Intelligenz verrieten. Als erster der sechs Welpen traute er sich, die fünf Zentimeter zu überspringen, die ihre Hundehütte vom Rest der Welt trennten. Er ließ sich am leichtesten entwöhnen und war der Erste, der aus dem Napf fraß. Kippte der beim wilden Durcheinander der Fütterung einmal um, fand er als Erster heraus, wie man an das, was darunter lag, herankam. So viele Zeichen, die nicht trogen, und mit zunehmendem Alter wurde er nur noch schlauer.

Schon mit drei Monaten hörte er auf seinen Namen und kannte ein paar Befehle wie »Komm«, »Ja«, »Nein«, »Langsam«. An der Art, wie er einen ansah, wenn man mit ihm sprach, merkte man, dass er alles zu verstehen versuchte. Er war aufmerksam, lerneifrig und ließ bereitwillig von einem Spiel ab, wenn jemand kam, um dem Besucher entgegenzulaufen.

Als wir mit den langen Waldspaziergängen begannen, war Gao immer der Erste, der sich an die frischen Spuren von Hasen oder Haselhühnern heftete, und sprang auch als Erster über Bäche, jagte einem Schmetterling nach oder zeigte Neugier für das Ungewöhnliche: für einen Geruch oder ein unbekanntes Tier ...

Er liebte das Anschirren auf Anhieb, aber das gilt für die meisten Schlittenhunde. Wenn man einen jungen Hund im Alter von fünf oder sechs Monaten zum ersten Mal anspannt, muss alles so sein, dass er es in möglichst guter Erinnerung behält. Die erste Ausfahrt muss wie ein Spiel sein, bei dem er nicht den kleinsten Druck verspürt. Er darf sich ruhig in den Leinen verheddern und bellen. Man lobt ihn, macht ihm Mut, spornt ihn mit Zurufen an und versucht darauf hinzuwirken, dass er sich von der freudigen Erregung, die das ganze Gespann erfasst hat, anstecken lässt. Man stellt ihn neben einen verträglichen Hund, der ihm nicht gleich eine Abreibung verpasst, wenn er durch seine Unbeholfenheit das Gespann aufhält. Die erste Ausfahrt ist ein Fest. Das einzige Ziel dabei ist, ihn für den Schlitten zu begeistern, sodass er beim bloßen Anblick des Geschirrs bald Luftsprünge von einem Meter Höhe macht.

Erst wenn die angeborene Freude am Ziehen zur Besessenheit geworden ist, kann man damit beginnen, ihm ein paar Grundregeln beizubringen: nicht die Leinen durchnagen, auch wenn man sich in diesen verflixten Dingern nicht so schnell bewegen kann, wie man gern möchte; nach dem Anhalten erst weiterlaufen, wenn das entsprechende Kommando ertönt; Kurven nicht schneiden; nicht die Piste verlassen, um an einen Baum zu pinkeln; nicht die Nase in einen Fußabdruck stecken oder den Schnee testen ... Ein junger Hund lernt das alles mehr oder weniger schnell. Gao gehörte zu denen, die keine langen Erklärungen brauchten. Er beobachtete, zog aus jedem Fehler und jeder Ungeschicklichkeit seine Lehre. Er machte rasch Fortschritte, wurde selbstsicherer und begriff vor den anderen, dass es nichts brachte, vor dem Start wie verrückt zu kläffen, herumzu-hampeln und sich dabei womöglich in den Leinen zu verwickeln, was die Abfahrt nur verzögerte. Er verstand es, mit seinen Kräfte zu haushalten und beim Ziehen alles zu geben. Vor allem aber verlor er nie den Men-schen aus den Augen, während die meisten Hunde nur noch die Meute sehen, der sie angehören. Daran erkennt man den künftigen Leithund, oder zumindest denjeni-gen, der es verdient, für diese Aufgabe ausgebildet und getestet zu werden. Die kräftigsten Hunde werden direkt vor dem Schlitten angespannt. Auf diesem Platz müssen die Hunde lernen, nach einer Pause den Schlitten mit einem Ruck vom Boden loszureißen, wenn die Kufen festgefroren sind. Vor allem aber müssen sie üben, die Kurven auszulaufen, damit der Bug des Schlittens nicht deren Innenseite streift. Sie müssen verhindern, dass der Schlitten ins Schleudern gerät, und müssen ihn wieder auf Kurs bringen, wenn er auf vereistem Untergrund seitwärts ausbricht. Auf dieser Position war Torok Extra-klasse.

Auch die Hunde unmittelbar hinter den beiden Leit-hunden sind wichtig, denn sie unterstützen das Füh-rungsduo bei Richtungswechseln und geben den »Code« an die anderen weiter: Kurve nach rechts oder nach links, sehr leichte oder rechtwinklige Kurve. Auf diesem Platz lernt der angehende Leithund. Danach stellt man ihn neben seinen Mentor. Durch eine dreißig Zentimeter lange, am Hals befestigte Leine sind die beiden mitein-ander verbunden. Sobald der Lehrer nach rechts abbiegt, muss der Schüler ihm folgen. Und er muss es schnell tun, reflexartig, ohne dass die Leine sich vorher strafft. Aber von einem richtigen Leithund wird viel mehr erwartet. Er muss Befehle ausführen, manchmal im Voraus ahnen, wenn nötig, auch mal selbst die Initiative ergreifen und

Verantwortung übernehmen. Ich erinnere mich bewegt an zwei Einfahrten in eine Stadt.

Bei der ersten, in Quebec, war Voulk der Leithund. Er besaß ebenso herausragende Qualitäten wie Gao, der das Gespann bei der zweiten bis in die Moskauer Innenstadt führte. Ein Polizist begleitete mich an diesem etwas verrückten Tag in Quebec, an dem wir über eine Autobahn fuhren, etliche Kreuzungen passierten, durch die verwinkelten Vororte kurvten und schließlich mitten im Stadtzentrum landeten, wo sich eine große Menschenmenge drängte. Über uns kreisten Hubschrauber, die Lifebilder lieferten, um uns herum Pressefahrzeuge und Polizeiautos mit heulenden Sirenen. Mein Gespann, das achttausend Kilometer Wildnis hinter sich hatte, war plötzlich Bedingungen ausgesetzt, wie sie für Schlittenhunde nicht schlimmer und irritierender sein können. Den Leithund stellt das vor eine ungemein schwierige Aufgabe. In einer solchen, äußerst »feindseligen« Umgebung hat er nur zwei Möglichkeiten: Entweder er sperrt sich innerlich und weigert sich, unter diesen Bedingungen weiterzulaufen, oder er verlässt sich blind auf den, der ihn in diesen Schlamassel geführt hat. Aber um sich auf den Musher verlassen zu können, muss er ihn hören, und das ist alles andere als leicht, wenn man von Autos umringt, von Hubschraubern überflogen und von Zuschauern bejubelt wird. Alles wäre geeignet, den armen Hund zur Aufgabe zu bewegen. Meine Stimme ist wie ein Faden, der mich mit ihm verbindet. Wenn er reißt, verliert der Hund den Boden unter den Füßen, wird er in dieser für ihn fremden Umgebung, die er nicht versteht und deren Gesetze und Regeln er nicht kennt, sich selbst überlassen. Deshalb muss man ihn beruhigen, ihm zu verstehen geben, dass er in diesem Schlamassel nicht allein ist und dass man um die Schwierigkeit seiner Aufgabe weiß. Ich habe in meinem ganzen Leben nicht so viel mit einem Hund gesprochen wie an diesen beiden Tagen. Mit Voulk in Quebec und später mit Gao in Moskau. Den ganzen Tag hörten sie mich rufen: »Ich bin da, Gao!« »Ja, gut so, Voulk!«

Sie spitzten die Ohren und versuchten, meine Stimme aus dem allgemeinen Trubel, dem Geschrei und Gehupe herauszuhören. Wenn sie mich nicht mehr hörten, drehten sie sich um, und ich las in ihren Augen einen Anflug von Panik, den ich mit einem Lächeln wegwischte. Es waren Wahnsinnsmomente, Momente innigster Verbundenheit mit diesen beiden Hunden, die Ausnahmetiere waren, wie mein König Otchum. Der Polizist, der die Arbeit der Sicherheitskräfte koordinierte, die uns ins Stadtzentrum von Quebec lotsten, kam am Abend zu mir und bedankte sich bei mir.

»So etwas habe ich noch nie erlebt. Es war einfach überwältigend, Ihnen beiden [Voulk und mir] zuzusehen. Das war der schönste Tag in meiner Polizistenlaufbahn.«

In Moskau und seinen Außenbezirken, wo es noch verrückter zugeht als in Quebec, hat auch mein Gao, den ich von Anfang an zum Leithund auserwählt hatte, eine große, eine ganz große Vorstellung geboten.

Auf der Piste hat ein Leithund nicht jeden Tag Gelegenheit, sein Talent zu zeigen. Oft braucht er nur einer Schneestraße, einer Piste oder einem Fluss zu folgen. Er bekommt stunden-, manchmal sogar tagelang keinen Befehl und widmet sich wie die anderen ganz seiner Arbeit, die darin besteht, das Tempo zu halten und darauf zu achten, dass die Leine gespannt bleibt.

Bei diesen beiden Stadteinfahrten konnten wir zeigen, was in uns steckt.

Bei den Dreharbeiten zu *Der letzte Trapper* konnte Voulk sein Talent unter Beweis stellen, sofern er am Ende seiner Laufbahn überhaupt noch etwas beweisen musste. Was er, aber auch seine fabelhaften Brüder Nanook, Baikal und Torok geleistet haben, verdient Hochachtung. Wer kann schon eine solche Bilanz vorweisen? Sie haben Alaska durchquert, den gesamten hohen Norden Kanadas von Küste zu Küste, Lappland, die Halbinsel Kola. Sie sind durch die Rocky Mountains getrabt, durch das Yukon Territory, die rumänischen Karpaten, den Jura. Sie haben an mehreren großen Rennen teilgenommen, darunter das legendäre Yukon Quest. Ich habe mir den Spaß gemacht, auszurechnen, wie viele Kilometer wir zusammen zurückgelegt haben: mehr als vierzigtausend! Die Pässe dieser Hunde gleichen einem Atlas der nordischen Länder.

Die Mitglieder des Filmteams waren zu Tränen gerührt, als sie sahen, was Voulk zu leisten imstande war. Doch was ich ihm abverlangte, war oft gegen die Natur. Man braucht sich nur bestimmte Szenen anzusehen wie die, wo die Hunde an einem schwindelerregenden Abgrund entlanglaufen und beginnen, in die Tiefe zu rutschen, oder die, wo Norman im Eis einbricht und sein Ruf die Hunde zurückholt. In solchen Augenblicken drehte sich Voulk zu mir um und ließ sich den Befehl wiederholen, den ich ihm gegeben hatte: nämlich etwas zu tun, was der Verstand verbot.

»Ja, Voulk, *djee!* Ja, mein Voulk.«

Dann lief er ein Stück, drosselte seine Schritte, sah sich noch einmal nach mir um und wartete darauf, dass ich das Undenkbare bestätigte.

»Ja, Voulk, ja, rechts rum.«

»Das ist unglaublich«, sagte Thierry, unser Chefkameramann, immer wieder. Ja, Voulk war wirklich unglaublich.

Seine Milchbrüder Nanook, Baikal und Torok waren es auch. Torok war der Stärkste, ein Schlepper, der den Schlitten ganz allein aus einem Loch ziehen konnte. Er war kein Raufbold und hatte es nicht nötig, mit seiner Kraft zu protzen. Er mochte das nicht und überließ nach Otchums Tod Baikal die Rolle des Rudelchefs. Baikal war ein Raufbold durch und durch. Ein Energiebündel und Kraftpaket, wie aus Stein gemeißelt, das sich mit Bissen Respekt verschaffte. Er war zwar ein ausgezeichneter Traber, machte aber manchmal seltsamerweise ganz plötzlich schlapp. Das lag nicht etwa an einer angeknacksten Moral oder an Willensschwäche, sondern an seiner physischen Konstitution. Es war, als ob bei einer bestimmten (eher hohen) Temperatur und nach längerer Anstrengung (über 100 Kilometer am Stück) die Pumpe streikte und der Herzschlag aussetzte. Mehrmals brach er im Geschirr zusammen und jagte mir einen fürchterlichen Schrecken ein. Doch nach ein paar Minuten kam er wieder zu sich, rappelte sich auf und heulte, um dann noch schneller zu laufen. Man konnte die kurzen, vorübergehenden Schwächeanfälle darüber fast vergessen.

Nanooks einziger Fehler war, dass er keinen hatte. An ihm war nichts auszusetzen, weder charakterlich noch bei der Arbeit, weder auf der Strecke noch in den Pausen. Er war ein sympathischer Hund, unermüdlich. Ein unvergleichlicher Kletterer, der bei jeder Tour das gepunktete Bergtrikot gewann. Mit zehn Hunden seines Kalibers hätte ich mir zugetraut, zehn Mal den Mount Everest zu erklimmen. Einer seiner Vorfahren muss eine Gemse gewesen sein, denn er kletterte für sein Leben gern. Wenn ich wusste, dass uns eine schwierige Steigung bevorstand, stellte ich ihn neben Voulk an die Spitze, und die beiden schlugen ein derartiges Wahnsinnstempo an, dass die anderen kaum mitkamen. Ich beobachtete sie genau und gönnte ihnen kurze Pausen, die auch mir Gelegenheit zum Verschnaufen gaben.

Der Musher ist wie ein Fußballtrainer. Vor jedem Spiel muss er sich überlegen, wen er aufstellt und welchen Spieler er auf welcher Position spielen lässt. Der eine Hund spielt gern mit einem anderen zusammen, ein dritter nicht. Der Trainer muss experimentieren, Geduld haben, auswechseln, Streitigkeiten schlichten, andere ihre Konflikte selbst austragen lassen. Er muss auf Disziplin achten und das Team bei Laune halten, sonst wird es nie auf höchstem Niveau spielen.

Ich hatte nicht nur gute Hunde. Aber welcher Lehrer kann schon von sich behaupten, er habe nur gute Schüler gehabt?

Meine größte Niete hieß Buck. Ein Faulpelz und Dummkopf, wie er im Buche steht – und eine Nervensäge. Wie konnte ich ihn nur ertragen, besonders bei der weißen Odyssee, der Durchquerung des Nordens von Amerika vom äußersten Westen Alaskas bis Quebec? Ich weiß es nicht. Ich muss masochistische Anwandlungen gehabt haben, denn wenn man sich erlaubt, einen Hund vom Schlage Bucks zu ertragen, ist eine Expedition dieser Größenordnung normalerweise nicht zu schaffen.

Er zog niemals. Wenn einer Unfug machte, dann Buck. Wenn einer knurrte, während alle anderen still waren, dann Buck. Wenn sich einer im denkbar ungünstigsten Moment verhedderte, dann Buck. Wenn das gesamte Gespann einem Hindernis auswich und einer blieb hängen, dann Buck, wer sonst? Ich muss gestehen, dass mich so viel in einem einzigen Hund versammelte Dummheit nachsichtig stimmte, ja sogar rührte! Jeder vernünftige Musher hätte ihn ausgesondert, doch ich brachte es einfach nicht übers Herz.

Buck schoss den Vogel ab, war in diesem Team aber nicht der Einzige, dessen Leistung zu wünschen übrig ließ. Carmack war ein prachtvoller Hund, gut gebaut, wunderbar proportioniert, kräftig, ausgeglichen. Ein talentierter guter Läufer. Ich wollte aus ihm einen großen Hund machen. Aber er war ein Faulpelz. Wenn einer die Reise genoss, dann er. Wie ein Kind, das ständig an der Autoscheibe klebt. Er ließ sich nicht das kleinste Schauspiel entgehen, aber er zog nicht, oder vielmehr nur sporadisch, zu seinem Vergnügen oder aus Neugier, weil er vorn etwas Interessantes entdeckt hatte, das er sich genauer ansehen wollte.

»Carmack!«

Gehorsam legte er sich ins Geschirr und zog die nächsten fünf Minuten. An den dehnbaren individuellen Leinen, die Stöße abfedern sollen, ließ sich auch ablesen, wie kräftig jeder Hund zog. Bei talentierten Betrügern wie Carmack hat sie sich bestens bewährt. Anders als bei Torok, Nanook und Baikal war Carmacks elastische Leine immer auffallend kurz und verriet ihn. Er war der neugierigste Hund, den ich kannte. Ständig reckte er die Nase in die Luft, saugte jeden Geruch ein, damit ihm ja nichts entging. Oft drehte er sich zu mir um und guckte, ob ich etwas Interessantes machte. Wenn ich im Schlittensack nach den Snacks wühlte, die ich alle paar Stunden verteilte, gab es einen, der mich keine Sekunde aus den Augen ließ: Carmack. Ein Umspringen des Windes, ein Geruch, eine vorbeiziehende Wolke, und er ließ nach. Carmack ging spazieren, das Leben war schön. Er amüsierte sich die ganze Zeit, war immer glücklich und zufrieden, ob wir nun eine Pause einlegten oder weiterfuhren. Ihm war alles recht. Er war Genießer und dabei so sympathisch, dass man ihm kaum böse sein konnte. Das war schade, denn er hätte das Zeug zu einem ganz großen Schlittenhund gehabt, ob an der Spitze oder in der Mitte des Gespanns.

Manche Hunde sind insgesamt sehr gut, erlahmen aber aus verschiedenen Gründen immer wieder in ihrem Eifer.

Ich spreche hier nicht von physischen Schwächen, die einen Oukiok oder einen Amarok nach einer Nonstop-Fahrt über 120 Kilometer außer Gefecht setzen.

Quebec und Oumiak zum Beispiel waren zwei Hunde, die völlig den Verstand verloren, wenn sie ein Wild erspähten oder auch nur eine frische Witterung aufnahmen. Für die nächste halbe Stunde benahmen sie sich dann wie Teenager, denen gerade das Mädchen ihrer Träume über den Weg gelaufen ist; sie waren mit den Gedanken irgendwo, desinteressiert an ihrer Umgebung, voller Bedauern ob der verpassten Gelegenheit.

Sie haben mich viele Nerven gekostet, diese vierbeinigen Wilderer. Am schlimmsten war es, als ich sie in der Umgebung meiner Hütte in den Rocky Mountains frei herumlaufen ließ. Sie verfügten damals über einen Wildpark von der Größe mehrerer französischer Departments, in dem sie sich nach Herzenslust austoben konnten. Einen Abenteuerspielplatz voller Hasen, Waldhühner, Karibus und … Stachelschweine. Ich liebte es, sie am See entlangtraben oder schwimmen zu sehen, wenn sie gemeinsam einen Ausflug in die Berge machten und zurückkamen, um sich ein paar Streicheleinheiten abzuholen, ehe sie sich am Seeufer erschöpft in den kühlen Schatten einer großen Kiefer legten. Sie waren ein richtiges Wolfsrudel, dem es häufig gelang, Beute zu machen. Von ihrer ersten Begegnung mit einem Stachelschwein brachten fast alle Stacheln mit, die tief in Backen, Schnauze oder Maul steckten, aber nur die Klügsten zogen daraus eine Lehre. Wie oft mussten Diane und ich Amarok festhalten, um ihm mit der Pinzette nacheinander all diese tückischen Stacheln mit ihren kleinen Widerhaken herauszuziehen, die sich immer tiefer ins Fleisch bohren und nie wieder herauskommen!

Eines Tages entdeckte ich rein zufällig, was sich da abspielte und wieso es immer wieder passierte. Ich suchte im Wald nach einer hohen, gerade gewachsenen Kiefer, als ich plötzlich ziemlich weit von der Hütte entfernt wütendes Gekläff hörte. Ich ging dem Bellen nach und fand Amarok ohne Mühe, beschloss aber, mich nicht zu zeigen. Er hatte ein Stachelschwein überrascht, das sich, wie es seine Gewohnheit war, sofort zu einer Kugel zusammengerollt hatte, um sich zu verteidigen. Zornig über diese wehrhafte, mit den gefürchteten Stacheln gespickte Kugel, scharrte und buddelte Amarok um das Tier herum den Boden auf. So ging es eine ganze Weile. Dann sprang er, einen Angriff vortäuschend, vor und wieder zurück, vor und wieder zurück, wobei er stets den Sicherheitsabstand wahrte, den er aus schmerzlicher Erfahrung für angebracht hielt. Dann geschah das Unvermeidliche. Das Stachelschwein besitzt neben den Stacheln noch eine zweite Waffe, oder besser gesagt eine, mit der sich diese noch wirkungsvoller einsetzen lassen, nämlich seinen Schwanz: Es kann ihn so schnell herumwirbeln, dass die Stacheln an seinem Ende abgehen und dem Angreifer wie Pfeile entgegenfliegen. Der getroffene Feind tritt entweder den Rückzug an oder sieht rot!

Amarok gehört zu den jähzornigen Hunden, die es nicht schaffen, ihre Nerven im Zaum zu halten. Also stürzt er sich mit weit aufgerissenem Maul auf den Gegner, um ihm eine Abreibung zu verpassen, und schlägt die Zähne in das Nadelkissen. Den Rest kann man sich vorstellen. Und das Schlimmste war, dass es immer wieder passierte.

Es war nicht ungefährlich, die Hunde in diesen Bergen, in denen es viele Wölfe, Grizzlys und Elche, Abgründe und Schluchten gab, frei herumlaufen zu lassen, aber ich war bereit, die möglichen Konsequenzen zu tragen. Ich liebe die Freiheit, und ich wollte sie dieser Meute, die sie mindestens ebenso liebt wie ich, nicht vorenthalten. Man hat selten Gelegenheit, Hunden so viel Freiheit zu lassen, und noch seltener, wenn es sich um solche Wilderer handelt wie bei meinen. Meine Versicherung kann ein Lied davon singen. Bevor sie mich auf die schwarze Liste setzte, musste sie Entschädigungen für einhundert Hühner, sieben Schafe, eine Kuh und zwei Ziegen bezahlen, die meine Hunde gerissen hatten, als sie mehrmals aus unserem großen Zwinger im Jura ausgebüchst waren.

Solche Hunde im Gespann zu führen hat auch seine Kehrseiten. Der Verlust des Schlittens gehört zu den Ängsten des Mushers, die ein Normalsterblicher nicht versteht.

»Aber wie können Sie denn Ihren Schlitten verlieren? Die Hunde bleiben doch bestimmt stehen. Sie laufen doch nicht weiter, oder?« Das bekomme ich oft zu hören. Dabei ist es eher die Ausnahme, dass die Hunde stehen bleiben. Das hat viele Gründe. Soll der Schlitten gleichzeitig mit den Hunden stehen bleiben, muss der Musher auf die Bremse treten. Tut er es nicht, rammt das Frontteil die Hintern der beiden Hunde direkt vor ihm. Sie werden also durchstarten, bevor sie umgemäht werden, was einem erfahrenen Hund nie passiert, denn er achtet immer auch auf die Situation hinter ihm. Womit wir wieder bei der Schlange wären, die sich in den Schwanz beißt. Der Schlitten und die Hunde bleiben nicht stehen, außer eine Steigung oder eine Unebenheit der Piste halten sie auf.

Manchmal merken die Hunde auch gar nicht, dass ihr Musher vom Schlitten gefallen ist. Bis er sich leicht benommen aufgerappelt hat, ist das Gespann schon weit weg. Und wenn obendrein noch ein kräftiger Wind weht, ist auch alles Rufen vergeblich. Genau das ist mir bei der weißen Odyssee passiert. Ein Mann sah meinen Schlitten ohne Musher wie ein Phantom im Schneesturm vorbeisausen. Über Funk verständigte er die Polizei. Die Nachricht erreichte bald Frankreich. Sofort gab die französische Nachrichtenagentur AFP eine Meldung heraus, die von allen Rundfunk- und Fernsehsendern übernommen wurde. Meine Frau und meine Kinder hörten auf France Info, dass »seit vierundzwanzig Stunden von Nicolas Vanier jede Nachricht fehlt und seine Chancen, ohne Ausrüstung in einem Schneesturm zu überleben, sehr gering sind«. Sie mussten sich einen ganzen Tag lang um mich ängstigen, bevor die erlösende Nachricht kam.

Am Ausgang eines Dorfes waren wir von der Straße auf eine Schneemobilpiste abgebogen, die an ihr entlangführte. Ein Sturm war aufgekommen. Voulk und Baikal, die an der Spitze liefen, verschwanden im Weiß und waren nicht mehr zu sehen. So etwas nennt man *Whiteout*, das Gefühl, in einem Meer aus wirbelndem Schnee zu versinken. Im *White-out* sind schon Menschen umgekommen, die leicht bekleidet nur mal kurz vors Zelt oder die Hütte gehen wollten, um zu pinkeln. Auf dem Rückweg sahen sie nichts mehr, glaubten aber genau zu wissen, wo ihre Behausung war, dort, nur ein paar Meter entfernt. Also gingen sie die paar Schritte. Ach nein, sie war wohl doch etwas weiter rechts … nein, links … Und dabei entfernten sie sich immer weiter und verringerten mit jedem Schritt ihre Chancen, wieder ins Warme zu kommen. Man fand sie, steif gefroren wie ein Brett, ein paar Dutzend oder Hundert Meter entfernt. Um das zu vermeiden, greifen alle Forschungsreisenden im hohen Norden zu einem Trick: Sie binden sich mit einem Seil an Zelt oder Hütte an.

Die Hunde waren ausgeruht und galoppierten so schnell, dass ich das Hindernis zu spät sah. Ein riesiger Schneehaufen, den vermutlich ein Bulldozer hier aufgeschüttet hatte. Die Hunde umkurvten ihn, der Schlitten leider nicht. Ich flog durch die Luft und landete ein paar Meter weiter völlig benommen, aber unverletzt am Rand der Piste. Ich hatte nur knapp einen Baum verfehlt, an dem ich mir sämtliche Knochen hätte brechen können. Als ich den Kopf hob, sah ich gerade noch, wie der Schlitten, der wie durch ein Wunder auf die Kufen gefallen war, im Schneesturm verschwand.

»Vouuuuuulk!« Verlorene Mühe. Selbst mit einem Megaphon hätte er mich nicht gehört. Der Wind blies in meine Richtung. Ich schnellte in die Höhe und legte einen Sprint hin, um den Schlitten einzuholen. Aber ich bin nicht Carl Lewis, und selbst der hätte gegen galoppierende Hunde keine Chance gehabt.

»Scheiße!«

Es konnte Stunden dauern, bis die Hunde merkten, dass ich nicht mehr hinten auf dem Schlitten stand. Auf diesem harten Geläuf war der Gewichtsunterschied ohne Bedeutung, und sie würden sich auch nicht darüber wundern, dass von hinten keine Befehle kamen. Wenn es gut läuft, spricht man wenig mit den Hunden. Ich war schon weit vom Dorf entfernt, aber ich zögerte, auf demselben Weg zurückzugehen, um mir einen Motorschlitten zu holen. Das hätte mich gut eine Stunde gekostet, und es war sehr wahrscheinlich, dass die Hunde in der Zwischenzeit stehen blieben. Alles Mögliche konnte passieren: Es konnte zu einer Rauferei kommen, ein Hund konnte sich in der Zugleine verheddern, der Schlitten konnte auf abschüssiger Strecke über die Hunde hinwegbrettern ... Ich beschloss, lieber den Hunden zu folgen, zumal die Piste an der Straße entlangführte und ich gute Chancen hatte, ein Auto anzuhalten, um sie wieder einzufangen. Doch nach einer halben Stunde hatte ich weder die Hunde noch ein einziges Auto gesehen und musste zu meiner großen Verzweiflung feststellen, dass sie nach links in Richtung Mackenzie River abgebogen waren, statt der parallel zur Straße verlaufenden Hauptpiste zu folgen.

Zum Glück tauchte in diesem Moment ein Pick-up auf. Ich bemerkte seine gelben Scheinwerfer gerade noch rechtzeitig im Nebel, um ihn anzuhalten. Ich erklärte dem Fahrer die Situation. Er kannte einen Weg, der zum zehn Kilometer entfernten Mackenzie führte.

»Okay, fahren wir.«

Doch der Sturm hatte den Weg zugeweht, und der Pick-up blieb in einer Schneewehe stecken. Ich half dem Fahrer, den Wagen wieder herauszuziehen, und hastete im Laufschritt weiter. Als ich schweißgebadet den Fluss erreichte, war ich fest davon überzeugt, dass die Hunde nicht hier waren. Ich wusste, dass sich in der Umgebung des Dorfs viele Pisten kreuzten. Wahrscheinlich waren sie flussaufwärts abgebogen statt flussabwärts, wo sie auf den Mackenzie gestoßen wären. Außerdem war die Sicht gleich null. Eine ganze Armee von Hundeschlitten hätte am Fluss vorbeifahren können, ohne dass ich sie bemerkt hätte. Ich wusste mir keinen Rat mehr.

In diesem Moment sah ich einen Schatten. Einen Schatten, der immer länger wurde und Ähnlichkeit mit einem Hundespann hatte!

»Voulk! Voulk!«

Ich brüllte, was meine Stimmbänder hergaben. Diesmal trug der Wind meine Stimme. Sie hörten mich und kamen zu mir her galoppiert. Sie wirkten überrascht, mich hier zu sehen: »Kannst du zaubern oder wie kommst du hierher?«

Ich kniete mich in den Schnee, die Hunde umringten mich. Ich umarmte einen nach dem anderen, als hätten wir uns zwanzig Jahre nicht gesehen. Ich konnte es nicht fassen, dass ich sie gefunden hatte. Sie hätten anderen Pisten folgen, vor mir hier vorbeikommen oder irgendwo unterwegs stehen bleiben können!

Es gibt einen Gott der Musher. Doch bei den meisten Rennen, an denen ich teilgenommen habe, hat er mich vergessen.

Yukon Quest – das härteste Hundeschlittenrennen der Welt

DAS GESPANN, MIT DEM ICH ERSTMALS AM YUKON Quest teilnahm und später den gesamten hohen Norden Kanadas durchquerte – über achttausend Kilometer in weniger als hundert Tagen –, ist alt geworden. Voulk, Torok, Baikal und Nanook sind jetzt über neun Jahre alt. Sie laufen zwar noch, aber der Ruhestand winkt. Ich habe mir eine Alaskan-Hündin zugelegt und mit Voulk verheiratet. Ein erster Wurf hat mir großartige Welpen beschert, die über die Stärken ihrer Eltern verfügen dürften: die Robustheit und Ausdauer Voulks und die Schnelligkeit der Alaskan. Das Ergebnis ist vielversprechend. Obwohl ich mich beim Yukon Quest als Dreizehnter von fünfundzwanzig Startern platzieren konnte, habe ich dort noch eine Rechnung offen, denn gegen Ende des Rennens wurde ich das Opfer eines ärgerlichen Missgeschicks.

Trevor und ich waren so genannte *Rookies,* das heißt, wir nahmen zum ersten Mal an dem Rennen teil. Wir hatten beide bei Frank Turner trainiert und gemeinsam unsere Futtersäcke vorbereitet, verpackt und mit Etiketten aus demselben Material versehen. An einem Checkpoint verwechselten die freiwilligen Helfer, die den Mushern die Pakete bringen, die Säcke und gaben mir einen, der genauso aussah wie meiner, ohne das Namensschild zu überprüfen. Auch ich überprüfte es nicht. Warum hätte ich das tun sollen? Als ich den Sack meines Freundes leerte, bemerkte ich zu meinem Schrecken, dass ein paar Tüten fehlten, von denen ich sicher war, dass ich sie eingepackt hatte. Aber ich zog daraus nicht den richtigen Schluss. In dieser Phase des Rennens, nach über zwei Dritteln der Strecke, konnte ich mich, erschöpft, wie ich war, nicht mehr daran entsinnen, dass Trevor und ich identische Säcke hatten. Bei zwei Stunden Schlaf pro Tag ist man nicht mehr bei klarem Verstand.

Trevor lag hinter mir. Als er am Checkpoint eintraf, fehlte der Sack mit seinem Namensschild. Nach kurzer Suche fand er ihn. Er war leer. Er meldete den vermeintlichen Diebstahl, ohne zu bemerken, dass mein Sack noch dastand, prallvoll und noch verschnürt, obwohl ich bereits durchgekommen war. Er fuhr sofort weiter, und die Kampfrichter leiteten eine Untersuchung ein.

Das Ergebnis ließ nicht lange auf sich warten: Nicolas Vanier war der Dieb. Sie informierten den *Race Marshall*, den Rennleiter, und der weckte mich am Tag vor der Zielankunft aus dem kurzen Schlaf, den ich mir am vorletzten Checkpoint gönnte. Bis Fairbanks waren es noch 160 Kilometer, und die wollte ich in einem Rutsch zurücklegen.

Ohne mir zu erklären, worum es genau ging, teilte mir der Rennleiter mit, dass ich wegen Diebstahls mit einer Zeitstrafe von zwei Stunden belegt worden sei. Über alles Weitere werde man am Ziel sprechen. Ich war so geschockt, dass ich nicht wusste, was ich sagen sollte, und protestierte nur schwach. Ich stand vor einem Rätsel. Was sollte ich denn gestohlen haben?

Als ich vollends wach war, war der Rennleiter bereits nach Fairbanks weitergefahren, wo die Ersten ins Ziel kamen, darunter auch Frank Turner, der in diesem Jahr den zweiten Platz belegte.

Ich war wütend, denn ich legte mit meinen Hunden ein perfektes Rennen hin. Ich war auf dem besten Weg, auf der letzten Etappe den Zwölften zu überholen, aber die zwei Stunden Zeitstrafe machten meine Hoffnungen zunichte. Ich wollte aufgeben, aber Jérôme, der die Hunde mit mir zusammen vorbereitet und einen ganzen Winter lang in Quebec trainiert hatte, bat mich, das Rennen zu Ende zu fahren, und sei es nur ihm zuliebe. Ich tat es, aber ich kochte. Aus den wenigen Informationen, die ich bekommen konnte, bevor ich den Checkpoint verließ, konnte ich mir zusammenreimen, was passiert war. Bei einer Kontrolle auf halber Strecke verlangte ich, per Telefon mit dem Rennleiter zu sprechen. Man fand ihn und holte ihn an den Apparat. Ich erklärte ihm, dass ein Missverständnis vorliege. Er erwiderte, dass die Angelegenheit im Ziel untersucht werde. Ich sei noch im Rennen und müsste es vorher beenden. Ich entgegnete, dass ich das Rennen unter keinen Umständen als Dieb beenden würde. Ich regte mich maßlos auf, denn ich war todmüde, wie jeder Musher am Ende eines Rennens über 1600 Kilometer, in dessen Verlauf man kaum schläft. Ich brüllte ins Telefon. Ich stieß Drohungen aus. Er legte auf.

Ich fuhr weiter und erreichte Fairbanks, stolz auf die Leistung meines Gespanns, aber wütend. Ich fuhr nicht über die Ziellinie. Zwei Meter davor blieb ich stehen und weigerte mich, weiterzufahren, solange die Strafe gegen mich nicht aufgehoben wurde. Ich verlangte eine Entschuldigung. Der Rennleiter blieb stur.

»Die Modalitäten des Reglements müssen eingehalten werden. Im vorliegenden Fall heißt das, dass wir den üblichen Verfahrensweg einhalten müssen, falls gegen die Strafe Protest eingelegt werden soll.« Und er setzte hinzu, dass die Kommission wohlwollend urteilen werde, wenn sich meine Aussage bewahrheiten sollte.

»Was heißt hier wohlwollend? Es war doch Ihr Fehler. Sie haben etwas wiedergutzumachen.«

Die Kampfrichter wurden ungeduldig. Es war vier Uhr morgens, und auch sie hatten in den letzten elf Tagen wenig geschlafen. Sie forderten mich ein letztes Mal auf, die Ziellinie zu überqueren. Spöttisch erwiderte ich, dass das Reglement nicht verbiete, zwei Meter vor dem Ziel eine Pause einzulegen, und dass ich die Absicht hätte, genau das zu tun. Sie wollten wissen, wie lange. Ich antwortete, dass das von ihnen abhänge. Sie zogen sich zur Beratung zurück. Nach zehn Minuten kam der Rennleiter wieder. Er lächelte zufrieden und schadenfroh.

»Fahren Sie über die Ziellinie, wann Sie wollen. Das geht uns nichts mehr an.«

Warum, wagte er mir nicht zu sagen. Er ging weg. Ich passierte die Linie. Am nächsten Tag erfuhr ich, dass er mich disqualifiziert hatte.

Trevor und Frank gingen zu ihm und erklärten ihm, was mich zu diesem inakzeptablen, aber verständlichen Verhalten veranlasst hatte. Er war erst zu einer Entschuldigung bereit, wenn ich mich bei ihm entschuldigt hätte.

Ein Jahr später trafen wir uns in der Bar eines Restaurants in Whitehorse wieder. Wir sprachen uns aus. Wir mussten lachen, als wir uns an daran erinnerten, wie wütend wir damals gewesen waren. Ich gab ihm ein Bier aus und er mir. Abermals ein Jahr später gab es beim Yukon Quest 250 das nächste Wiedersehen.

»Sieh mal einer an, da ist ja der Sackdieb!«

Das Witzigste daran war, dass auch Trevor da war und ziemlich zerknirscht aussah.

Das Yukon Quest 250 war mein schönstes Rennen. Wir, die dreizehn Teilnehmer, gingen ein paar Stunden nach dem Start des »großen« Yukon Quest auf die Piste. Dafür wollte ich mich erst im nächsten Jahr wieder melden, weil meine Hunde jetzt noch zu jung waren.

Sie waren aber jetzt schon schneller als mein voriges Gespann. Viel fehlte nicht mehr, um mit den Besten mitzuhalten. Außerdem besaß ich in Cheap eine Leithündin der Extraklasse, die unentwegt Dampf machte und dem übrigen Gespann ein enormes Tempo aufzwang. Und sie war überaus zuverlässig, denn sie hatte auf den achttausend Kilometern der weißen Odyssee im hohen Norden Kanadas Erfahrungen in allen erdenklichen Situationen gesammelt. Sie war acht Jahre alt und würde noch ein bis zwei Jahre im Zenit ihrer Leistungsfähigkeit stehen.

Ich legte einen Raketenstart hin. Auf den ersten fünfzig Kilometern galoppierten die Hunde, ohne zu ermüden, mit annähernd zwanzig Stundenkilometern dahin, dann fielen sie in ihren schnellen, raumgreifenden Trab, der mir erlaubte, die erste Etappe über mehr als hundertsechzig Kilometer in einem Zug durchzufahren.

Ich erreichte den Checkpoint vor mehreren Mushern, die Teilnehmer des Hauptrennens, des »großen« Yukon Quest, waren und ihren Hunden nach der Hälfte der Etappe gerade eine Pause gegönnt hatten.

Sieben Stunden später fuhr ich, bereits auf Position sechs, weiter. Die Piste führte über Hügel und Berge zum Eagle Summit, dem berühmtesten Streckenabschnitt des Rennens.

Bei meinem ersten Yukon Quest hatte ich den Berg in umgekehrter Richtung überquert, denn alle zwei Jahre führt das Rennen von Fairbanks nach Whitehorse. Ich fuhr also zum Gipfel hinauf. Auf den letzten hundert Metern ist die Steigung mörderisch. Ständig hat man das Gefühl, dass die Leithunde gleich aufgeben und man den Schlitten nach jedem erklommenen Meter festhalten muss, damit er nicht nach hinten abrutscht. Was auch tatsächlich manchmal vorkommt. Egal wer in Führung liegt und wie groß sein Vorsprung ist: Gewonnen hat er das Rennen erst, wenn er den Eagle Summit bezwungen hat. Häufig fällt hier die Entscheidung, ähnlich wie bei der Tour de France auf den Anstiegen der großen Bergetappen. Mit meinen Kletterassen hatte ich damals keine wirklichen Probleme, über den Pass zu kommen. Das dort postierte Fernsehteam war enttäuscht. Meine Hunde kamen zu glatt rüber. »Man merkt ja gar nicht, wie schwierig es ist«, sagten die Journalisten. Zum Glück hatten andere Musher hinter mir keinen Nanook oder Torok und boten den Kameraleuten und Fotografen das erhoffte Spektakel.

Dieses Jahr fuhren wir den Pass von der anderen Seite her an. Statt eines mörderischen Anstiegs zum Plateau erwartete uns diesmal also eine halsbrecherische Abfahrt. Und die dünne Schneedecke machte die Aufgabe nicht leichter. Der felsige Untergrund war kaum hinreichend bedeckt. Die Musher des Quest 250, die hinter den Gespannen des Hauptrennens fuhren, fanden eine arg ramponierte Strecke vor; die über vierhundert Hunde und dreißig Schlitten der anderen hatten von dem bisschen Schnee kaum etwas übrig gelassen. Oft fuhren wir auf Stein, vor allem wenn es bergab ging. Dort hatten die Bremsen der Schlitten allen Schnee weggekratzt.

Die Ausfälle waren enorm. Schon auf der ersten Etappe hatten mehrere Musher »gescratched«, wie man da oben sagt, also aufgegeben. Entweder weil ihr Schlitten demoliert war oder weil ihre Hunde oder sie selbst sich verletzt hatten.

Frank Turner, der Rekordhalter des Rennens, war auch diesmal mit dabei. Sein Leithund hatte sich verletzt, und er glaubte nicht, auf ihn verzichten zu können. Er hatte nur zwei Leithunde, und dem anderen traute er nicht zu, das Gespann zehn Tage hintereinander jeweils vierzehn Stunden zu führen. Er war tief enttäuscht, denn diesmal war er bestens vorbereitet und mit hohen Erwartungen ins Rennen gegangen.

Ich kam gegen drei Uhr morgens oben auf dem Eagle Summit an, und was ich im Schein meiner Stirnlampe sah, ließ mir das Blut in den Adern gefrieren. Die steil abwärts führende Piste bestand auf den ersten fünfzig Metern nur noch aus blankem Fels. Dahinter waren Furchen zu sehen, die Schlitten in den Schnee gezogen hatten, bevor sie die Hunde eingeholt hatten, die kopfüber den Hang hinuntergepurzelt waren und hier und dort große Löcher hinterlassen hatten. In einem der Löcher saß noch ein Musher. Sein Gespann bildete ein wirres Knäuel, und die Ladung seines umgekippten Schlittens lag überall auf dem Hang verstreut.

Ich zögerte keine Sekunde, denn ich sagte mir, dass Zaudern nichts brachte und die Nervosität nur erhöhte. Wir mussten uns in die Tiefe stürzen. Komme, was da wolle.

»Los, Cheap.«

Beherzt lief sie los, und das ganze Gespann hinterher. Ich bremste, so gut es auf den Steinen ging, und rief den Hunden zu, Ruhe zu bewahren und schön langsam zu machen, dann steuerte ich auf den Schnee zu. Dort konnte ich den Schlitten auf die Seite legen, um die Fahrt zu bremsen und auf diese Weise zu verhindern, dass er die Hunde niedermähte. Wir meisterten die Abfahrt mit Bravour. In aller Bescheidenheit darf ich sagen, dass wir der Perfektion sehr nahe kamen. Wenn ich von den vielen Hundert Abfahrten, die wir geschafft haben, eine herausheben müsste, dann diese.

»Bravo, meine Hunde! Bravo, Cheap!«

Wir waren stolz auf uns. Kein einziger Hund hatte sich verheddert, keiner war weggerutscht, und wir waren bereits am Fuß des Berges angelangt. Wir hatten nicht einmal angehalten, denn ich hatte gesehen, dass der verunglückte Musher keine Hilfe brauchte. Er entwirrte die Leinen seiner Hunde, dann sammelte er seine über den Hang verstreuten Sachen ein. Ich sah Cheap an und deutete nach rechts auf die Piste. Sie stürmte los.

»Und hopp! Vorwärts!«

Bei der Ankunft am nächsten Checkpoint erfuhr ich, wie viele Ausfälle der Eagle Summit diesmal wieder gefordert hatte: Vier Musher hatten aufgegeben. Ich »droppte« keinen meiner Hunde und war der Einzige im gesamten Starterfeld, der noch über dieselbe Anzahl an Hunden verfügte wie beim Start.

Laut Reglement ist es erlaubt, an den Checkpoints erschöpfte, verletzte oder überforderte Hunde zu »droppen«, – auszutauschen –, aber nur dort. Der *Handler* – der vorgeschriebene Helfer bei Rennen auf diesem Niveau – nimmt ihn zu sich und kümmert sich um ihn bis zum Ende des Rennens. Darüber hinaus hat er die Aufgabe, den Musher mit allen nötigen Informationen über Platzierungen und Zeiten der Konkurrenten, den Zustand der Piste, das Wetter usw. zu versorgen. Auf der anderen Seite ist es ihm nicht gestattet, die Hunde zu berühren oder beim Lenken des Schlittens zu helfen, nicht einmal bei der Ankunft. Bei Verstößen droht die Disqualifikation des Mushers. Doch der *Handler* muss ständig präsent sein und für Notfälle bereitstehen. Deswegen schläft er auch kaum mehr als der Musher. Während der über die Strecke jagt, fährt er im Hundetransportwagen von einem Checkpoint zum nächsten. Da er vor dem Schlitten eintreffen muss, ist er permanent auf Achse, meist im Konvoi mit anderen *Handlers,* damit sie sich gegenseitig helfen können. Und das ist auf den vereisten, verschneiten und von Schneestürmen gepeitschten Straßen auch bitter nötig. Während all dieser Zeit träumt er davon, eines Tages selbst ein Gespann zu lenken. Er erlernt das Handwerk. In jenem Jahr war mein *Handler* ein komischer Vogel, den ich aus den Augen verloren habe. Ich habe mir sagen lassen, dass er heute irgendwo im hohen Norden für einen Wolfsspezialisten arbeitet. Er liebte Hunde sehr und kümmerte sich gut um sie. Aber er sträubte sich dagegen, sie so schnell laufen zu lassen, wie nötig war, um mit den Besten mitzuhalten, und schützte als Grund vor, dass man sie nicht überanstrengen dürfe.

Die folgende Etappe war eine meiner liebsten. Eine lange Strecke folgten wir dem gewundenen Lauf eines Flusses. Er hatte so viele Kehren, dass wir die doppelte Anzahl an Kilometern zurücklegen mussten. Alle Musher biwakierten auf halber Strecke, um den 160 Kilometer langen *Run* in zwei Teilstrecken von jeweils ungefähr 80 Kilometern zu absolvieren.

In dieser Phase des Rennens hatte ich das Gros der Teilnehmer am großen Quest eingeholt, zumindest das aus acht Mushern bestehende Hauptfeld, denn die Führenden waren natürlich weiter voraus. Es waren acht, die zusammen fuhren. Solche Zusammenschlüsse gibt es häufig. Zwischen den Hunden entspinnt sich ein Wetteifern. Die Musher wissen das. Fährt man in der Gruppe, schwächeln die Hunde seltener. Sie wollen den Anschluss nicht verlieren, ähnlich wie die Radprofis bei der Tour de France, die Ausreißergruppen bilden, um sich gegenseitig zu motivieren, zu helfen und in der Führungsarbeit abzulösen.

Ich hatte mich dieser Gruppe angeschlossen. Ein schöner, beinahe voller Mond erhellte die Nacht, und sein Licht wurde so stark vom Schnee reflektiert, dass man auch ohne Stirnlampe genug sah. Das Thermometer zeigte minus fünfunddreißig Grad. Diese Temperatur ist ideal. Man friert nicht, und die Hunde geben von sich aus das Beste. Unsere Schlange aus Schlitten und Hunden glitt auf einem Band aus Eis und Schnee lautlos durch den Wald. Wenn ich ganz am Ende fuhr, sah ich acht Schlitten vor mir, wobei die ersten im Kältedunst verschwammen, der hier alles umhüllt. Tiefe Stille umgab uns. Nur ein leises Klirren von Karabinerhaken, die gegen Ösen schlugen, war zu hören. Wir bewunderten die Nordlichter, die am Himmel ihre herrlich grünen, blauen und malvenfarbenen Bänder entrollten. Meine Hunde liefen gut, schön in Reihe und geordnet. Die Leinen waren gespannt, und keiner schwächelte. Man sah an ihrem Laufstil und an der Art, wie sie aufs Tempo drückten, dass ihnen das Rennen Spaß machte.

Im Laufe meines Lebens habe ich selten ein solches Gefühl von Vollkommenheit erfahren. Ich bedauerte nur, dass ich meine Hunde unterschätzt und mich nur für das kleine Quest-Rennen gemeldet hatte, denn sie waren schon jetzt absolut in der Lage, das große zu laufen.

Wir biwakierten zusammen auf dem Fluss, der zahlreiche tote Seitenarme und unvollendete Schleifen streute. Nach vier Stunden Pause fuhr ich allein weiter und ließ die Gruppe, die sich acht Stunden genehmigte, zurück. »Wer weit reisen will, schone sein Reittier«, und sie hatten noch über tausend Kilometer vor sich, während das Ziel des kleinen Quest keine hundert Kilometer mehr von unserem Biwakplatz entfernt war. Ich kam als Vierter ins Ziel, ohne die Hunde zu Höchstleistungen angetrieben und einen einzigen gedroppt zu haben.

Im Jahr darauf nahm ich wieder am großen Yukon Quest teil. Der Start fand diesmal in Whitehorse statt, wo meine Kinder eine Schule besuchten. Jedes Wochenende fuhren wir in die Berge. Die zehnjährige Montaine und der fünfjährige Loup lenkten jetzt ihre eigenen Schlitten. Côme wuchs im Bauch seiner Mutter, der immer runder wurde, was uns allerdings nicht davon abhielt, Spazierfahrten zu unternehmen. Die Familie fuhr also mit vier Schlitten. Das war herrlich. An manchen Sonntagen meldete ich Montaine und Loup zu kleinen Rennen an, die die Stadt für Kinder veranstaltete. Wir wohnten mit unseren Hunden rund dreißig Kilometer außerhalb in einer gemieteten Hütte mitten im Wald.

Mein Gespann war in Topform. Das einzige Manko war, dass ich nur einen einzigen richtigen Leithund hatte, oder vielmehr eine Leithündin. Aber was für eine Hündin! Cheap war perfekt. Dieses Rennen sollte die Krönung ihrer Laufbahn werden. Von allen Leithunden, die ich hatte – Otchum, Voulk und Gao –, war Cheap, was Rennen anging, mit Sicherheit die Beste, denn sie machte Tempo. Dabei ist nicht der Vorteil entscheidend, an den man zu allererst denkt. Bewältigt man einen *Run* über achtzig Kilometer in fünf statt in sechs Stunden, so bedeutet das vor allem, dass man eine Stunde länger Pause machen kann als die anderen. Die Hunde kehren etwas ausgeruhter auf die Strecke zurück und laufen entsprechend schneller, sodass sie sich beim nächsten Stopp noch besser erholen als ihre Verfolger. Auf keinen Fall darf man den Fehler machen, das Rennen zu schnell anzugehen und die Kräfte der Hunde – das, was die Amerikaner den *will to go* nennen – zu verschleißen. Manche Debütanten geraten in eine Art Geschwindigkeitsrausch und erliegen der Versuchung, in vorderer Position glänzen zu wollen. Sie schaffen es, sich an die Spitze zu setzen, bleiben dort aber nicht lange und fahren das Rennen nicht zu Ende. Jedes Jahr gibt es einen oder zwei, die wie der Blitz losdüsen. Die Champions sehen sie vorbeiziehen und grinsen unter ihren Mützen. Sie wissen schon jetzt, dass diese Konkurrenten aus dem Rennen sind, jedenfalls aus dem, das zwischen den Besten entbrennt, wenn erst einmal tausend oder mehr Kilometer absolviert sind. Sie schonen die Kräfte ihrer Hunde und gewähren ihnen Ruhezeiten, die beinahe den Laufzeiten entsprechen, um die acht Stunden. In solch einer Pause schlafen die Hunde mindestens sieben Stunden. Der Musher döst höchstens zwei, oft weniger, denn es gibt viel zu tun. Er muss die Hunde massieren, jeden einzelnen fünf bis zehn Minuten lang, Wasser beschaffen und erhitzen, damit es die Hunde warm trinken können, das Futter zubereiten, Reparaturen durchführen, auf der Karte den Streckenverlauf studieren, die Batterien der Stirnlampe auswechseln, ein Geschirr flicken, die Kufenbeläge wechseln … Am Checkpoint ist es noch schlimmer. Man muss den Sack abholen, den man sich von der Rennorganisation hat nachbringen lassen, Vorräte auffüllen, die Fragen der Reporter beantworten, der vorgeschriebenen tierärztlichen Untersuchung beiwohnen, mit seinen *Handlers* sprechen, essen, sich über den aktuellen Rennstand informieren. Und dies alles im Gastraum eines Restaurants oder in einem Schulzimmer, in dem sich alles drängt und so ein Lärm herrscht, dass man kaum ein Auge zukriegt.

Schlafen ist das, wozu man bei einem Rennen am wenigsten kommt, und die Gesichter zeigen das. Bis zum Ziel haben sich die Musher in Zombies verwandelt. Eine Folge des Schlafmangels sind Halluzinationen. Einige Geschichten sind berühmt geworden. So eine hat Frank Turner mit seinem Kollegen Peter erlebt.

Nur zweihundert Kilometer fehlen ihm noch bis zum Ziel. Seit drei Tagen kämpft er mit Peter um den dritten Platz. Schließlich lässt er ihn ziehen, da er sein Tempo nicht mehr mithalten kann. Wenn Peter nicht verunglückt, wird er ihn nicht mehr einholen.

Peter hat seit drei Tagen nicht mehr geschlafen, und auch die Tage davor nie mehr als ein paar Stunden. Er kann nicht mehr. Die Augen fallen ihm zu. Mehrmals kippt er fast vom Schlitten.

Plötzlich sieht er ein Gespann, das vor ihm angehalten hat. Es kann sich das nicht erklären. Der Zweitplatzierte müsste viel weiter voraus sein. Sollte er ihn etwa eingeholt haben? Sein Erstaunen wird noch größer, als er sieht, dass es Frank ist, der doch eigentlich hinter ihm sein müsste. Wie zum Teufel hat Frank es fertiggebracht, ihn zu überholen, ohne dass er etwas gemerkt hat? Er steht vor einem Rätsel.

Frank kommt ihm entgegen. Peter stoppt sein Gespann. Frank: »Es gibt ein Problem. Sie wollen das Ziel verlegen, wahrscheinlich auf den Takhini River, denn das Eis auf dem Yukon ist überflutet.«

Peter: »Bist du dir auch ganz sicher?«

Frank: »Sie wissen es noch nicht, sie werden uns Bescheid geben. Ein Typ wird mit dem Schneemobil kommen. Wir sollen hier auf ihn warten. Das Rennen ist unterbrochen, bis eine Entscheidung getroffen ist.«

Peter ist immer noch wie vor den Kopf geschlagen. Sie beschließen, mitten auf der Piste zu lagern. Da das Rennen unterbrochen ist, besteht keine Gefahr, dass man überholt wird.

Peter entzündet ein Feuer, tränkt und füttert seine Hunde, dann entrollt er seinen Schlafsack und schlüpft genussvoll hinein. In der nächsten Sekunde ist er eingeschlafen.

Vier Stunden später trifft Frank, der natürlich nie vor ihm gelegen hat, an Ort und Stelle ein. Er sieht, dass er nicht weiterfahren kann, denn mitten auf der Piste liegt sein Freund und schläft, und das achtzig Kilometer vor dem Ziel!

Ein unbegreifliches Verhalten. Wenn Peter so etwas tut, dann weil er ein größeres Problem hat und nicht will, dass er, Frank, vorbeifährt, ohne dass sie miteinander gesprochen haben.

Frank stoppt sein Gespann. Das ist sehr problematisch, denn in dieser Endphase des Rennens, laufen die Hunde, angetrieben vom Musher, nur noch mechanisch und sehnen sich nach Ruhe. Wenn man anhält, kann es sein, dass sie erst weiterlaufen, wenn sie wieder etwas Kraft geschöpft haben. Und das kann Stunden dauern. Aber Frank zögert nicht. Er weckt Peter. Der braucht ein paar Minuten, bis er ganz bei sich ist.

Peter: »Und, was haben sie entschieden?«

»Wer? Wovon sprichst du?«

»Na, vom Ziel.«

»Ziel?«

»Du hast mir doch selbst gesagt, dass das Ziel verlegt werden soll.«

»…«

Auch Frank ist völlig übermüdet. Er hat Mühe, seine Gedanken zu ordnen.

»Aber was redest du denn da? Wann soll ich dir das gesagt haben?«

»Na, vorhin.«

»Vorhin? Aber das ist doch … Das letzte Mal haben wir uns bei Hot Spring gesehen, und da habe ich zu dir gesagt, dass ich nicht versuchen würde, dich einzuholen.«

»Dann hast du mich nicht überholt?«

»Überholt? Aber ich liege doch hinter dir. Ich bin eben erst angekommen.«

Peter setzt sich auf und betrachtet die Gespanne. Seines steht vor Franks und versperrt den Weg. Er versteht nicht.

Frank hat keine Lust, sich das Rennen vermasseln zu lassen. Er geht zu seinem Leithund, der kurz vorm Einschlafen ist, und spurt eine Piste durch den Tiefschnee, um Peter zu überholen. Im Vorbeigehen sagt er zu ihm: »Hör zu, Peter, ich verstehe nicht, was du da erzählst. Du musst geträumt haben. Steh auf und fahr weiter. Es sind nur noch ein paar Stunden bis zum Ziel. Ich werde ihnen sagen, dass es dir nicht besonders geht.«

Frank kehrt auf die Piste zurück. Er hat größte Mühe, weiterzufahren, denn die Hunde wollen eine Pause. Er marschiert vor ihnen her, bis Peter, der sich inzwischen erhoben hat, nicht mehr zu sehen ist.

Schließlich fährt Frank weiter und überquert ein paar Stunden später die Ziellinie, eine halbe Stunde vor Peter, der immer noch nicht verstanden hat, was passiert ist.

Peter ist nach wie vor überzeugt, dass Frank ein falsches Spiel mit ihm getrieben hat, um ihn zu überholen. Es dauert Monate, bis er akzeptiert, dass er das Opfer einer Halluzination geworden ist.

»Das Merkwürdigste ist«, wird Frank später zu mir sagen, »dass er mehr oder weniger unbewusst immer noch einen gewissen Groll gegen mich hegt. Er hat mir die Sache nie wirklich verziehen!«

Ich selbst hatte zweimal größere Halluzinationen, einmal bei meinem ersten Yukon Quest. Es war in einer Nacht auf dem Yukon, in der ich meine allerschönsten Polarlichter sah. Sie leuchteten in allen Farben und zuckten über den ganzen Himmel von einem Ende zum anderen.

Es war einmalig. Ich hatte mir vorgenommen, in einem Rutsch die zweihundert Kilometer bis zu einer Trapperhütte am rechten Ufer zurückzulegen, auf die man mich hingewiesen hatte. Der Trapper nahm Musher auf, die sich bei ihm ausruhen wollten. Wie es hieß, bot er ihnen sogar einen Teller Spaghetti an! Entlang der Strecke gibt es einige dieser gastfreundlichen Gesellen. Das Reglement gestattet solche Hilfe unter der Bedingung, dass alle Musher davon profitieren können. Der Trapper weiß das. Wenn jemand sein Haus öffnet, muss es allen offen stehen.

Ich konnte mich vor Müdigkeit kaum noch auf den Beinen halten. Meine Augen fielen zu, und ich konnte nichts dagegen machen. Ich gab mir Ohrfeigen. Ich lief hinter dem Schlitten her. Nichts half.

Plötzlich, als ich glaubte, es seien noch über zwei Stunden bis zur Hütte, bemerkte ich in der Ferne einen Schimmer – das beleuchtete Fenster der Hütte. Ich pfiff den Hunden. Sie sahen es und beschleunigten. Sie wussten, gleich gab es etwas zu fressen und eine Pause.

Ich war schnell bei der Hütte, wo der Trapper mich erwartete. Er hatte für die Hunde Wasser erhitzt. Mich selbst erwarteten ein Riesenteller Spaghetti und ein warmer Platz am Ofen, wo ich meine Sachen trocknen und schlafen konnte. Ein richtiges Hilton!

Ich massierte die Hunde, gab ihnen zu trinken und zu fressen und wollte gerade in die Hütte zurückkehren, als ich mit dem Fuß an der Zugleine hängen blieb und in den Schnee fiel. Als ich aufstand, war die Hütte nicht mehr da. Sie war noch drei Stunden entfernt. Ich stand mitten auf dem Yukon, und meine Hunde schliefen bereits.

Auch die zweite Halluzination hatte ich auf einem Fluss. Ich fuhr mit dem Schlitten stromaufwärts und folgte einer schön gefrorenen Piste, die in den tiefen Schnee auf der Eisdecke gespurt war. Schlanke Kiefern, hoch und gerade gewachsen, überragten die beiden Ufer und bildeten ein Ehrenspalier, in dessen Mitte wir lautlos durch die Nacht glitten. Alles lief bestens, aber ich hatte seit zwei Tagen nicht geschlafen und konnte es nicht erwarten, in das Indianerdorf zu kommen, das ich bei Tagesanbruch zu erreichen hoffte. Da plötzlich begannen die Bäume, sich zu neigen!

Zuerst war es kaum merklich, aber mit der Zeit wurde es immer deutlicher. Was war nur geschehen, dass die Bäume sich vor mir verneigten? Man konnte wirklich meinen, sie wollten mir den Weg versperren, indem sie die Waffen vor mir kreuzten.

Ich drehte mich um, um festzustellen, was hinter mir los war. Was ich sah, entsetzte mich! Keine zweihundert Meter entfernt fielen die Bäume um. Die Wipfel der Kiefern am rechten Ufer zerbrachen an den Wipfeln derer am linken. Ich befahl den Hunden, schneller zu laufen, und sie gehorchten, überrascht über den Ton meiner Stimme. Wenn der Chef so in Panik geriet, hatte er schon seine Gründe!

Ich begann, mich mit dem Fuß am Boden abzustoßen, dann hinter dem Schlitten herzulaufen, um den Hunden zu helfen. Wir mussten einen Ausweg finden, bevor uns die Bäume zerschmetterten. Ich sah mich wieder um. Die Bäume kamen näher. Wie eine riesige, alles verschlingende Welle wälzten sie sich auf uns zu. Das war das Ende. Ich begann laut zu schreien, und als ich die Augen öffnete, standen die Bäume wieder kerzengerade da, wie in Habachtstellung. Ich musterte sie mit argwöhnischem Blick, bevor ich den Hunden den Befehl gab, langsamer zu laufen.

Auf meine zweite Teilnahme am Yukon Quest war ich gut vorbereitet. Ich kannte die Strecke. Mehrere Freunde, darunter Frank Turner, waren da. Die Organisatoren und ich hatten das Missverständnis von meiner ersten Teilnahme erfreulicherweise ausgeräumt. Vor allem hatte ich exzellente Hunde, schnell, ausdauernd, bestens trainiert. Sie hatten Erfahrung, denn neben dem kleinen Quest hatten sie mehrere andere schöne Rennen bestritten, darunter das Percy de Wolf in der Nähe von Dawson City. Ich war also zuversichtlich und hoch motiviert, bis zu dem Tag, an dem die Katastrophe passierte …

Eines Nachts, als ich für ein paar Tage nach Igloolik gefahren war, ließ die läufige Cheap unbemerkt von meinen beiden Freunden einen Rüden aus dem Gespann an sich heran. Statt sofort etwas zu unternehmen und mit ihr zum Tierarzt zu fahren, warteten sie, bis sie mich telefonisch erreichten! Mit dem Resultat, dass die Behandlung, die man verspätet an ihr vornahm, nur noch eine Erfolgschance von fünfundsiebzig statt neunzig Prozent hatte. Ich war wütend.

Das Glück war nicht auf meiner Seite. Einige Wochen später bestätigte eine Ultraschalluntersuchung, was ich schon im Training geahnt hatte: Cheap war trächtig. Sie konnte nicht am Quest teilnehmen. Das war ein harter Schlag. Man kann sich nicht vorstellen, welche Opfer an Zeit und Geld die Vorbereitung auf ein solches Rennen bedeutet, besonders für einen Europäer.

Gao war ein guter Leithund, aber jung. Er war noch in der Ausbildung, hatte keine Erfahrung. Nicht zu vergleichen mit Cheap. Und war er überhaupt in der Lage, eine Distanz von über sechzehnhundert Kilometern durchzustehen?

Ich legte einen hervorragenden Start hin. Die Hunde waren schnell. Auf der ersten Etappe über einhundertsechzig Kilometer liefen sie fehlerlos. Das beruhigte mich etwas. Man muss an seine Hunde glauben. Ohne Cheap, die gerade drei Welpen zur Welt gebracht hatte, hatte ich nicht genug Vertrauen gehabt, zu Unrecht. Den ersten Checkpoint verließ ich als Zehnter von fünfundzwanzig Startern, und ich hatte meinen Hunden eine ausgiebige Ruhepause gegönnt. Die Etappe von Carmack nach Pelly Crossing absolvierten sie mit Bravour. Sie trabten nicht, sie flogen förmlich dahin. Dabei war diese Etappe in diesem Jahr besonders schwierig, technisch und kräftemäßig sehr anspruchsvoll, besonders auf dem Fluss, der voll von Eisblöcken war, die sich an seichten Stellen und in Biegungen türmten wie die Trümmer eines eingestürzten Gebäudes. Das Vorankommen zwischen diesen Eistrümmern ist eine Qual. An Hunderten solcher Stellen hauen freiwillige Helfer tagelang Breschen, damit die Gespanne einigermaßen durchkommen. Ich überholte alle und hielt für ein paar Stunden die Spitze des Feldes. Dann zogen die vier Champions, darunter der dreifache Gewinner Hans Gatt, wieder an mir vorbei. Ich hatte ein Feuer gemacht und wartete auf sie in der Absicht, mich an sie zu hängen und ihnen zu folgen, was mir bis zum Checkpoint auch gelang. Ich hatte für die Etappe 11 Stunden und 46 Minuten gebraucht und war damit sogar noch schneller gewesen als Hans Gatt mit 12 Stunden und 1 Minute. Ich sah mich in meiner Vermutung bestätigt: Mit diesem Gespann konnte ich in der Spitzengruppe mitfahren. Es ging mir nicht um einen Platz auf dem Treppchen – die waren außer Reichweite –, wohl aber um den fünften.

Als ich an vierter Position hinter drei großen Champions Pelly Crossing verließ, steckte ich mir als Ziel den fünften Platz bei der Ankunft in Dawson, nach der Hälfte der Strecke. Dann würde man sehen, ob ich mich vielleicht noch um ein oder zwei Positionen nach vorn arbeiten konnte, wenn Fortuna es gut mit mir meinte. Die Tierärzte in Pelly Crossing sagten mir, mein Gespann sei von allen im Teilnehmerfeld das fitteste.

Auf den ersten Kilometern nach Verlassen des Checkpoints lief alles gut, dann gerieten wir wieder in Packeis. Es gab keine Piste mehr, oder zumindest hatte der Wind sie größtenteils zugeweht. Wir mussten zwischen den Blöcken Slalom fahren und uns an den Stangen orientieren, die Helfer klugerweise in diesen Abschnitten aufgestellt hatten. Wieder war der Leithund stark gefordert.

»Djee, yap! Djee, ja! Yap!«

»Djee« bedeutet, nach rechts ziehen, »yap«, nach links. Musher benutzen diese Richtungskommandos, weil sich der Klang dieser beiden Wörter deutlich voneinander unterscheiden lässt.

Gao unterliefen die ersten Fehler. Ich dirigierte ihn mehrmals auf die Piste zurück, ohne jemals die Stimme zu erheben. Der Arme hatte in der vorausgegangenen Nacht eine tolle, für den Leithund aufreibende Etappe hingelegt und sehnte sich nach Ruhe. Er wollte schon noch laufen, aber nicht vorn. Er wollte schon noch körperlich arbeiten, aber nicht mit dem Kopf. Das war offensichtlich. Trotzdem bestand ich darauf, denn ich hatte keine andere Wahl. Ich hoffte, dass wir bald in eine Zone gelangten, in der die Piste wieder gut zu sehen war, sodass man ihr nur zu folgen brauchte. Dies war leider nicht der Fall, und plötzlich trat Gao in Streik. Er stellte sich auf die Seite und weigerte sich, noch einen Schritt zu tun. Ich versuchte alles, aber ohne Erfolg. Darauf probierte ich es mit Quebec, Taran und Kurvik. Sie waren guten Willens, aber unfähig. Alle anderen bellten hinter diesen Aushilfsleithunden, denn wir standen seit einer Stunde, und sie wollten endlich weiterlaufen! Nur an der Spitze laufen wollte keiner.

Ich ließ den Blick über meine vierzehn Hunde wandern. Sie strotzten vor Energie und Tatendrang, aber ich war auf einem steuerlosen Schiff. Ich musste mich den Tatsachen fügen. Das Yukon Quest war ohne Leithund nicht zu schaffen.

Ich dachte an Frank Turner, den ich im Vorjahr überholt hatte. Er hatte aufgegeben, weil sich sein bester Leithund bereits auf der ersten Etappe verletzt hatte. Mir blieb nichts anderes übrig, als seinem Beispiel zu folgen. Ich konnte meine Hunde nicht zwingen, ohne Anführer zu laufen, und ich hatte auch keine Lust dazu.

Todtraurig machte ich mich auf den Rückweg nach Pelly Crossing. Gao hatte verstanden, dass wir umkehrten und setzte sich bereitwillig an die Spitze. Ich lobte ihn überschwänglich, hielt an und versuchte, wieder in die andere Richtung zu fahren. Wie ich erwartet hatte, weigerte er sich. Er ließ sich nicht für dumm verkaufen.

Ich ließ das Gespann ein letztes Mal wenden und fuhr zurück. Für uns war das Rennen zu Ende. Diese Geschichte und die Sache mit Cheap, die zu alt war, um noch einmal beim Yukon Quest an den Start zu gehen, waren eine bittere Enttäuschung, ein Reinfall, den ich bis heute nicht verdaut habe. Wir hätten ein überragendes Rennen hingelegt, und es wird sehr viel Zeit ins Land gehen, bis ich wieder ein so vielversprechendes Gespann haben werde wie damals.

Zum Glück haben wir mit Gao, Taran und ihren Gefährten, aber ohne Cheap, die ihren verdienten Ruhestand genießt, dann doch noch ein schönes Rennen gewonnen: Es führte vom Baikalsee nach Moskau – über mehr als achttausend Kilometer. Zugegeben, die Konkurrenz war nicht sehr groß.

Mittlerweile frage ich mich, ob ich vielleicht nur Rennen gewinnen kann, die ich allein bestreite!

Meine Teamgefährten

MIT TEAMGEFÄHRTEN IST ES WIE MIT RESTAURANTS. ES gibt gute und schlechte, sympathische und überkandidelte, solche, deren Karte viel verspricht, die dann aber enttäuschen, und solche, die kaum Erwartungen wecken, dann aber überraschen.

Ich bin mit vielen Freunden und Bekannten gereist, aber auch mit Fremden, denen ich da und dort zufällig bei meinen Reisen begegnet bin. Ich erhalte viele Bewerbungen von Leuten, die sich in das Abenteuer eines Films oder einer Expedition stürzen wollen. Ich kann nur wenige nehmen, muss viele enttäuschen. Die Menschen sehen oft nur die Spitze des Eisbergs. Eine Expedition ist kein abendfüllender Film und hat nichts mit dem zu tun, was man auf den Seiten der Hochglanzmagazine sieht. Zumindest spiegeln diese Fotos für die breite Öffentlichkeit nur einen verschwindend kleinen Teil des Ganzen wider. Monatelange Arbeit ist nötig, um die Mittel zu beschaffen, eine Logistik auf die Beine zu stellen, die Route zu planen, die Ausrüstung zusammenzustellen, die Hunde zu trainieren. Wie viele schlaflose Nächte kostet es, wie viele Enttäuschungen muss man hinnehmen, wie viele Hindernisse aus dem Weg räumen, bis man endlich aufbrechen kann! Die Wirklichkeit vor Ort ist selten so, wie man sie sich vorgestellt hat. Angelockt vom flüchtigen Ruhm eines Abenteuers, das in den Medien vermarktet wird, oder auf der Flucht vor beruflichen oder privaten Problemen erhoffen sich viele von einer solchen Erfahrung eine therapeutische Wirkung.

Ich habe mich immer auf meine Intuition verlassen. Eine gesunde Motivation, ein praktischer Verstand, ein durchdachtes, klares Urteil sind mir wichtiger als Erfahrung. Das ist durchaus vereinbar mit dieser gewissen Portion Verrücktheit, mit der man Berge versetzen kann.

Eine Begeisterung dieser Art entfacht in den Augen dessen, mit dem man spricht, ein Feuer. Manchmal habe ich mich getäuscht, aber ich habe erheblich mehr gute als schlechte Erfahrungen gemacht.

Eine besonders schmerzliche war unglücklichen Umständen geschuldet. Ich hatte ein gutes, ausgewogenes Team zusammengestellt. Ein Team ist wie ein Blumenstrauß, die Kombination von Farben ist wie die Kombination von Charakteren. Eine Blume kann für sich wunderschön sein und dennoch nicht zu einem Strauß passen und ihn verderben.

Für eine Expedition mit dem Hundeschlitten hatte ich Pierre Michaut gewonnen, meinen Freund und Bruder im Geiste, zu dem sich noch ein französischer und ein sibirischer Musher gesellen sollten. Unser Team bestand aus sehr unterschiedlichen Typen, die sich jedoch ideal ergänzten. Wenige Monate vor der Abreise erkrankte Pierre ernstlich. Ich musste auf die Schnelle einen Ersatzmann finden. Der französische Musher schlug einen Freund vor. Ich vereinbarte ein Treffen mit ihm, das aber ein wenig kurz ausfiel, da es bis zum Tag der Abreise nicht mehr lange hin war und ich in dieser Zeit immer mit Arbeit überlastet bin. Auf den ersten Blick erschien er mir ziemlich unreif. Ich ließ mich trotzdem überreden, obwohl ich wusste, dass er nicht besonders geeignet war. Man sagt ja, dass der erste Eindruck oft der richtige sei.

Es war eine Katastrophe. Dieser Bursche hat das Team völlig verdorben. Ich habe in diesen langen Monaten sehr gelitten. Da ich die Expedition zu Ende bringen wollte, riss ich mich zusammen, aber ich wusste ganz genau, dass die Situation sich nicht bessern würde. Ich konnte nur hoffen, dass sie nicht noch schlimmer wurde.

Im Leben bleibt man nicht mit jemandem zusammen, gegen den man eine solche Abneigung empfindet. Sie beruhte auf Gegenseitigkeit; wir passten einfach nicht zusammen. Das kommt vor, aber es ist schade, wenn es ausgerechnet auf einer Expedition passiert, die ohne diese Belastung etwas Besonderes hätte werden können.

Bei einer anderen Expedition, diesmal in Kanada, wurde ich mit einem schwierigen Problem konfrontiert: Lebensmitteldiebstahl in einer Situation, als unsere Vorräte bedenklich zur Neige gingen. Wir waren mit Proviant für drei Wochen aufgebrochen. Innerhalb dieser Zeit wollten wir das Dorf erreichen, in dem wir ein Verpflegungsdepot eingerichtet hatten. Das Wetter machte uns einen Strich durch die Rechnung. Ein plötzlicher Wärmeeinbruch ließ das Eis auf den Flüssen schmelzen, auf denen wir hatten reisen wollen. Wir waren zu großen Umwegen gezwungen. Nach einem Monat hatten wir noch nicht einmal die Hälfte der Strecke zurückgelegt, sodass wir den Proviant rationieren mussten.

Zum Glück befanden wir uns in einem wildreichen Gebiet und hatten von den Indianern die Erlaubnis zum Jagen bekommen. Wir ernährten uns von Elch- und Karibufleisch, mit dem wir auch die Hunde fütterten. Das Fleisch war gut, aber wenn man morgens, mittags und abends nichts anderes isst, hat man es ziemlich schnell über, und das Hungergefühl bleibt. Da wir den Proviant rationiert hatten, verfügten wir noch über ein paar Vorratsbeutel, die auch mehrere Tafeln Schokolade enthielten. In unseren Augen waren sie nicht mit Gold aufzuwiegen. Aber wir hatten eine merkwürdige Beobachtung gemacht: Von der Schokolade verschwand mehr, als wir aßen.

Eines Abends zählten wir genau nach, wie viel noch übrig war. Als derjenige, den wir im Verdacht hatten, das Zelt verließ, spitzten wir die Ohren, denn wir hatten die Schokolade auf ein wackeliges Gestell gelegt. Wenn man sich an ihr zu schaffen machte, würde es zusammenbrechen und auf eine leere Blechkanne fallen. Die Falle funktionierte, und später fehlte Schokolade ... Es folgte eine schwierige Zeit, in der wir dem »Dieb« klarmachen mussten, dass wir uns nicht zum Narren halten ließen. Man kann sich nicht vorstellen, welche Bedeutung Proviant erlangt, wenn er wirklich knapp wird. Nicht von ungefähr gab es in der Geschichte der Polarforschung viele interne Regelungen, die für denjenigen, der in flagranti beim Diebstahl von Nahrungsmitteln ertappt wurde, die Todesstrafe vorsah.

Bei einer Alaskareise hatte ich einen anderen »Gefährten«, der ebenfalls stahl, allerdings in verschleierter Form. Er meldete sich immer freiwillig zum Kochen – in einer bestimmten Absicht: Unter dem Vorwand zu kosten, ob das Fleisch schon gar oder genug gesalzen sei, aß er immer eine ordentliche Portion, ehe es ans Verteilen ging. Wir beendeten das Spielchen, indem wir ihm das Kochen verboten, was ihn freilich nicht davon abhielt, weitere kleine Diebstähle zu begehen. Dieser Kamerad hat bei uns einen unauslöschlichen Eindruck hinterlassen.

Zum Glück werden diese wenigen negativen Beispiele von den vielen anderen, erfreulicheren in den Hintergrund gedrängt.

Ich habe mit einer Vielzahl von Kameraden die Freuden des Reisens geteilt, und das Einverständnis, das uns verband, hat sie oft über sich hinauswachsen lassen.

Wolodja war Geologe. Ich lernte ihn zufällig kennen, als ich meine erste große Sibirien-Expedition vorbereitete. Er hatte sich spontan erboten, mir bei meinen Erkundungen zu helfen. Bald darauf äußerte er den Wunsch, sich dem ersten Team anzuschließen, mit dem ich von der mongolischen Grenze zum Baikalsee reisen wollte. Wir kannten uns kaum. Er sprach so gut Englisch wie ich Russisch, was schlicht bedeutet, dass die Verständigung nicht eben einfach war. Aber mir gefiel seine Sicht der Dinge, die Art, wie er Probleme anpackte und Varianten zu meinen Plänen vorschlug. Ich sagte Ja, ohne lange zu überlegen und vor allem ohne zu ahnen, dass wir anderthalb Jahre zusammenbleiben sollten. Kaum waren wir nämlich am Baikalsee angekommen, zog mich Wolodja beiseite: »Nimmst du mich auf dem Kahn mit?«

Und als wir zwei Monate später am anderen Ende des Sees an Land gingen: »Ich würde dich und die Hunde gern nach Jakutien begleiten.«

Und als wir später in Jakutien ankamen: »Ich würde gern ins Werchojansker Gebirge mitkommen.«

Und als wir schließlich in dem Gebirge ankamen, war ich es, der zu ihm sagte: »Hör zu, Wolodja, mein Freund, eine Weiterreise ohne dich kommt für mich nicht mehr infrage. Ich kann mir nicht vorstellen, ohne dich am Polarmeer anzukommen. Mach mir die Freude und komm bis zum Ende mit.«

Er tat es, obwohl seiner Frau die Zeit lang wurde, obwohl ihm seine Kinder fehlten und obwohl er nicht damit rechnete, bei seiner Rückkehr wieder seinen alten Job zu bekommen.

Ich kann die vielen bewegenden und bewegten Augenblicke nicht zählen, die wir gemeinsam erlebten, wie beispielsweise jenen Tag im August 1991, als wir von dem »Putsch« gegen Gorbatschow erfuhren, bei dem ein paar Verrückte versuchten, die Regierung zu stürzen und die Macht an sich zu reißen. Wir befanden uns auf dem Fluss Jana, ein Fischer in einem Kahn teilte uns die Neuigkeit mit. Wolodja war ein glühender Anhänger der unter Gorbatschow einsetzenden Perestroika, die diesem unterdrückten Volk endlich ein wenig Freiheit brachte. Er wurde kreidebleich, und ich fürchtete schon, er würde einen Herzanfall bekommen. Wir wussten, dass ganz in der Nähe eine kleine Wetterstation war, und legten uns kräftig in die Riemen, um möglichst schnell hinzukommen. Dort erfuhren wir alle Einzelheiten und sahen im Fernsehen, wie die Erklärung der neuen Regierung, die sich »Staatliches Komitee für den Ausnahmezustand« nannte, verlesen wurde. Die Pressezensur wurde wieder eingeführt, alle Demonstrationen wurden verboten. Auch ein Ausgangsverbot wurde verhängt.

Etwas später in der Nacht, die ich mit Wolodja durchwachte, erfuhren wir, dass sich Jelzin an die Spitze einer Protestbewegung gestellt hatte. Überall kam es zu Demonstrationen. Viele schöpften wieder Hoffnung, aber Wolodja fürchtete, dass der Staatsstreich Erfolg haben würde. War er denn nicht schon geglückt? Schließlich hatten die Putschisten Gorbatschows Platz eingenommen und regierten das Land. Wolodja wollte sofort nach Moskau und an der Seite Jelzins und seiner Anhänger kämpfen.

Ich nahm mir Zeit und überlegte mir genau, was ich tun wollte. Ich war seit über eineinhalb Jahren in Sibirien, und dieses Land war ein Stück weit auch mein eigenes geworden. Falls ich mich Wolodja anschloss, musste ich den einmal eingeschlagenen Weg bis zum Ende gehen. Ich kannte Russland ganz gut und konnte mir ohne Weiteres vorstellen, dass man die Demonstrationen gewaltsam niederschlagen und die Teilnehmer vor Gericht stellen, ja sogar einsperren würde. Und mir war klar, dass ich als Ausländer keinerlei Milde zu erwarten hätte. Ganz im Gegenteil. Man würde mir Drogen unterjubeln und mich unter diesem oder einem anderen, noch schlimmeren Vorwand hinter Gitter bringen.

Über dies alles war ich mir im Klaren, doch ich war empört, schockiert. Eine solche Verbrecherclique durfte nicht die Macht über dieses Land übernehmen, das mich aufgenommen hatte und in dem das Wort Freiheit nun seine volle Bedeutung erlangen sollte. Man musste mit aller Kraft dagegen angehen. Wenn das Wort Freundschaft einen Sinn haben sollte, dann bot sich mir jetzt eine Gelegenheit zu zeigen, dass ich die Lektion meines Inuit-Freundes nicht vergessen hatte.

»Wolodja, ich habe gründlich nachgedacht. Wenn du gehst, komme ich mit. Um an deiner Seite zu kämpfen, für dieses Land, das ich liebe, und für die Freiheit.« Zu Tränen gerührt fiel mir Wolodja in die Arme.

Vierundzwanzig Stunden später, als wir herauszufinden versuchten, wie wir auf dem schnellsten Weg nach Moskau kämen, erfuhren wir aus dem Radio, dass sich die Armee auf die Seite der Demonstranten gestellt hatte, die immer zahlreicher und entschlossener auftraten. Nacheinander traten die Minister der Putschisten-Regierung zurück, darunter auch Walentin Pawlow, der Ministerpräsident – wegen Bluthochdrucks infolge übermäßigen Wodkagenusses! Wenn Machtmissbrauch die Sinne benebelt, benebelt Alkohol sie noch mehr. In der Nacht holte der siegreiche Jelzin Gorbatschow von der Halbinsel Krim zurück, wo dieser festgesetzt worden war.

Der Spuk war vorbei, und wir schrien vor Freude. Wir konnten auf die Jana zurückkehren und unsere Reise zu Ende bringen. Später erzählte ich in Moskau Michail Gorbatschow – der mir, wie berichtet, auf François Mitterrands Bitte hin ein Sondervisum bewilligt hatte –, wie wir den Putsch im hintersten Winkel Sibiriens erlebt hatten.

Wieder zurück in Frankreich, lud ich Wolodja ein. Er landete zu meiner großen Freude am Tag meiner Hochzeit. Noch am selben Abend sprachen wir wieder über unser gemeinsames Projekt, auf den Spuren der Sibirischen Tiger in die Mandschurei zu reisen.

Einige Monate später starb Wolodja beim Absturz eines Hubschraubers, in dem auch mein Freund Jean-François Chaigneau, Journalist und Reporter von *Paris Match*, saß. Damit Jean-François besser sehen konnte, hatte Wolodja, der am Fenster saß, nur Minuten vor dem Absturz mit ihm die Plätze getauscht.

Jean-François erzählte von den schrecklichen Stunden, die er nach dem Absturz durchmachte, bis endlich ein Flugzeug aus dem Dunst über den weißen Weiten der sibirischen Tundra auftauchte. Er hat von dem Unfall eine leichte Gehbehinderung zurückbehalten, die ihn allerdings nicht davon abhält, weiter zu reisen, sich zu begeistern und durch seine Feder andere an seinen Entdeckungen teilhaben zu lassen. Er machte mir die große Freude, mich in Sibirien zu besuchen, als ich mit dem Hundeschlitten den Ural, das älteste Gebirge der Welt, überquerte, obwohl er dazu wieder in einen Hubschrauber desselben Typs steigen musste. »Aber es hat sich gelohnt!«, hat er mir später gesagt, als wir wieder einmal wunderbare Stunden miteinander verbracht hatten.

Charlie Boa ist ein Sekani-Indianer und lebt in einem kleinen Dorf in den Bergen von British Columbia. Wir lernten uns 1988 bei einer ersten Durchquerung kennen. Er nahm mich bei sich auf, und wir mochten uns auf Anhieb. Auf seine Einladung hin kam ich im Sommer wieder, und wir unternahmen mit seiner ganzen Familie und seinen Hunden, denen er Packtaschen aufgelegt hatte, einen längeren Ausflug in die Berge.

Jeder Hund trug zwölf Kilo Proviant, Munition und Dosenbier. Wenn eine Dose leer getrunken war, wurde an einem Baum am Wegrand ein Ast abgebrochen und die Dose daraufgesteckt. Oft habe ich mich nach dem Grund für dieses Verhalten gefragt. Ich glaube, ich habe einen Teil der Antwort gefunden.

Diese Menschen leben in einer unberührten Wildnis. Sobald man das kleine Dorf mitten in einem unbewohnten Gebiet von der Größe von zehn französischen Departments verlässt, findet man sich in einem Meer aus Wäldern, Bergen und Almen wieder. Diese Landschaft ist ein wahrer Garten Eden, der jeden Städter vor Neid erblassen lässt. Der Indianer reagiert anders. Er sieht gern menschliche Spuren in der Natur: die Kerbe einer Axt in einem alten Baumstumpf, den aufgeschichteten Steinkreis, der ein Feuer geschützt hat, oder die Messinghülse einer Patrone, die der Indianer neben einer Bierdose an einen Ast steckt. Der »zivilisierte« Mensch sieht darin eine Umweltverschmutzung, eine Verschandelung der Natur – auch ich. Der Indianer hingegen findet es schön, wenn er zwei Jahre später seine verrostete Bierdose wiedersieht.

»Erinnerst du dich? Vor zwei Jahren sind wir hier mit Nicolas vorbeigekommen«, wird er dann sagen. Abends am Lagerfeuer sprach ich Charlie auf die Sache mit den Bierdosen an. Er zuckte mit den Schultern und machte sich über mich lustig.

»Ausgerechnet ein Weißer muss das sagen. Wo die Weißen doch alles kaputt machen, unsere Wälder abholzen, überall Straßen bauen.«

»Schon gut, ich kann die Liste allein fortsetzen ... und teilweise hast du ja recht.«

»Was heißt hier ›teilweise‹?«

»Fast ganz.«

Ich versuchte, es ihm zu erklären. »Wenn ich dir die Fotos von dieser Reise zeige oder wenn ich sie in einer Zeitschrift veröffentliche, kannst du dann verstehen, dass ich deine Bierdosen lieber nicht zeigen will?«

»Ja.«

»Siehst du, das meine ich mit ›fast ganz‹.«

Wir lachten. Am nächsten Tag pirschten wir uns gemeinsam an Schneeziegen an, von denen ich Fotos machen wollte. Diese akrobatischen Felstänzer faszinierten mich. Nach einem mehrstündigen Aufstieg gelang es uns, ein paar schöne Aufnahmen zu machen, insbesondere von einer Geiß mit ihrem Kitz, das goldig aussah in seinem blütenweißen Pyjama, der sich deutlich vom Braunschwarz der schroffen Felsen abhob.

Charlie wollte es fürs Abendessen erlegen. Ich bat ihn inständig, es nicht zu tun. Wieder zuckte er mit den Schultern wie bei der Sache mit den Bierdosen. Und ich schämte mich ein wenig, denn ich wusste, was er mir gern gesagt hätte: »Da haben wir wieder den Weißen in seiner ganzen Widersprüchlichkeit. Er hält Tiere unter schändlichen Bedingungen, bringt ihnen keinerlei Achtung entgegen, schlachtet sie, ohne sich ein Gewissen daraus zu machen und vor allem ohne ihre Würde zu achten, und uns nennt er ›Barbaren‹!«

Diesmal war das »fast ganz« unangebracht. Charlie hatte vollkommen recht. Dieses Kitz verdiente nicht mehr zu leben als die Lämmer, deren Koteletts unsere Kinder essen. Aber es war noch so klein, und ich wollte es nicht vor meinen Augen sterben sehen.

Charlie hat das Kitz nicht getötet, ob aus Freundschaft oder aus Mitleid, vermag ich nicht zu sagen, aber zehn Jahre später hat er mich noch einmal darauf angesprochen.

Er war es, der mir die große Ehre erwies, mich zu adoptieren, damit ich ein Jahr lang Indianerstatus genießen konnte. Er tat dies am Ende einer Versammlung, bei der die wichtigsten Persönlichkeiten des Dorfes zusammengekommen waren und an der seit Kurzem auch ein Vertreter der kanadischen Bundesregierung teilnahm. Charlie richtete zunächst folgende Worte an den Clan: »Nicolas wird ein Jahr lang in unseren Bergen leben. Der Jagd- und Angelschein, den er als Ausländer bekommen kann, wird ihm nicht ermöglichen, da oben zu überleben. Aus diesem Grund müssen wir ihm das Recht der Indianer einräumen, ohne jede Einschränkung zu jagen und zu fischen. Nur dann kann er sich ernähren.«

»Er könnte sich doch Lebensmittel bringen lassen«, schlug ein Indianer vor.

»Warum sollte er das tun? Wir wissen doch alle, dass es da oben von Wild nur so wimmelt und dass die Seen voller Fische sind. Da oben könnten mehrere Hundert Indianer leben. Wozu mit dem Flugzeug hin und her fliegen, um übermäßig teure Lebensmittel zu transportieren, wo es doch vor Ort alles in Hülle und Fülle gibt, vorausgesetzt, wir bewilligen ihm das Recht, es sich zu nehmen?«

Es wurde abgestimmt. Das Ergebnis erfüllte meine Hoffnungen nicht ganz, denn nur dreizehn Personen waren dafür und fünf dagegen. Nun muss eine solche Entscheidung aber einstimmig getroffen werden.

Daher Charlies Idee, mich zu adoptieren, was mir Indianerstatus verlieh. Dem Regierungsvertreter kam der Vorschlag sehr gelegen, denn er wusste nicht mehr, wie er sich in dieser heiklen Angelegenheit verhalten sollte.

Wenn es um Indianer, ums Jagen und Fischen geht, sind alle Themen heikel. Immer weniger Kanadier halten es für gerechtfertigt, dass die Indianer auf diesem Gebiet Sonderrechte genießen. Es stimmt, dass sie diese Rechte bisweilen missbrauchen. Das führt zu Spannungen. Zumal die Indianer immer weniger von den Erträgen der Jagd oder der Fischerei leben. Warum sollen sie, sobald sie wie weiße Kanadier leben, nicht denselben Regeln unterliegen? Wegen der tragischen Vergangenheit ihres Volkes und dieses Landes, das die Weißen geplündert haben? Dann wäre dieses Recht also eine Art historischer Wiedergutmachung.

Alle diese Argumente haben etwas für sich. Zweifellos dürfte man dieses Recht nach Prüfung jedes Einzelfalls nur dann gewähren, wenn es durch eine sehr naturverbundene Lebensweise gerechtfertigt ist. Aber wer soll das entscheiden?

Die leidvolle Geschichte zwischen Weißen und Indianern ist noch nicht abgeschlossen. Ebenso wenig wie die, die uns mit dieser Erde verbindet. Wird in der Geschichte eine neue Ära der Vernunft und Weitsicht anbrechen? Nur dann, wenn es uns gelingt, Mensch und Natur miteinander zu versöhnen.

TEAMGEFÄHRTEN, FREUNDE, SPONSOREN –
EINE UNVOLLSTÄNDIGE LISTE

Für Hilfe, Unterstützung, Anregungen und auch Kritik danke ich Jérôme Allouc, Jean-Pierre Bailly, Louis Bavière, Thomas Bounoure, Thibaut Branquart, Alain Brénichot, Jean Cadet, Alvaro Canovas, Jean-Christophe Celbert, Jean-François Chaigneau, Jacques Chirac, Michel Denis, Jacques Duhoux, Bernard Fixot, Dominique Grandjean, Emmanuel Hachette, Jean-Pierre Helleu, Nicolas Hulot, Henry Kam, Jacques Lange, Didier Langou, Didier und Fabienne Lanne, Jean-Michel Lepeudry, Thierry Machado, Thoerry Malty, Benoît Maury-Laribière, Pierre Michaut, Daniel Noury, Marc Oscar, Paul Perrier, François Pinault, Patrick Poivre d'Arvor, Alain Rastoin, Marie Rouvillois, Éric Travers, Thierry Vautrin, Kasia Wandysk und natürlich Papa, Maman und meinen Brüdern Bruno und Pierre.

CHRONOLOGISCHER ÜBERBLICK ÜBER MEINE EXPEDITIONEN, FILME UND BÜCHER

1982: Expedition zu Fuß über die weiten Hochebenen von Lappland.

1983: Durchquerung der Wildnis im Norden von Quebec auf den Spuren der Montagnais-Indianer – mit dem Kanu von Schefferville zur Ungava-Bucht.

1983–1984: Durchquerung der Halbinsel Labrador mit dem Hundeschlitten. Ein Buch, *Grand Nord*, und ein 52-minütiger Film, *Les Coureurs des bois*, für den Fernsehsender France 2 schildern diese Reise.

1986–1987: Eineinhalb Jahre lang reisen Nicolas Vanier und sein Team auf den Spuren der legendären Pioniere des amerikanischen Westens über 7000 Kilometer durch die unberührtesten Gebiete der Rocky Mountains und Alaskas, von Wyoming bis zur Beringstraße. Sie sind mit zwölf Pferden, 24 Schlittenhunden, einem Floß und zwei Kanus unterwegs. Dieses Abenteuer wurde in drei 52-minütigen Filmen für die TV-Sender France 3 und Canal+ festgehalten – *Caravane*, *Rivières ouvertes* und *Partage des eaux* (Letzterer ist vielfach ausgezeichnet, darunter mit fünf großen Preisen). Im Jahr 1988 erschienen außerdem zwei Bücher über diese

Fahrten im hohen Norden: *Le Triathlon historique* und *Solitude Nord*.

1989: Realisierung eines Films über das Los der Trapper für Canal + und eine Fotoreportage über eine Kanuexpedition zur größten Karibuherde der Welt in Labrador.

1990–1991: Die transsibirische Expedition. Durchquerung Sibiriens von Süden nach Norden in einem Zeitraum von mehr als eineinhalb Jahren, 7000 Kilometer durch die Wildnis der Taiga, von der Mongolei bis zum Nordpolarmeer mit traditionellen Transportmitteln: Pferden, Hundeschlitten, Rentieren, Ponys und Kanus. Über diese große Expedition dreht Nicoals Vanier neben fünf 26-minütigen Filmen für TF1 (in Kooperation mit anderen) den abendfüllenden Kinofilm *Au nord de l'hiver* und veröffentlicht das Buch *Transsibérie, le mythe sauvage*.

1993: Nicolas Vanier nimmt am Leben einer Nomadenfamilie der Ewenen teil, einem Volk von Rentierzüchtern und Nomaden in der sibirischen Arktis. Über diese Erfahrung berichtet er in seinem Buch *La vie en nord* und in Form einer Fotoreportage, die weltweit Verbreitung findet und vielfach ausgezeichnet wird.

1994: Veröffentlichung des Romans *Solitudes blanches.* Gemeinsam mit einem Koautor verfasst er auf der Grundlage dieses Buches ein Drehbuch für einen Film.

1994–1995: Zusammen mit seiner Frau Diane und seiner anderthalbjährigen Tochter Montaine reist Vanier für ein Jahr in die Wildnis der Rocky Mountains und des Yukon Territory, zunächst zu Pferd, dann, nachdem sie den Sommer in einer selbst gebauten Blockhütte verbracht haben, mit Hundeschlitten 2500 Kilometer bis nach Alaska. Dazu erscheinen das Buch *L'Enfant des neiges* (dt. *Das Schneekind*) sowie der illustrierte Band *Otchum, chef de meute* (dt. *Otchum – Anführer im Eis*). Am 20. Dezember 1995 kommt der Film *L'Enfant des neiges* in die Kinos. Mehrere kürzere Filme werden im Fernsehen ausgestrahlt, darunter *Ma cabane au Canada* (52 Min.).

1996: Überwinterung in den Rocky Mountains des Yukon Territory und Teilnahme am Yukon Quest, dem härtesten Schlittenhunderennen der Welt. Sechzehnhundert Kilometer durch Alaska und den hohen Norden Kanadas.

1997: Drei Bücher: *Un hiver, Nord*, ein Bildband mit 380 Seiten und *Robinson du froid*. Ein Film, *Un hiver de chiens*, produziert für den Sender France 3 (52 Min.).

1998: Drei Bücher: *Le Grand Brame, Destin Nord* und *Territoire*. Außerdem eine illustrierte Neuausgabe von *Transsibérie* mit dem Titel *Taïga*.

1999: Die weiße Odyssee, die Durchquerung des gesamten hohen Nordens Amerikas und Kanadas von Skagway in Alaska bis nach Quebec mit dem Hundeschlitten – 8600 Kilometer in weniger als hundert Tagen. Dazu gibt es einen 90-minütigen Film, einen 26-minütigen Film, der von dem Sender France 3 ausgestrahlt wird, und das Buch *L'Odyssée blanche* (dt. *Die weiße Odyssee*).

2000: Das Buch *C'est encore loin l'Alaska* erscheint. Gründung der Organisation »Les Fauteuils glissants«, die Körperbehinderten ermöglichen will, Hundeschlitten zu fahren. Überwinterung in Yukon und Teilnahme an mehreren großen Schlittenhunderennen.

2001: Der zweibändige Roman *Le Chant du Grand Nord* erscheint (dt. *Der Sohn der Schneewüste* und *Der weiße Sturm*). Teilnahme an mehreren Schlittenhunderennen über längere Distanzen in Kanada und Alaska.

2002–2003: Überwinterung in Yukon und Teilnahme am Yukon Quest. Eineinhalb Jahre dauernde Dreharbeiten zu dem abendfüllenden Film *Le Dernier Trappeur* (dt. *Der letzte Trapper*). Der Roman *L'Or sous la neige* erscheint (dt. *Gold unter dem Schnee*) sowie der Bildband *Le Voyageur du Froid* (dt. *Abenteuer in der Schneewüste*).

2004: *Le Dernier Trappeur* kommt in die Kinos (2,3 Millionen Zuschauer in Frankreich). Dazu erscheinen zwei gleichnamige Bücher, ein Bildband und ein Buch für Kinder. Zusammen mit Henry Kam und Dominique Grandjean organisiert Vanier die Grande Odyssée, ein europäisches Schlittenhunderennen.

2005–2006: Die Sibirische Odyssee. Über 8000 Kilometer vom Baikalsee bis nach Moskau. Initiierung eines umfangreichen Umwelterziehungsprogramms mit zahlreichen Partnern. Das Buch *L'Odyssée sibérienne* (dt. *Mein sibirischer Winter*) erscheint, dazu ein Kinderbuch für Acht- bis Zwölfjährige, in dem das Umwelterziehungsprogramm, das mehrere Hunderttausend Kinder an den Schulen absolviert haben, aufgegriffen und vertieft wird, und außerdem ein Bilderbuch für die ganz Kleinen sowie ein Spiel.

2007: Drehortsuche und Vorbereitungen für die Dreharbeiten zu dem Film *Loup*. Gründung eines Öko-Camps in den französischen Alpen. Die Grande Odyssée, das europäische Schlittenhunderennen, bei dem Vanier als Rennleiter fungiert, findet das dritte Mal statt.

2008: Dreharbeiten zu dem Film *Loup,* der von den letzten Nomaden des hohen Nordens und der faszinierenden Welt der Wölfe erzählt. Der Film basiert auf dem gleichnamigen Roman, den Vanier im Oktober 2008 veröffentlicht hat.

Vanier wird Pate der Initiative »École agit!« (»Die Schule tut etwas!«), die vom französischen Bildungsministerium ins Leben gerufen worden ist und sich zum Ziel gesetzt hat, das Bewusstsein für Ökologie und nachhaltige Entwicklung an den Schulen zu fördern.

2009: Der Film *Loup* läuft am 9. Dezember in den französischen Kinos an. Unter demselben Titel erscheinen in Frankreich ein Fotoband, ein Jugendroman, ein Bilderbuch für Kinder und ein Comic.

Eröffnung des Camp Nicolas Vanier (http://www.campnicolasvanier.fr) mitten im Vercors, dem »französischen Kleinsibirien«, wo rund ums Jahr zahlreiche Aktivitäten in der Natur angeboten werden: Ausritte mit Pferden, Fahrten mit Hundeschlitten, Fußwanderungen (auch mit Schneeschuhen) etc.

2010: Vorbereitung der Dreharbeiten zu seinem nächsten Film *L'or sous la Neige,* nach seinem gleichnamigen Roman (dt. *Gold unter dem Schnee*). Darüber hinaus Planung einer neuen Expedition mit dem Hundeschlitten vom Pazifischen Ozean via Mandschurei, Mongolei und Südsibirien zum Baikalsee. Vanier trainiert ein erstklassiges Gespann für eine erneute Teilnahme an den Schlittenhunderennen Yukon Quest und Iditarod.

DAS CAMP DES ÉCORCES

Einladung zu einer Reise in den hohen Norden

Zusammen mit meinem Expeditionsgefährten Alain Brénichot habe ich dieses Camp im Norden von Quebec errichtet, von dem in diesem Buch mehrmals die Rede ist und in dem seit fast zehn Jahren meine Hunde leben. Von hier aus organisieren wir im Sommer wie im Winter Anfängerkurse und Touren.

Im Winter natürlich mit dem Hundeschlitten, im Sommer mit dem Kanu auf einem der vielen unberührten Flüsse wie dem Manouane. In der absolut traumhaften Landschaft der Péribonka-Berge steht uns eine breit gefächerte Auswahl an Routen zur Verfügung, die für jeden das Passende bieten – seien es Familien, Sportbegeisterte, Naturliebhaber oder Erlebnishungrige.

Nähere Auskünfte finden Sie auf meiner Website: www.nicolasvanier.com. Sie können aber sich aber auch an meine Freunde von der Agentur DHD Laika in Paris wenden, Tel. + 33-(0)1/42893264, oder an die Agentur Grand Nord Grand Large, Tel. + 33-(0)1/40460514.

Gute Reise.

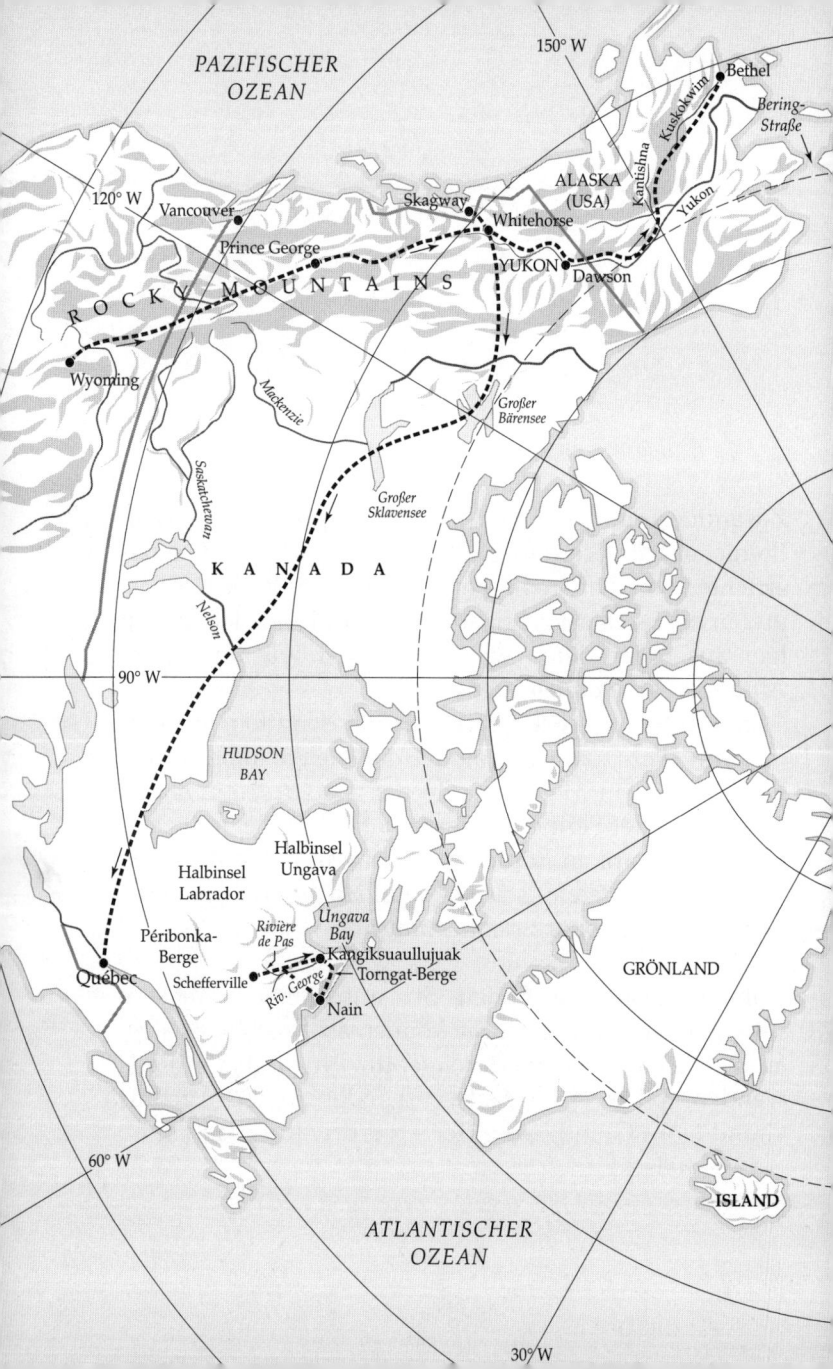

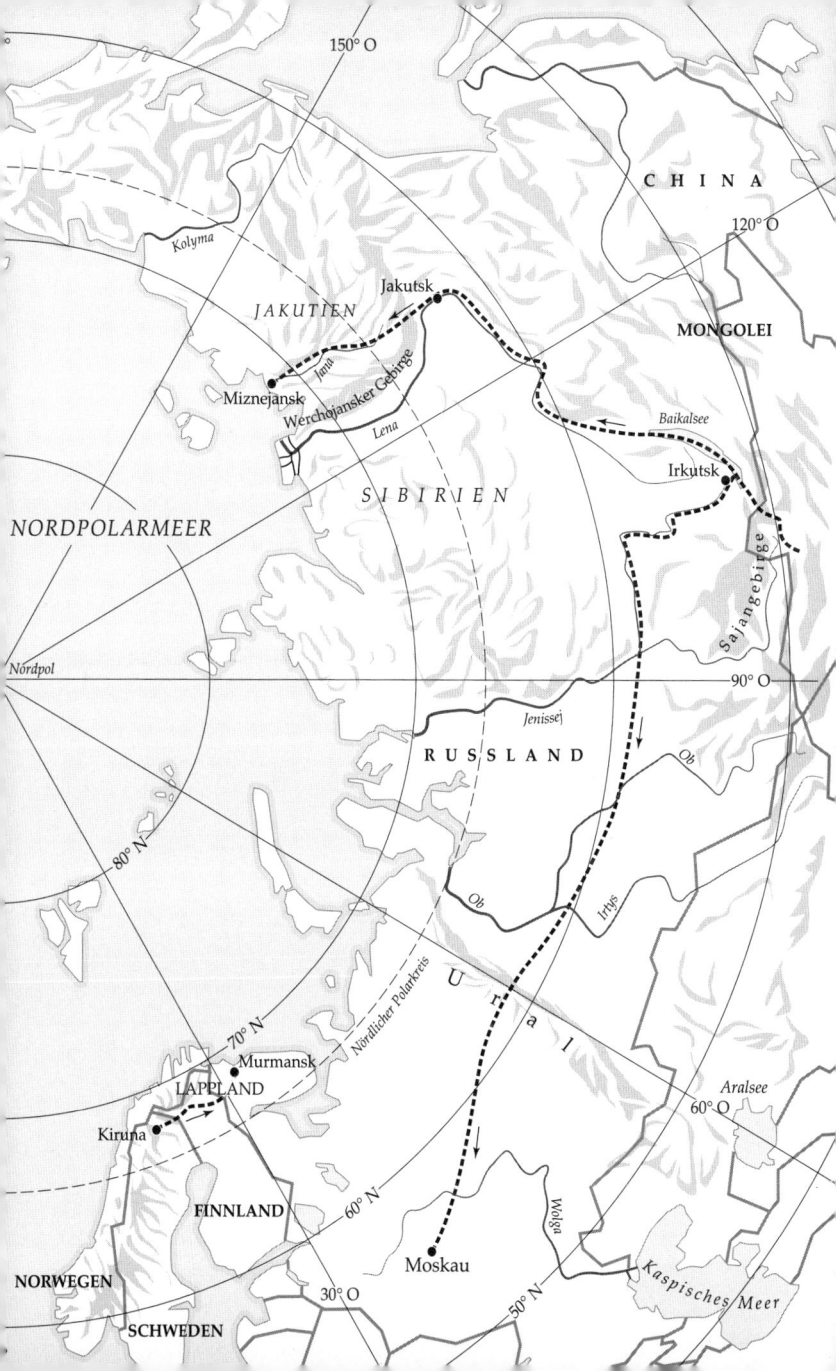

In der Stille der Wildnis

Konrad Gallei/Gaby Hermsdorf
Blockhausleben
Fünf Jahre in der Wildnis Kanadas

Mitten in der Wildnis Kanadas baut Konrad Gallei mit Freunden ein Blockhaus. Doch trotz sorgfältiger Planung fordert bald Unvorhergesehenes alle Phantasie und Kreativität.

Chris Czajkowski
Blockhaus am singenden Fluss
Eine Frau allein in der Wildnis Kanadas

Unerschrocken macht sich die Abenteurerin Chris Czajkowski auf und zimmert sich – ohne besondere Vorkenntnisse – ihr Traumhaus inmitten der Schönheit unberührter Natur.

Dieter Kreutzkamp
Husky-Trail
Mit Schlittenhunden durch Alaska

Zwei Winter lebt Dieter Kreutzkamp mit Familie in Blockhäusern am Tanana- und Yukon-River. Höhepunkt seines inspirierenden Ausstiegs auf Zeit: das berühmte Iditarod-Rennen.

MALIK ▢ NATIONAL GEOGRAPHIC

10/1006/03/3s

Das Glück liegt in der Ferne.

Claire Scobie
Wiedersehen in Lhasa
Die Geschichte einer außergewöhnlichen Freundschaft zweier Frauen

»Ein Reisebuch, das in äußere und innere Welten entführt und den ausgetretenen Pfaden der Klischees traumwandlerisch ausweicht.«
DIE WELT

Andrew Stevenson
Mein Weg zum Mount Everest
Auf dem Trekking-Pfad durchs Khumbu Himal

Eine bewegende Pilgerreise zu den Orten und Menschen am Fuße des Mount Everest und ein einfühlsames Porträt einer der beliebtesten Trekking-Regionen der Welt.

Andrew Jackson
Das Buch des Lebens
Eine Reise zu den Ältesten der Welt

Eine Reise zu den ältesten Menschen der Welt: als Hommage an das Leben und an das Alter als Lebensphase der Reife und der Ernte.

MALIK NATIONAL GEOGRAPHIC

10/1036/03/3s